法治建设与法学理论研究部级科研项目成果
司法部 2014 年度国家法治与法学理论研究项目，项目编号：14SFB30031

中国语境下
人格尊严的民法保护

ZHONGGUO YUJING XIA
RENGE ZUNYAN DE MINFA BAOHU

朱晓峰
著

知识产权出版社
全国百佳图书出版单位
——北京——

图书在版编目（CIP）数据

中国语境下人格尊严的民法保护/朱晓峰著. —北京：知识产权出版社，2019.10

ISBN 978 – 7 – 5130 – 6520 – 7

Ⅰ.①中… Ⅱ.①朱… Ⅲ.①尊严—民法—法律保护—研究—中国 Ⅳ.①D923.04

中国版本图书馆 CIP 数据核字（2019）第 212422 号

责任编辑：崔开丽　吴亚平　　　　　　责任校对：潘凤越

封面设计：SUN 工作室　韩建文　　　　责任印制：刘译文

中国语境下人格尊严的民法保护

朱晓峰　著

出版发行：	知识产权出版社 有限责任公司	网　　址：	http：//www.ipph.cn
社　　址：	北京市海淀区气象路 50 号院	邮　　编：	100081
责编电话：	010 – 82000860 转 8377	责编邮箱：	cui_kaili@sina.com
发行电话：	010 – 82000860 转 8101/8102	发行传真：	010 – 82000893/82005070/82000270
印　　刷：	三河市国英印务有限公司	经　　销：	各大网上书店、新华书店及相关专业书店
开　　本：	787mm×1092mm　1/16	印　　张：	14.75
版　　次：	2019 年 10 月第 1 版	印　　次：	2019 年 10 月第 1 次印刷
字　　数：	230 千字	定　　价：	68.00 元

ISBN 978 -7 -5130 -6520 -7

从比较法学方法看人格尊严的普遍性与个别性
（代序）[*]

人格尊严概念是一个普遍性的概念吗？对于人格尊严的法律保护，究竟应当从何种视角入手，才能较好地协调人格尊严概念内在的普遍性与个别性之间的紧张关系，从而实现对具体社会历史背景下人的尊严的充分保护呢？对这个问题进行回答，可以从比较法学方法演进中遭遇的普遍性与特殊性问题关系的视角来展开。

一、问题的提出

同性恋人孙某麟与胡某亮于 2015 年 6 月 23 日相约前往民政局婚姻登记部门登记结婚，登记部门以登记当事人不符合《中华人民共和国婚姻法》（以下简称《婚姻法》）❶ 规定的结婚登记条件为由拒绝为其办理婚姻登记。孙、胡二人以民政局行政不作为侵犯其合法权利为由，于 2015 年 12 月 16 日向法院提起行政诉讼，请求法院判令民政局为其办理结婚登记。法院于 2016 年 4 月 13 日公开审理并认为，中国相关婚姻法律、法规均明确规定结婚主体仅指向符合法定结婚条件的男女双方，而均属男性的孙、胡二人申请结婚登记主体并不适格，因此驳回了原告的诉讼请求。该案从起诉、受理，到法院最后作出判决，过程一波三折，引起社会普遍关注，

---

* 本文主要内容参见朱晓峰："普遍主义共同法实现视野下的比较法学方法论：以同性婚姻的法律对待为例"，《澳门法政杂志》2016 年第 4 期，第 8—25 页。

❶ 1980 年 9 月 10 日第五届全国人民代表大会第三次会议通过，根据 2001 年 4 月 28 日第九届全国人民代表大会常务委员会第二十一次会议《关于修改〈中华人民共和国婚姻法〉的决定》修正。

被称为"中国同性恋婚姻维权第一案"。❶ 无独有偶，最早承认同性婚姻缔结权的荷兰，在 20 世纪 90 年代早期未承认同性婚姻缔结权时，也有同性恋人试图通过司法途径来寻求与异性恋同等的婚姻缔结权。这些同性恋者在主张权利时所遭遇的难题与前述中国同性恋婚姻维权案中的问题如出一辙：一对同性恋人前往婚姻登记机关要求登记结婚，在被后者以仅能依法登记异性之间的婚姻为由拒绝之后，遂以婚姻登记机关拒绝登记行为侵害了其个人权利并违反平等对待和非歧视原则而向法院提起诉讼，要求法院确认其婚姻缔结权。法院审理后认为，在解释论上，《荷兰民法典》第一编第 30 条所规定的缔结婚姻的双方当事人必须是异性；另外，通过个案判决支持同性恋者的婚姻缔结权将会对整个社会产生巨大的影响，为慎重起见，是否承认同性恋享有婚姻缔结权应由立法加以解决。据此，法院判决驳回了原告的诉讼请求。❷

因中国、荷兰在社会习俗、历史传统、文化观念、宗教信仰、伦理道德以及经济发展等方面存在的显著差异而原本应导致两国在同性恋平等对待法律问题上存在的明显分歧，却在特定的历史时空下完全被消弭了。由此产生的疑问是，民族国家形成之后因强调作为独立存在之个性特征的国家本身对法之形成的垄断，缘何会容忍与个别主义精神明显违背的、彰显普遍主义精神的法的构成性要素存在于国家法当中？如何认识国家法当中共存的个别主义精神与普遍主义精神？在法之发展的历史进程中，如何处理个别主义精神与普遍主义精神的紧张关系才能更有利于法之目的本身的实现？下面以比较法目的本身及其实现所遭遇的实践困难的克服为视角，来尝试着为这些问题的解答提供适当的方案。

二、比较法的目的及其实现所遭遇的困境

与传统部门法如民法、刑法、诉讼法等相比，比较法并不存在相对确

---

❶ 参见郝铁川："荒谬的同性婚姻第一案"，《法制日报》2016 年 1 月 14 日第 7 版；黄燕："维护同性恋者作为公民依法享有的权利 ≠ 同性婚姻在我国法律中被认可"，《人民法院报》2016 年 4 月 14 日第 3 版。

❷ See Nancy G. Maxwell, Opening Civil Marriage to Same - Gender Couples: A Netherlands - United States Comparison, Ariz. J. Int'l &Comp. L., 18 (2001), pp. 143 - 147.

定的调整对象。因此，自民族国家诞生后，随着国家法日益取代普遍法而居于调整各共同体之社会生活的主导位置后，比较法即开始遭受来自各方的诘难。● 20 世纪初，部分比较法学者在目睹了人类社会的共同生活规则因林立的民族国家以及如影随形的国家法而被破坏殆尽的情景后，遂希望通过比较法来重现"人类共同法"的美好图景，并以此为将来可能实现的世界法作准备。● 基于这种考虑，他们认为，"比较法应当逐步消除那些使文明等级和经济形态相同的各民族彼此乖背的立法上的偶然差异。比较法应当避免那些非因各民族之政治、道德或者社会特性而是由于历史偶然，或者是暂时存在，或者非因必要之原因而产生的法律差异"●。依据这种目的论的观点，一方面，比较法仅是一种通向共同法与世界法的方法，它并不具备成为独立法律科学的特质；另一方面，近代以来渐次形成的民族国家之间以及这些民族国家所奉行的个性特征鲜明的国家法之间所存在的显著差异，更多的可能是各民族在政治因素、道德因素以及经济因素等方面存在的分歧所导致。但是，如果在作为科学的比较法之中过多地考虑避免或者满足此类因素，则比较法目的的实现也只能是缘木求鱼，之后的社会实践确实也证明了这一点。因此，目的论者希冀通过比较法的方法，在避免政治、道德等因素的不当影响的前提下，消除因偶然因素所导致的国家法之间的显著差异，进而实现人类社会的共同法或世界法，依然是过于遥远且不现实的。●

　　考虑到目的论本身存在的前述缺陷，后来的比较法学者对早期目的论者的观点进行了必要修正。修正后的目的论认为，比较法的目的应该是探求内存于法的真理，即通过探索法的内在的普遍性与个性化的规律，从而

　　● 对比较法的批判的论述，参见〔日〕大木雅夫：《比较法》，范愉译，法律出版社 1998 年版，第 13—14 页；米健：《比较法学导论》，商务印书馆 2013 年版，第 3—6 页。

　　● Vgl. Zweigert/Kötz, Einführung in die Rechtsvergleichung: auf dem Gebiete des Privatrechts, J. C. B. Mohr, 1971, S. 2 - 3. 关于欧洲共同法或者普通法之消亡的系统分析，参见 Karl Schmitt, Die Lage der Europäischen Rechtswissenschaft, Internationaler Universität – Verlag, 1950, S. 10 ff.

　　● Vgl. Zweigert/Kötz, Einführung in die Rechtsvergleichung: auf dem Gebiete des Privatrechts, J. C. B. Mohr, 1971, S. 3.

　　● 对此的详尽分析参见〔法〕马蒂：《世界法的三个挑战》，罗结珍译，法律出版社 2001 年版，序言。

使那些处于不同文化、不同信仰以及不同社会背景下的各民族国家的人，能够清楚并理解国家法之外的其他法律制度，以及以此为基础探索并认识各个法律制度分歧之外可能存在的共同点，并因此深化对存在着的统一的正义思想的信仰。❶ 这种观点部分克服了之前纯粹目的论的缺陷，使比较法本身逐渐由法律科学的一种研究方法过渡为独立的法律科学本身。

依据德国学者萨维尼以及基希曼等人的观点，法律科学是以法本身为研究对象的，它的使命在于"理解法律科学的对象，发现制定法，在此之后创制概念并认识各概念之间的内在联系，最后以简明的体系涵括其内容"❷。简言之，法律科学的特殊功能和任务就是形成法的技术因素，对此之外的制定法应涵摄的伦理价值以及对所涉之利益的衡量等，则非法律科学本身所能及的，它毋宁是立法或者说是政治等因素的作用领域。❸ 当然，这并不意味着作为法律科学的比较法不关注或不考察内在于伦理价值观念、利益衡量等因素中内涵的规律性的内容。在与法律科学本身不相冲突的前提下，它也可以将这些规律性的东西纳入法之技术因素的涵摄范畴。

近现代以来，社会剧变的两个显著特征是：一方面，个人之间以及因个人的结合而构成的共同体相互之间的交往日益频繁，由此形成的社会关系需要具有普遍性特征的规范予以调整方为适当；❹ 另一方面，近现代以来渐次形成的民族国家，为了标榜和彰显其作为独立存在而有别于甚或优于与之平行并立的其他民族国家，故有意识地通过创制国家法等，将本民族这一生活共同体所固有的习俗、文化、伦理价值观念以及与之相适应的生活方式确定下来，由此使得本就脆弱的因人之为人的特性而维系的实质意义上的共同法，被各种形式的国家法所替代了，这也导致了彰显普遍主

---

❶ Vgl. Zweigert/Kötz, Einführung in die Rechtsvergleichung: auf dem Gebiete des Privatrechts, J. C. B. Mohr, 1971, S. 3.

❷ Vgl. Horst Heinrich Jakobs, Wissenschaft und Gesetzgebung im bürgerlichen Recht: nach der Rechtsquellenlehre des 19. Jahrhunderts, Ferdinand Schoeningh, 1983, S. 59.

❸ Vgl. Horst Heinrich Jakobs, a. a. O., S. 59.

❹ Vgl. Das Streiflicht, In: Süddeutsche Zeitung, 13. Juni 2012, S. 1.

义精神的法律规范的缺失。❶

国家法的创制对传统法律科学的另外一个恶果是，它导致部门法律科学专注于各国家法的研究而使整个法律科学陷于贫困之中。❷ 局限于国家法研究的部门法律科学，无法普遍地超越强调个性特征的国家法，而给满足人因普遍交往所需的具有普遍意义的共同法的创制提供技术上的支持。❸ 另外，民族国家因为过分强调国家法对该国作为独立存在的象征与维护意义，导致了政治对于无价值之法律科学的强行渗入，因此出现的必然结果就是：以国家法为研究对象的部门法学因政治等因素的干预而不得不考虑伦理价值观念等因素。在这种历史背景下，蜕变为政治附庸的部门法学，虽依然是传统意义上法律科学的构成部分，然而它显然已经与法律科学本身的使命相悖了。

正如比较法学者们已经明确指出的，尽管个体人之间，个体人以一定方式而构成的生活共同体之间，彼此存在一定差异。但既然是人，那么这其中就必然存在着可以共约且可以共存的追求、理想以及与之相适应的生活方式，而以此为基础构成的社会关系以及以其为调整对象的共同法就必然存在。❹ 另外，调整现代社会背景下的人的需求以及由此形成的社会关系的规范，愈发要求这种实质意义上的共同法能以清晰明确的形式表达出来。❺ 但由于民族国家在创制国家法时所着重强调的内容，使以国家法为研究对象的传统部门法无法完全担负起调整现代社会背景因人之交往所形成的社会关系的历史使命。这里存在的紧张关系是：囿于国家法的狭窄视

---

❶ Vgl. Rudolph von Ihering, Der Geist des Rimischen Rechts auf den verschiedenen Stufenseiner Entwicklung, Bd. 1, Breitkopf und Härtel, 1955, S. 15.

❷ Vgl. Michael Stolleis, Nationalität und Internationalität, Rechtsvergleichung im öffentlichen Recht des 19. Jahrhunders: Abhandlungen der Geistes – Und Sozialwissenschaftlichen Klass, Steiner Franz, 1998, S. 12, 24.

❸ 参见［德］施米特：“欧洲法学的境况”，朱晓峰译，《民商法论丛》2016 年第 60 卷，第 444 页。

❹ 参见米健：“比较法·共同法·世界主义”，《比较法研究》2011 年第 1 期，第 2 页；Albert Hermann Post, Die Grundlagen des Rechts und die Grundzüge seiner Entwicklungsgeschichte, Schulze, 1884, S. XI.

❺ See Anne Peters/H. Schwenke, Comparative Law Beyond Post – Modernism, Int'l & Comp. L. Q. , 49（2000）, p. 800.

阈（既有规则形式方面的，也有规范价值方面的），使得以其为研究对象的部门法律科学，无法充分满足新时代背景下法律关于为人的充分实现提供制度支持的历史承诺。❶

在这种背景下，比较法作为法律科学独立构成部分的意义就逐渐凸显出来了。尽管 20 世纪 40 年代中后期以后，大多数的比较法学者放弃了比较法是否构成独立的法律科学在方法论上的争议，他们将注意力集中在把比较法建设为一种方法，一种比较的方法上了。❷ 然而即便如此，持此论者也必须在比较法的视阈内探寻比较方法的内在规律。❸ 恰好在这一点上，将比较法视为法律科学的方法论与专注于比较方法本身的观点之间所存在的显著分歧，大大地被弥合了。对于前者而言，因为比较法较之于法律科学内的其他传统部门法学而言，欠缺一个以具体部门法为依托的确定而具体的研究对象，因此它可以更加专注于对那些内存于各部门法的普遍规律的探索，❶ 并且也可以最大限度地避免民族国家因强调自我的独立存在而强加给法律科学的伦理价值与利益衡量等因素的干扰。也正因为如此，它可以有效摆脱民族国家对部门法律科学本身的掣肘，从而去发现共同法形成所需的技术因素。也正是在这种意义上，比较法更适宜于法律科学所承担的任务。

三、比较法学方法存在的限制与问题

比较法既然属于法律科学，而法律科学的首要任务和特有功能就是为法的形成提供技术支持。那么对比较法而言，它的首要任务就是为新时代背景下因人之频繁交往而形成的社会关系所亟需的法律规范提供技术支持。依据法律科学给法的形成提供技术支持的一般理论，首先需要确定比较法据以形成彰显普遍主义精神的共同法的一般性方法或路径。

---

❶ 参见［美］庞德：《法理学》（第 1 卷），邓正来译，中国政法大学出版社 2004 年版，第 440—442 页。

❷ See M. Ancel, Utilitéetmethods du droitcomparé, Revue, 1971, p. 35.

❸ 参见［法］罗迪埃：《比较法导论》，徐百康译，上海译文出版社 1989 年版，第 127 页。

❹ 同上。

　　比较法学者通过研究探知，比较法的方法在很大程度上被比较的目的与对象所限制，例如，巴黎比较法学会帮助实现统一市场下的九个成员国之间的法律协调，就是如此。❶ 因为于此情形下目的是确定的，所以与之相适应的方法也就只能服务于已经确定的目的本身，于此之外的其他方法就不在考虑之列。❷ 另外，目的本身也因其内涵外延的差异而彼此间存在较大的差异，如某一宏大遥远的目的可能是由若干具体现实的目的构成，典型的如欧洲内部法律规范的统一化运动，❸ 所涉及的内容就包括：纯属技术操作而与伦理道德观念判断基本绝缘的票据法、证券法等；❹ 内涵伦理价值观念与特定生活方式判断的合同法、❺ 侵权法等；❻ 深受伦理道德观念浸染以及各民族特有生活方式影响的家庭法等。❼ 对宏大的欧盟共同法这一目的而言，它自然区别于构成这一整体目的的各具体领域的法律统一，各具体法律领域之内的共同法目的的实现，则又与该法律领域内部的各项具体制度的构成密切关联，如家庭法的统一可能面临婚姻关系、亲子关系等诸多内容的协调统一。

　　由于目的本身之间的差异与联系又直接作用于接近并实现其本身的方法或手段。例如，在伦理道德的价值判断与选择并不激烈冲突的法律如票据法领域内，通向共同法的途径是较为平坦顺利的，其中涉及的比较法的方法也较为简单明了，即探索经济交往过程中货币支付的内在规律，并将之与利于经济交往的目的相结合，由此来创制相应的法律制定所需的概念

---

　　❶ Vgl. Kurt Hans Ebert, Rechtsvergleichung – Einführung in die Grundlagen, Stämpfli, 1978, S. 141f.

　　❷ 参见［法］罗迪埃：《比较法导论》，徐百康译，上海译文出版社 1989 年版，第 134 页。

　　❸ See Anne Peters/H. Schwenke, Comparative Law Beyond Post – Modernism, Int'l & Comp. L. Q., 49（2000），p. 806.

　　❹ 参见董安生主编：《票据法》，中国人民法学出版社 2009 年版，第 14 页。

　　❺ Vgl. Nils Jansen/Reihard Zimmermann, Was ist und wozu der DCFR, NJW 2009, S. 3401 ff; Thomas Pfeiffer, Richtlinienkonforme Auslegung gegen den Wortlaut des nationalen Gesetzes – Die Quellen – Folgeentscheidung des BGH, NJW 2009, S. 412 f.

　　❻ Vgl. Kurt Rebmann/Franz Jürgen Säcker/Roland Rixecker Hrsg., Münchener Kommentar zum Bürgerlichen Gesetzbuch：Schuldrecht Besonderer Teil Ⅲ, C. H. Beck, 2004, S. 1470 ff.

　　❼ Vgl. Hanns Prütting/Gerhard Wegen/Gerd Weinreich Hrsg., BGB Kommentar, Luchterhand, 2008, S. 2080.

以及相应的体系，从而为票据共同法的形成提供技术支持。这种方法就是被比较法学者所津津乐道的实践性的比较法方法与科学性的比较法方法的混合体。❶ 它主要是依实践认知而探索被观察对象的内在规律，并将之作为实现其所欲之目的的主要途径。但在涉及改变人之基本生活方式的法律领域，由于相应的伦理道德价值观念之间存在激烈的冲突，❷ 所以这一领域的共同法的实现途径就变得崎岖坎坷得多，与之相适应的比较法的方法也要复杂得多。例如，家庭法领域中涉及同性婚姻的争议，即是否应给予同性伴侣和异性伴侣以同等的法律对待，更多地涉及各共同体对人之基本生活方式在伦理道德方面的判断与利益平衡机制的考虑，因此在通向共同法的方法选择上，除实践性的、科学性的比较法方法外，尚需文化的或说人类学的方法。❸ 后两种方法主要是考虑决定人之基本生活方式以及伦理道德观念形成的因素以及其中内含的规律，并以此确定适合人之相关需求的共同法应当具有的品质与体系结构。

因此，比较法的目的对于它的方法的影响，实质上意味着，对于当代比较法所担负的历史使命，即为符合人之需要的共同法的创制提供技术支持这一目的而言，因为这一目的本身足够宏大，所以仅凭某种或者某几种方法是远远不够的，符合比较法本身特性的诸种方法必须合理配置并协同努力。

在比较法学本就不长的历史发展中，关于比较法学方法的讨论却占有相当重要的地位。尽管争论热烈且持久，但如果从整体上观察就会发现，处于争议中的比较法学方法，就本质而言集中表现为两种：一种是描述性的比较；一种是分析性的比较。

描述性比较的主要意义在于，在民族国家确立以后，它为视阈受到限制的国家法学者拓展视野提供了可能。因为人以及因人而构成的共同体都是理性的存在，因此描述性的比较在扩展研究者视野的同时，如果被描述

---

❶ See David S. Clark, Comparative Law Methods in theUnited States, Roger Williams U. L. Rev., 16 (2011), p. 136.

❷ See John H. Langbein, Cultural Chauvinism in Comparative Law, Cardozo J. Int'l & Comp. L., 5 (1997), p. 41.

❸ See David S. Clark, Comparative Law Methods in the United States, Roger Williams U. L. Rev., 16 (2011), p. 136.

的法律本身是科学合理的，并且确实能够有益于其他民族国家的国家法的改进，那么该被描述的法律就能以潜移默化的形式，或以直接引入的方式，而对其他民族国家法律的形成与发展产生重要的影响。这种无意识的比较法学方法间接性地助力于国家法向彰显普遍主义精神的共同法趋近，恰恰是因为内存于各国家法的法律科学本身的规律发生了作用。❶ 只是由于当代社会背景的剧烈变革以及不同国族、不同社会背景下的主体之间的频繁交往所形成的社会关系，亟需一种能够及时回应并调整它的法律规范。因此，通过描述性的比较而使各国家法所内含的符合人之普遍交往需求的合理内容以无意识的潜移默化的方式促成共同法的形成，显然过于迟缓而不能及时给时代背景剧变下的人所亟须的共同法的创制提供迅捷全面的技术支持。❷

对分析性的比较法学方法而言，它可能并不存在反应过于迟缓的问题，因为它是人有意识地利用理性而将被观察的对象与所欲实现的目的联系起来的方法，在这种极具针对性的联系当中，观察者能够通过各种具体的分析方法，确定被观察对象所展现出来的个性特征和共性特征，由此根据所欲实现的目的有意识地剔除那些本身与目的相抵触的东西，从而保留那些有助于目的实现的内容。在这个基础上，它能够迅速地形成共同法形成所亟须的技术因素。然而存在的问题是，属于社会科学领域的法律科学固然因为人以及人的需求而存在着相对普遍的可称之为规律的内容，但是因为人之理性的局限以及人本身的需求，并不是完全可以依据理性以及理性所发现或者发展出来的规律所能解决的，或者在大多数情形下，与人的交往相适应而形成的调整相应社会关系的法律规范以及对于该法律规范的遵守或信仰，是逐渐养成的，而这一养成过程本身却是非理性的。所以依据人的理性而有意识地分析出来的结果，可能存在两方面的问题：一是理性本身的局限可能导致这种有意识的发现本身并非是理性的；二是即使分

---

❶　Vgl. Franz Bernhöft, Über Zweck und Mittel der vergleichenden Rechtswissenschaft, Zeitschrift für vergleichende Rechtswissenschaft, 1 (1878), S. 36 – 37.

❷　对描述性比较法分析方法的批判参见：Konrad Zwiegert/Hans – Jirgen Puttfarken, Critical Evalution in Comparative Law, Adel. L. Rev., 5 (1973 – 1976), pp. 344 – 355.

析的结果是理性的，然而将以此为基础所形成的法的技术因素应用于实践中的法律的形成，却可能导致理性的法律与非理性的人本身之间的对立，因为这一过程阻隔了法的形成所需的时空因素对人的法意识或者法观念形成循序渐进的熏陶与培育。

从整体来看，前述两种比较法学方法，对于可适用于不同民族国家的彰显普遍主义精神的共同法的形成而言，虽有助益，但存在显著不足。然而如前所述，因为当今时代背景的急速变革以及与之相适应的社会交往范围与领域的全球扩张，使得彰显普遍主义精神的共同法的形成，客观上需要在较短的时间之内完成。因此，从目的对比较法方法存在制约的角度看，描述性的比较法学方法决定了无法经由其而通过潜移默化的方式缓慢地趋近时代给比较法所预设的目的。这也表明，对于作为法律科学的比较法而言，第一种研究方法仅能提供一个前提说明，而比较法前述目的的实现，主要集中在第二种研究方法上。❶

四、分析性比较法学方法中普遍主义与个别主义精神

对于分析性的比较，依据比较法学理论的多年整理发展，主要形成了下述几种方法：自然法；法律移植（输入与输出）；民族精神的审查（强调差异）；法律协调与统一；法律传统、法律制度与多元主义；功能主义（强调相近性）；理想类型；国家建设（法律与发展举措）；法律、修辞与文化（批判性研究）；法的经济分析。❷ 从这些分析方法的发展历程及其内含的核心思想来看，它们各有其拥护者和反对者。在大多数情形下，这些分析方法彼此之间还存在着激烈的冲突，例如自然法观念与历史法观念之间、自然法与法的经济分析之间、法律的协调统一与法律传统和多元主义之间，都存在着严重的分歧。那么，是否存在一个可以普遍适用的且相较于其他分析方法为优的存在呢？这个问题的回答必须将论者所坚持的观点

---

❶ 参见［美］格伦顿、戈登、奥萨魁：《比较法律传统》，米健、贺卫方、高鸿钧译，中国政法大学出版社1993年版，第5—6页。

❷ See David S. Clark, Comparative Law Methods in the United States, Roger Williams U. L. Rev. 1 (2011), pp. 137–138.

与其所处的具体环境联系起来。因此，在历史法学者萨维尼的比较分析法体系里居于核心地位的，肯定与自然法学者沃尔夫认为应处于核心的分析方法之间存在显著的差异。❶ 也正是在这个意义上，理智的比较法学者坚持认为，对于前述比较法学的分析方法而言，并不存在所谓的最优的那一个，因为每种方法都有其内在的优点，同时也存在着相应的局限。例如：历史法学分析方法所强调的民族精神对法之形成的意义以及对制定法的实质性塑造等，确实有助于人们理解作为人的生活构成部分的法与人本身构成的特有生活共同体之间的内在联系，从而有利于形成中的法与生活本身的衔接。然而存在的问题是，这种分析方法将法的形成和内在规律神秘化于民族精神之中，而民族精神本身的不可确定性以及它的个别性特征，切断了国家法彼此之间的有机联系，滞碍了共同法的形成。

另外，即使在目的相同的条件下，基于不同的分析方法，也可能得出内涵、外延完全不同的结论。例如，自然法分析视角下的共同法，整体上以人的普遍道德情感为依归，因此自然法的分析方法在很大程度上是道德论性质的，而依其确立的彰显普遍主义精神的共同法更多反映的是人于理性状态下所追求的一种理想境界；❷ 而法的经济分析法却完全颠覆了自然法的分析模型，依据法的经济分析方法，法的形成应与效率本身联系起来，其必须要清除那些虚无缥缈且不可量化的自然情感对实证法律的不当干涉，从而确立起合乎理性的效率之法。甚至可以说，在坚持法的经济分析方法的学者那里，只有那些合乎效率的，才是合乎道德的。❸ 然而这一观点在自然法的拥护者看来却是不可容忍的，依据自然法分析方法的普遍观点，人的普遍道德情感并非可以简单地交予效率来评判，在很多情形

---

❶ 当然，历史法学与自然法学之间也并不是完全不可以共存，在韦伯的视野内，萨维尼所创立的历史法学甚至是一种"历史性发展着的自然法"（Naturrechts des historisch Gewordenen）。相关评述参见：Carl Schmitt, Die Lage der Europaeischen Rechtswissenschaft, Internationaler Universitaetsverlag, 1950, S. 26.

❷ See Anne Peters/H. Schwenke, Comparative Law Beyond Post - Modernism, Int'l & Comp. L. Q., 49（2000）, pp. 801 - 803；Wilhelm Dilthey, Der Aufbau der geschichtlichen Welt in den Geisteswissenschaften, im: Gesammelte Schriften, Vol. Ⅶ, 1965, S. 99.

❸ See William M. Landes/Richard A. Posner, The Economic Structure of Tort Law, Harvard College, 1987, p. 9.

下，合乎道德的未必是合乎效率的，而合乎效率的则未必就合乎道德，因此这两者之间并不存在必然性的因果联系。

事实上，类似自然法与法的经济分析方法之间的这些显著差异，导致了形成共同法所需的技术因素上的差异，并进一步导致经由这些方法所形成的法之间存在难以消弭的分歧，这最终会根本性地阻碍比较法所担负的历史使命即促进共同法的实现。

当然，比较法的各分析方法之间也存在着相互协调配合的可能。例如，在自然法、法律移植、法律协调与统一以及功能主义的分析方法之间，即存在着可以共约和协调的因素；而在民族精神的强调、法律传统、法律制度与多元主义以及修辞与文化等诸种分析方法之间，也存在着互相借鉴和学习的地方。事实上，从这些形式分裂但本质联系着的比较法分析方法中可以发现，普遍主义与个别主义本身的内在矛盾：一方面，在时代背景急剧变化的情形之下，共同体中的人因为交往而亟须一种具有普遍意义的共同法；另一方面，人又因为珍重其作为独立存在本身的特性而强调普遍性之外的个别性，由此导致调整其行为所构成的社会关系的法本身显现出了个别性的特征。❶ 因此，无论是哪一种分析方法都无法完全同时兼顾普遍主义和个别主义。即使是为比较法学者所推崇的功能主义分析方法，其实也是在回避个别主义诘难的前提下才建立了自己的普遍性基础。❷但这并不意味着个别主义所提出来的问题被解决了。

这种矛盾本身也表现出了作为科学的比较法学的无奈，它无法像自然科学一样，因为对后者而言，无论哪种分析论证方法，只要其本身是有效的，那么其所论证的结果也必然是唯一确定的。当然，这并不意味着作为科学的法学本身是错误的。对于不同的比较法学分析方法而言，依据不同的理据并获得形式各异的结果，并不能证明结果非唯一的前提下，必有至少一种方法非真的论断。这里需要明确两点：一是作为独立存在而生活在

---

❶ 对于比较法的个别主义以及与此相适应的多元化特征的论述，详见 Anne Peters/H. Schwenke，Comparative Law Beyond Post – Modernism，Int'l & Comp. L. Q.，49（2000），pp. 801 – 802.

❷ See Anne Peters/H. Schwenke，Comparative Law Beyond Post – Modernism，Int'l & Comp. L. Q.，49（2000），pp. 809 – 810.

共同体中的人，决定了调整相应社会关系的包括法律在内的行为规范本身，必然无法摆脱个别主义和普遍主义同时存在的特征；二是共存于法律规范中的个别主义和普遍主义，必然决定了以其为研究对象的相应方法以及由此导致的结果也必然同时存在着普遍性和个别性的特征。正如西方学者在同伊斯兰文化影响下的伊朗宗教领袖探讨幸福时所遭遇的难题一样，❶忽略了个别主义的普遍主义最终无法被普遍地接受，然而过分强调个别主义而忽略普遍主义也会阻止对个别主义的认知。

鉴于此，尽管前述诸种方法因为时代的变迁而潮涨潮落，但它们的核心内容并没有因为时代背景的变迁而发生实质性的变化。即使在普遍主义因为社会交往的频繁发生与范围的扩大而取得日益显著位置的情形下，与之相对而立的个别主义却愈发强调作为独立存在的个性特点的珍贵性，其因此也获得了不少坚定的拥护者。❷反映在比较法的分析方法上就是：尽管法律移植、法律协调与统一以及功能主义等显示普遍主义精神的分析方法，在彰显普遍主义精神的共同法的形成过程中日益发挥重要作用并取得实质性突破的情况下，却被象征个别主义精神的法律传统、法律文化以及民族精神等分析方法牢牢钳制而无法更进一步以最终到达普遍主义的理想境地即完全跨入共同法的时代。❸ 个别主义对普遍主义的这种限制，即使是在人因普遍性的社会交往频繁增加而日益需要具有普遍主义特质的共同法的背景下，也显示出了极为顽强的生命力。❹ 当然，这种限制并不意味

---

❶ 对此的详尽分析参见［法］马蒂：《世界法的三个挑战》，罗结珍译，法律出版社 2001 年版，序言。

❷ See Grosswald Curran, Cultural Immersion, Difference and Categories in U. S. Comparative Law, Am. J. Comp. L., 46（1998），pp. 64, 91.

❸ See Brenda Crossman, Turning the Gaze Back on Itself: Comparative Law, Feminist Legal Studies, and the Postcolonial Project, Utah L. Rev., 52（1997），p. 526.

❹ 比较典型的如西方法治国家关于婚姻本质的认识，即使在部分国家，如荷兰、挪威等已经承认同性伴侣可以缔结婚姻的情形下，德国、奥地利等国家依然认为婚姻仅是针对男女两性之间的，对此之外的其他生活形式，虽然可以给予法律上的承认，但并不意味着必须将之纳入婚姻的范畴并赋予相应主体以婚姻缔结权。这种情形在当代法治国家给予个体自由的充分实现以健全的制度保障的情形下依然普遍存在的事实说明了，反对文化、道德相对主义的观点本身也存在着不适当的内容。对于文化、道德框架的相对主义的批判，详见 Anne Peters/H. Schwenke, Comparative Law Beyond Post‑Modernism, Int'l & Comp. L. Q., 49（2000），pp. 813–819.

着个别主义本身的反历史性，恰恰相反，它是因人作为独立存在本身所必需的，这与在彰显普遍主义精神的共同体中生活的个体本身并不冲突。

正是因为普遍主义与个别主义共存于作为独立存在的人所构成的社会关系里面，才决定了因时代背景变化所导致的人对彰显普遍主义精神特征的共同法的需求这一目的的实践，需要通过作为科学的比较法来提供相应的共同法形成所需的技术支持。这在实质上不仅涉及彰显普遍主义精神的比较法学方法，也涉及体现个别主义精神的比较法学方法。法律科学仅能为法的形成提供技术支持，在这里意味着彰显普遍主义精神的比较法学方法，为共同法的形成提供正面的技术支持；而反映个别主义精神的分析方法，则为反对这种普遍主义的法的形成，提供科学的、有理据的反对意见与自己的解决方案。而最终的法的形成，既不是彰显普遍主义精神的法学方法所能决定的，也不是反映个别主义精神的法学方法所能左右的，其毋宁是混合了理性与感性的普遍主义精神与个别主义精神的政治博弈的结果。当然，这并不意味着法学对于法的形成完全没有意义，决定法之形成的政治博弈所面对的选择项本身，是作为法律科学的比较法本身所决定的，这也是在人类通往彰显普遍主义精神之共同法时代的过程中，比较法学方法所能担负起的历史使命。

五、结论

对作为法律科学的比较法而言，其于当代所担负的历史使命是促进彰显普遍主义精神的共同法的实现，这在实质上仅表现为通过适当的研究方法获得相应的法的形成所需的技术支持。就此而言，彰显普遍主义精神的共同法的形成在理想状态下应该是可以预期的。然而由于据以实现这种目的的比较法学分析方法本身分裂为普遍主义的和个别主义的类型，并且由于人的需求也是内含普遍主义精神和个别主义精神的，因此这种情形下通过比较法的方法寻求纯粹的彰显普遍主义精神的共同法的技术支持，是不现实的；而探寻一种兼具普遍主义和个别主义精神的共同法的形成所需的技术支持，却是可行的。当然，因为时代背景的缘故，导致法在特定的历史时期内所彰显的普遍主义与个别主义精神也存在本质的不同，并且共存于该法当中的两种矛盾对立的精神之间的力量对比，也可能因此存在着显著的差异。而在现代社会背景下，由于交往的发达所导致的人对于彰显普遍主义精神的共同法的需求，使得共同法在兼具普遍主义和个别主义精神的同时，能够满足时代对于普遍主义精神于此应占据优势地位的要求。❶

同样的道理，虽然现代各法治国家普遍重视并承认人格尊严在国内法律实践中扮演重要角色，人格尊严被各法治国家普遍接受的这一现实也表明了其包含比较法学方法追求的普遍主义精神，但人格尊严包含的这种彰显普遍主义精神的特质并不意味着其不具备个别主义精神特质。事实上，正如比较法学方法在发展中所遭遇的现实困境那样，从人格尊严这个与各民族国家伦理道德生活密切相关的范畴来讲，其更多的是被彰显各民族国家独立特性的个别主义精神所覆盖。虽然近几十年来科学技术的进步使各国的联系日益密切并且生活方式与思维观念逐渐趋同，各国法治实践基于人类共同生活的缘故而在法治的基本层面如法治本身应包含的一般法律思想或价值基础上，形成了可以展开充分对话的共识，但这一切并未完全使各国彼此之间在伦理道德等方面的分歧完全消失。即使在对形成共识的一般法律思想或价值基础如人格尊严的具体理解上，也存在深刻而显著的分歧。

在当代社会背景下，各法治国家于此展现出来的这种不同与分歧值得学说理论的深切关注和全面研究，因为其包含的法治的个别主义精神一方面彰显了民族国家作为独立存在的特性与价值所在，另一方面也为包含全面的普遍主义精神的共同法的奋斗目标指明了方向。借此，探讨中国语境下人格尊严的法律实践问题的意义明确了起来，其一方面在于呈现中国近几十年来尤其是改革开放 40 年来民法领域对于人格尊严保护的实践与理论成果，展现人类法治文明在中国社会主义法治实践中的具体实践样态，表明人格尊严内涵的普遍主义精神亦适用于中国当代的法律实践需求；另一方面在于揭示中国语境下人格尊严内涵的个别主义精神之所以存在并发挥作用的正当性基础，借此表明人类法治文明的具体样态的多样性的正当性

---

❶　Vgl. Rodolfo Sacco, Einführung in die Rechtsvergleichung, Nomos, 2011, S. 18 f.

基础。当然，人格尊严包含的个别主义精神并不是当前法律实际中对人格尊严保护存在某些不足的借口。因此，正如比较法学方法以具有普遍主义精神的共同法的实现为终极目标一样，人格尊严理论研究的最终目的也应当是推进一种具有完全意义上的普遍主义的人格尊严法律实践，从而助益于比较法学方法所孜孜以求的具有普遍主义精神的共同法的实现。

目　录

第一章　中国现行法中人格尊严保护的基本规定

> 不要让一个人去守卫他的尊严，而应让他的尊严来守卫他。
>
> ——［美］爱默生

一、问题的提出

第二次世界大战以后，人的尊严备受重视，逐渐成了国际立法和国内立法的价值基础。[1] 至于什么是人的尊严，则众说纷纭，没有定论。学理上甚至有观点认为，人的尊严是一个无用的概念，它所指向的无非就是对人及其自由意志的尊重，[2] 因此应将其从学说理论中剔除。[3] 在比较法视阈下，也有国家在司法实践中不再运用尊严概念，例如，加拿大最高法院在处理反歧视的相关案件时就已经不再运用尊严概念了，核心理由是它"很模糊，且难于运用"。[4] 以此为背景，在讨论私法实践中如何保护人格尊严之前，首先应明确中国现行法对于人格尊严的基本立场并厘定中国语境下的人格尊严概念，然后以此为基础来讨论人格尊严的保护规则。

事实上，当代中国的法律实践重视人格尊严的保护，这可以从人格尊

---

[1]　参见齐延平："论作为法治价值基础的人的尊严"，《江苏行政学院学报》2011 年第 1 期，第 127 页。

[2]　See Ruth Macklin, Dignity is a Useless Concept, British Medical Journal, 327 (2003), pp. 1419 – 1420.

[3]　参见王福玲："尊严：作为权利的道德基础"，《中国人民大学学报》2014 年第 6 期，第 54 页。

[4]　See Doris Schroeder, Human Rights and Human Dignity: an Appeal to Separate Conjoined Twins, Ethic Theory Moral Practice, 15 (2012), p. 326.

严在规范性法律文件中的具体表述中初窥门径。1982 年《中华人民共和国宪法》（以下简称《宪法》）❶ 第 38 条首次明确规定："中华人民共和国公民的人格尊严不受侵犯。禁止用任何方法对公民进行侮辱、诽谤和诬告陷害。"❷ 这为人格尊严的法律保护奠定了基础。以《宪法》规定的人格尊严条款为依据，嗣后的法律实践进一步扩展并深化了对于人格尊严的保护。

二、私法领域内保护人格尊严的基本法律规定

在私法领域，可以依据适用主体范围的不同而将人格尊严的保护规则区分为普遍适用于所有人的一般规定和仅适用于特定群体的特殊规定两种。

（一）一般规定

1986 年的《中华人民共和国民法通则》（以下简称《民法通则》）❸ 第 101 条规定："公民、法人享有名誉权，公民的人格尊严受法律保护，禁止用侮辱、诽谤等方式损害公民、法人的名誉。"经由该条，宪法人格尊严条款中包含的一般法律思想得以进入民事司法领域。嗣后的司法实践也以此为基础，将仅限于名誉权侵害情形中的人格尊严范围予以扩展，逐渐形成了以人格尊严为主要价值基础的一般人格权规则，极大地扩展了人格尊

---

❶ 1982 年 12 月 4 日第五届全国人民代表大会第五次会议通过，1982 年 12 月 4 日全国人民代表大会公告公布施行；根据 1988 年 4 月 12 日第七届全国人民代表大会第一次会议通过的《中华人民共和国宪法修正案》、1993 年 3 月 29 日第八届全国人民代表大会第一次会议通过的《中华人民共和国宪法修正案》、1999 年 3 月 15 日第九届全国人民代表大会第二次会议通过的《中华人民共和国宪法修正案》、2004 年 3 月 14 日第十届全国人民代表大会第二次会议通过的《中华人民共和国宪法修正案》和 2018 年 3 月 11 日第十三届全国人民代表大会第一次会议通过的《中华人民共和国宪法修正案》修正。

❷ 与《宪法》第 38 条的立法义旨一致，《中华人民共和国澳门特别行政区基本法》（以下简称《澳门特别行政区基本法》）第 30 条同样规定："澳门居民的人格尊严不受侵犯。禁止用任何方法对居民进行侮辱、诽谤和诬告陷害。澳门居民享有个人的名誉权、私人生活和家庭生活的隐私权。"

❸ 1986 年 4 月 12 日第六届全国人民代表大会第四次会议通过，根据 2009 年 8 月 27 日第十一届全国人民代表大会常务委员会第十次会议《关于修改部分法律的决定》修正。

严概念的涵摄领域。例如，1999 年在《全国民事案件审判质量工作座谈会纪要》中明确承认："受保护的人格权利既包括物质性人格权，如生命健康权；也包括精神性人格权，如名誉权、肖像权、名称权等，还包括一般人格权即直接由宪法所确认的人格尊严不受侵犯的权利。"❶ 2001 年在最高人民法院发布的《关于确定民事侵权精神损害赔偿责任若干问题的解释》（以下简称《精神损害赔偿司法解释》）第 1 条第 1 款中进一步规定："自然人因下列人格权利遭受非法侵害，向人民法院起诉请求赔偿精神损害的，人民法院应当依法予以受理：（一）生命权、健康权、身体权；（二）姓名权、肖像权、名誉权、荣誉权；（三）人格尊严权、人身自由权。"❷ 最高人民法院对此的立场实际上是将人格尊严权与一般人格权规则等而视之。这种做法是否妥当，尚需讨论，❸ 但其突破《民法通则》第 101 条的限制而实质性扩展人格尊严适用范围的勇气着实值得肯定。2017 年《中华人民共和国民法总则》（以下简称《民法总则》）❹ 第 109 条则在之前的实践经验的基础之上直接规定："自然人的人身自由、人格尊严受法律保护。"这实质上是将人格尊严作为一般人格权的一般法律思想或价值基础，极大地扩展了《宪法》第 38 条和《民法通则》第 101 条规定的人格尊严的涵摄范围。

在司法实践中，人格尊严作为当代法律体系的一般法律思想，亦可以作为法院在具体案件的裁判中进行规则解释和价值衡量的重要指引。例如，在最高人民法院发布的指导案例 89 号即"'北雁云依'诉济南市公安局历下区分局燕山派出所公安行政登记案"中，法院指出："通常情况下，在父姓和母姓之外选取姓氏的行为，主要存在于实际抚养关系发生变动、有利于未成年人身心健康、维护个人人格尊严等情形。"❺ 而在指导案例 93 号即"于欢故意伤害案"中，法院亦指出："防卫过当案件，如系因被害

---

❶　参见法〔1999〕231 号。
❷　参见法释〔2001〕7 号。
❸　参见朱晓峰："作为一般人格权的人格尊严权"，《清华法学》2014 年第 1 期；朱晓峰："民法一般人格权的价值基础与表达方式"，《比较法研究》2019 年第 2 期，第 60 页。
❹　2017 年 3 月 15 日第十二届全国人民代表大会第五次会议通过。
❺　参见《最高人民法院关于发布第 17 批指导性案例的通知》（法〔2017〕332 号）。

人实施严重贬损他人人格尊严或者亵渎人伦的不法侵害引发的，量刑时对此应予充分考虑，以确保司法裁判既经得起法律检验，也符合社会公平正义观念。"❶

（二）特殊规定

现行法律体系中存在着大量的以特殊群体的人格尊严保护为目的的特殊规定，主要包括以下方面。

1. 以主体从事的职业为标准，强调对特定职业群体人格尊严的保护

（1）学生。对于学生的人格尊严，《中华人民共和国义务教育法》（以下简称《义务教育法》）❷ 第 29 条第 2 款规定："教师应当尊重学生的人格，不得歧视学生，不得对学生实施体罚、变相体罚或者其他侮辱人格尊严的行为，不得侵犯学生合法权益。"

（2）军人。对军人人格尊严的强调，《中华人民共和国国防法》（以下简称《国防法》）❸ 第 59 条规定："军人应当受到全社会的尊重。国家采取有效措施保护现役军人的荣誉、人格尊严，对现役军人的婚姻实行特别保护。……"

（3）医师。对医师人格尊严的保护，《中华人民共和国执业医师法》（以下简称《执业医师法》）❹ 第 21 条规定："医师在执业活动中享有下列权利：……（五）在执业活动中，人格尊严、人身安全不受侵犯……"对医生中的特殊群体乡村医生，《乡村医生从业管理条例》❺ 第 23 条明确规

---

❶ 参见《最高人民法院关于发布第 18 批指导性案例的通知》（法〔2018〕164 号）。

❷ 1986 年 4 月 12 日第六届全国人民代表大会第四次会议通过，2006 年 6 月 29 日第十届全国人民代表大会常务委员会第二十二次会议修订，根据 2015 年 4 月 24 日第十二届全国人民代表大会常务委员会第十四次会议《关于修改〈中华人民共和国义务教育法〉等五部法律的规定》修正。

❸ 1997 年 3 月 14 日第八届全国人民代表大会第五次会议通过，1997 年 3 月 14 日中华人民共和国主席令第八十四号公布，根据 2009 年 8 月 27 日中华人民共和国主席令第十八号第十一届全国人民代表大会常务委员会第十次会议《关于修改部分法律的决定》修正。

❹ 1998 年 6 月 26 日第九届全国人民代表大会常务委员会第三次会议通过，1998 年 6 月 26 日中华人民共和国主席令第五号公布，根据 2009 年 8 月 27 日中华人民共和国主席令第十八号第十一届全国人民代表大会常务委员会第十次会议《关于修改部分法律的决定》修正。

❺ 中华人民共和国国务院令第 386 号，《乡村医生从业管理条例》已经 2003 年 7 月 30 日国务院第 16 次常务会议通过，自 2004 年 1 月 1 日起施行。

定："乡村医生在执业活动中享有下列权利：……（四）在执业活动中，人格尊严、人身安全不受侵犯……"

（4）护士。对护士人格尊严的保护，《护士条例》❶第3条规定："护士人格尊严、人身安全不受侵犯。护士依法履行职责，受法律保护。全社会应当尊重护士。"

（5）导游。对于导游的人格尊严，《导游人员管理条例》❷第10条规定："导游人员进行导游活动时，其人格尊严应当受到尊重，其人身安全不受侵犯。导游人员有权拒绝旅游者提出的侮辱其人格尊严或者违反其职业道德的不合理要求。"

（6）志愿者。对志愿者人格尊严的保护，《中华人民共和国慈善法》（以下简称《慈善法》）❸第62条规定："开展慈善服务，应当尊重受益人、志愿者的人格尊严，不得侵害受益人、志愿者的隐私。"《志愿服务条例》❹第20条进一步明确规定："志愿服务组织、志愿服务对象应当尊重志愿者的人格尊严；未经志愿者本人同意，不得公开或者泄露其有关信息。"对于志愿服务的对象或者受益人，《志愿服务条例》第21条亦规定："志愿服务组织、志愿者应当尊重志愿服务对象人格尊严，不得侵害志愿服务对象个人隐私，不得向志愿服务对象收取或者变相收取报酬。"

2. 对社会生活中因为年龄、性别、身体健康状态、经济状况、社会地位等而在社会交往中处于弱势地位的群体的人格尊严予以特别保护

（1）未成年人。对于未成年人的人格尊严，《中华人民共和国未成年

---

❶ 中华人民共和国国务院令第517号，《护士条例》已经2008年1月23日国务院第206次常务会议通过，自2008年5月12日起施行。

❷ 1999年5月14日国务院令第263号发布，根据2017年10月7日国务院令第687号《国务院关于修改部分行政法规的决定》修正。

❸ 2016年3月16日第十二届全国人民代表大会第四次会议通过。

❹ 中华人民共和国国务院令第685号，《志愿服务条例》已经2017年6月7日国务院第175次常务会议通过，自2017年12月1日起施行。

人保护法》（以下简称《未成年人保护法》）❶ 第 5 条明确规定："保护未成年人的工作，应当遵循下列原则：（一）尊重未成年人的人格尊严；……"第 21 条规定："学校、幼儿园、托儿所的教职员工应当尊重未成年人的人格尊严，不得对未成年人实施体罚、变相体罚或者其他侮辱人格尊严的行为。"《中华人民共和国预防未成年人犯罪法》（以下简称《预防未成年人犯罪法》）❷ 第 36 条第 2 款也规定："家庭、学校应当关心、爱护在工读学校就读的未成年人，尊重他们的人格尊严，不得体罚、虐待和歧视。工读学校毕业的未成年人在升学、就业等方面，同普通学校毕业的学生享有同等的权利，任何单位和个人不得歧视。"

（2）残疾人。对于残疾人的人格尊严，《中华人民共和国残疾人保障法》（以下简称《残疾人保障法》）❸ 第 3 条规定："残疾人在政治、经济、文化、社会和家庭生活等方面享有同其他公民平等的权利。残疾人的公民权利和人格尊严受法律保护。禁止基于残疾的歧视。禁止侮辱、侵害残疾人。禁止通过大众传播媒介或者其他方式贬低损害残疾人人格。"另外，对于残疾人中的精神障碍患者，《中华人民共和国精神卫生法》（以下简称《精神卫生法》）❹ 第 4 条明确规定："精神障碍患者的人格尊严、人身和财产安全不受侵犯。精神障碍患者的教育、劳动、医疗以及从国家和社会获得物质帮助等方面的合法权益受法律保护。有关单位和个人应当对精神障碍患者的姓名、肖像、住址、工作单位、病历资料以及其他可能推断出

---

❶ 1991 年 9 月 4 日第七届全国人民代表大会常务委员会第二十一次会议通过，2006 年 12 月 29 日第十届全国人民代表大会常务委员会第二十五次会议修订，根据 2012 年 10 月 26 日第十一届全国人民代表大会常务委员会第二十九次会议《关于修改〈中华人民共和国未成年人保护法〉的决定》修正。

❷ 1999 年 6 月 28 日第九届全国人民代表大会常务委员会第十次会议通过，根据 2012 年 10 月 26 日第十一届全国人民代表大会常务委员会第二十九次会议《关于修改〈中华人民共和国预防未成年人犯罪法〉的决定》修正。

❸ 1990 年 12 月 28 日第七届全国人民代表大会常务委员会第十七次会议通过，2008 年 4 月 24 日第十一届全国人民代表大会常务委员会第二次会议修订，根据 2018 年 10 月 26 日第十三届全国人民代表大会常务委员会第六次会议《关于修改〈中华人民共和国野生动物保护法〉等十五部法律的决定》修正。

❹ 2012 年 10 月 26 日第十一届全国人民代表大会常务委员会第二十九次会议通过，根据 2018 年 4 月 27 日第十三届全国人民代表大会常务委员会第二次会议《关于修改〈中华人民共和国国境卫生检疫法〉等六部法律的决定》修正。

其身份的信息予以保密；但是，依法履行职责需要公开的除外。"

（3）妇女。对于妇女的人格尊严，《中华人民共和国妇女权益保障法》（以下简称《妇女权益保障法》）❶第 42 条规定："妇女的名誉权、荣誉权、隐私权、肖像权等人格权受法律保护。禁止用侮辱、诽谤等方式损害妇女的人格尊严。禁止通过大众传播媒介或者其他方式贬低损害妇女人格。未经本人同意，不得以营利为目的，通过广告、商标、展览橱窗、报纸、期刊、图书、音像制品、电子出版物、网络等形式使用妇女肖像。"

（4）消费者。对消费者人格尊严的保护，现行法律体系中主要区分了三种情况。第一种是一般的消费者，《中华人民共和国消费者权益保护法》（以下简称《消费者权益保护法》）❷第 14 条规定："消费者在购买、使用商品和接受服务时，享有其人格尊严、民族风俗习惯得到尊重的权利……"第 50 条规定："经营者侵害消费者的人格尊严、侵犯消费者人身自由或者侵害消费者个人信息依法得到保护的权利的，应当停止侵害、恢复名誉、消除影响、赔礼道歉，并赔偿损失。"第二种是金融消费者，《国务院办公厅关于加强金融消费者权益保护工作的指导意见》第 3 条第 9 项规定："保障金融消费者受尊重权。金融机构应当尊重金融消费者的人格尊严和民族风俗习惯，不得因金融消费者性别、年龄、种族、民族或国籍等不同进行歧视性差别对待。"❸第三种是旅游消费者，《中华人民共和国旅游法》（以下简称《旅游法》）❹第 10 条规定："旅游者的人格尊严、民族风俗习

---

❶　1992 年 4 月 3 日第七届全国人民代表大会第五次会议通过，根据 2005 年 8 月 28 日第十届全国人民代表大会常务委员会第十七次会议《关于修改〈中华人民共和国妇女权益保障法〉的决定》第一次修正，根据 2018 年 10 月 26 日第十三届全国人民代表大会常务委员会第六次会议《关于修改〈中华人民共和国野生动物保护法〉等十五部法律的决定》第二次修正。

❷　1993 年 10 月 31 日第八届全国人民代表大会常务委员会第四次会议通过，根据 2009 年 8 月 27 日第十一届全国人民代表大会常务委员会第十次会议《关于修改部分法律的决定》第一次修正，根据 2013 年 10 月 25 日第十二届全国人民代表大会常务委员会第五次会议《关于修改〈中华人民共和国消费者权益保护法〉的决定》第二次修正。

❸　参见国办发〔2015〕81 号。

❹　2013 年 4 月 25 日第十二届全国人民代表大会第二次会议通过，根据 2016 年 11 月 7 日第十二届全国人民代表大会常务委员会第二十四次会议《关于修改〈中华人民共和国对外贸易法〉等十二部法律的决定》第一次修正，根据 2018 年 10 月 26 日第十三届全国人民代表大会常务委员会第六次会议《关于修改〈中华人民共和国野生动物保护法〉等十五部法律的决定》第二次修正。

惯和宗教信仰应当得到尊重。"

（5）农民工。对于农民工，国务院在《关于解决农民工问题的若干意见》中明确指出："招用农民工的单位，职工代表大会要有农民工代表，保障农民工参与企业民主管理权利。农民工户籍所在地的村民委员会，在组织换届选举或决定涉及农民工权益的重大事务时，应及时通知农民工，并通过适当方式行使民主权利。有关部门和单位在评定技术职称、晋升职务、评选劳动模范和先进工作者等方面，要将农民工与城镇职工同等看待。依法保障农民工人身自由和人格尊严，严禁打骂、侮辱农民工的非法行为。"❶

三、公法领域内保护人格尊严的基本法律规定

在公法领域内，对人格尊严的特殊保护，主要表现在两个方面：一方面是国家机关在行使公权力时对个人之人格尊严的尊重与保护；另一方面是个人对于他人之人格尊严的污蔑贬损导致的公法规制。

（一）国家机关与个人

1. 行政机关

对于行政相对人的人格尊严，《中华人民共和国治安管理处罚法》（以下简称《治安管理处罚法》）❷ 第 5 条明确规定："治安管理处罚必须以事实为依据，与违反治安管理行为的性质、情节以及社会危害程度相当。实施治安管理处罚，应当公开、公正，尊重和保障人权，保护公民的人格尊严。……"

2. 司法机关

（1）诉讼当事人及代理人。对于诉讼当事人、代理人尤其是被告人的人格尊严，最高人民法院 2005 年在《关于在全国法院民事和行政审判部

---

❶ 参见国发〔2006〕5 号。

❷ 2005 年 8 月 28 日第十届全国人民代表大会常务委员会第十七次会议通过，根据 2012 年 10 月 26 日第十一届全国人民代表大会常务委员会第二十九次会议《关于修改〈中华人民共和国治安管理处罚法〉的决定》修正。

门开展"规范司法行为、促进司法公正"专项整改活动的通知》中指出："个别民事、行政审判法官不尊重当事人及代理人的人格尊严，言谈举止欠缺文明，甚至态度粗暴蛮横，严重影响了人民法院的形象。"❶ 基于此种现实考虑，最高人民法院 2007 年发布的《最高人民法院关于为构建社会主义和谐社会提供司法保障的若干意见》中指出："加强刑事司法领域的人权保障。依法尊重被告人的人格尊严，保障被告人依法享有的诉讼权利，充分听取被告人及其辩护人的意见，保证被告人受到合法、公正、文明的审判；坚持实体处理的正确性与诉讼程序的正当性的统一，既坚持重证据、不轻信口供原则，切实做到认定案件事实清楚、证据确实充分，又坚持罪刑法定和罪刑相适应原则，切实做到定罪准确，量刑适当，确保无罪的人不受刑事追究。"❷ 其在 2010 年发布的《关于充分发挥刑事审判职能作用深入推进社会矛盾化解的若干意见》中指出："依法对犯罪分子定罪量刑的同时，尊重和保障被告人的人格尊严和诉讼权益，通过公开、公平、公正的审判活动促使其认罪服法，改过自新。"❸ 与此相同，最高人民法院、最高人民检察院、公安部 2016 年发布的《办理毒品犯罪案件毒品提取、扣押、称量、取样和送检程序若干问题的规定》中规定："对体内藏毒的案件，公安机关应当监控犯罪嫌疑人排出体内的毒品，及时提取、扣押并制作笔录。笔录应当由侦查人员和犯罪嫌疑人签名；犯罪嫌疑人拒绝签名的，应当在笔录中注明。在保障犯罪嫌疑人隐私权和人格尊严的情况下，可以对排毒的主要过程进行拍照或者录像。必要时，可以在排毒前对犯罪嫌疑人体内藏毒情况进行透视检验并以透视影像的形式固定证据。体内藏毒的犯罪嫌疑人为女性的，应当由女性工作人员或者医师检查其身体，并由女性工作人员监控其排毒。"❹ 2017 年《最高人民检察院关于充分履行检察职能加强产权司法保护的意见》也明确指出："保障涉案当事人及其委托人的诉讼权利，尊重犯罪嫌疑人、被告人的诉讼地位和人格尊

---

❶　参见法发〔2005〕11 号。
❷　参见法发〔2007〕2 号。
❸　参见法发〔2010〕63 号。
❹　参见公禁毒〔2016〕511 号。

严，保障律师依法履行职责。"❶ 另外，最高人民法院在 2018 年发布《关于加强和规范裁判文书释法说理的指导意见》中还明确规定："裁判文书释法说理应当避免使用主观臆断的表达方式、不恰当的修辞方法和学术化的写作风格，不得使用贬损人格尊严、具有强烈感情色彩、明显有违常识常理常情的用语。"❷

（2）证人。对于证人等人格尊严的保护，2012 年最高人民法院发布的《关于适用〈中华人民共和国刑事诉讼法〉的解释》第 213 条规定："向证人发问应当遵循以下规则：……（四）不得损害证人的人格尊严。前款规定适用于对被告人、被害人、附带民事诉讼当事人、鉴定人、有专门知识的人的讯问、发问。"❸

（3）罪犯。对于已被定罪判刑的罪犯的人格尊严的保护，最高人民法院办公厅 2012 年发布的《关于印发国家赔偿典型案例的通知》中指出："监狱作为刑罚执行机关，对罪犯依法进行监管的同时也负有保障其人格尊严、人身安全等职责，根据国家赔偿法规定精神，监狱对其行为与被羁押人一级视力残疾之间是否存在因果关系负有举证责任。"❹ 最高人民检察院 2015 年在《关于刑罚执行监督工作情况的报告》中进一步明确指出："各级检察机关坚持惩罚犯罪与保障人权并重，尊重罪犯的人格尊严，依法保障罪犯的生活、学习、休息、劳动、教育、就医等合法权益，使罪犯既感受到法律的尊严权威，又感受到法治文明和司法人文关怀。"

（4）未成年人。考虑到未成年人的特殊性，在涉及未成年人犯罪的法律实践活动中，对于未成年人的人格尊严的保护，作了法律上的特别规定。《未成年人保护法》第 5 条规定："保护未成年人的工作，应当遵循下列原则：（一）尊重未成年人的人格尊严；（二）适应未成年人身心发展的规律和特点；（三）教育与保护相结合。"第 55 条规定："公安机关、人民检察院、人民法院办理未成年人犯罪案件和涉及未成年人权益保护案件，

---

❶ 参见高检发〔2017〕1 号。
❷ 参见法发〔2018〕10 号
❸ 参见法释〔2012〕21 号。
❹ 参见法办〔2012〕481 号。

应当照顾未成年人身心发展特点，尊重他们的人格尊严，保障他们的合法权益，并根据需要设立专门机构或者指定专人办理。"另外，最高人民检察院在 2002 年发布的《人民检察院办理未成年人刑事案件的规定》第 28 条明确规定："审查批准逮捕、审查起诉未成年人刑事案件，应当同时审查公安机关的侦查活动是否合法，发明有下列违法行为，应当提出意见；构成犯罪的，依法追究刑事责任；……（六）对未成年被害人、证人以诱骗等非法手段收集证据或者侵害未成年被害人、证人的人格尊严及隐私权等合法权益的；……"❶ 该立场在最高人民检察院于 2007 年发布的《人民检察院办理未成年人刑事案件的规定》中得到了细化，第 4 条规定："人民检察院办理未成年人刑事案件，应当依法保护涉案未成年人的名誉，尊重其人格尊严，不得公开或者传播涉案未成年人的姓名、住所、照片、图像及可能推断出该未成年人的资料。"❷ 其于 2017 年发布的《未成年人刑事检察工作指引（试行）》也继续坚持同一立场，该指引第 19 条规定："人民检察院应当依法保护涉案未成年人的名誉、隐私和个人信息，尊重其人格尊严，不得公开或者传播能够单独或者与其他信息结合识别未成年人个人身份的各种信息，包括姓名、出生日期、身份证号码、个人生物识别信息、住址、电话号码、照片、图像等。"❸

（二）个人侵害行为的公法规制

现行公法体系中的个人侵害人格尊严的公法规制主要表现为两个方面：一是个人之间人格尊严侵害的公法规制；二是个人对于履行公职的特定国家工作人员的人格尊严的侵害与公法规制。

1. 个人之间

（1）未成年人。最高人民法院、最高人民检察院、公安部、民政部联合发布的《关于依法处理监护人侵害未成年人权益行为若干问题的意见》

---

❶　参见高检发〔2002〕8 号（已失效）。
❷　参见高检发研字〔2007〕1 号（已失效）。
❸　参见高检发未检字〔2017〕1 号。

中明确规定："处理监护侵害行为，应当遵循未成年人最大利益原则，充分考虑未成年人身心特点和人格尊严，给予未成年人特殊、优先保护。"❶另外，在最高人民法院和最高人民检察院发布的典型案例和指导案例中，对未成年人人格尊严的保护也给予了特殊关照。例如，在最高人民法院于2017 年 6 月 1 日发布的 6 起依法惩治侵害未成年人犯罪典型案例的"余镇、高敏拐卖儿童、黄思美收买被拐卖的儿童案"中，法院明确指出："子女不是父母的私有财产，孩子应该享有独立人格尊严，绝不允许买卖。"❷ 在最高人民检察院 2018 年发布的指导性案例第 43 号即"骆某猥亵儿童案"中，法院亦明确指出："行为人以满足性刺激为目的，以诱骗、强迫或者其他方法要求儿童拍摄裸体、敏感部位照片、视频等供其观看，严重侵害儿童人格尊严和心理健康的，构成猥亵儿童罪。"❸

（2）消费者。对于消费者人格尊严的公法保护，《消费者权益保护法》第 56 条规定："经营者有下列情形之一，除承担相应的民事责任外，其他有关法律、法规对处罚机关和处罚方式有规定的，依照法律、法规的规定执行；法律、法规未作规定的，由工商行政管理部门或者其他有关行政部门责令改正，可以根据情节单处或者并处警告、没收违法所得、处以违法所得一倍以上十倍以下的罚款，没有违法所得的，处以五十万元以下的罚款；情节严重的，责令停业整顿、吊销营业执照：……（九）侵害消费者人格尊严、侵犯消费者人身自由或者侵害消费者个人信息依法得到保护的权利的；……"

（3）信教群众、农村群众。最高人民法院 2018 年发布的《关于为实施乡村振兴战略提供司法服务和保障的意见》强调指出："正确把握宗教教义与民族习惯、社会道德的边界，依法惩处打着宗教旗号侵害广大信教群众、农村群众的婚姻自由权、人身自由权、人格尊严权、信仰与不信仰

---

❶ 参见法发〔2014〕24 号。
❷ 参见罗沙："最高法发布依法惩治侵害未成年人犯罪 6 个典型案例"，人民网2018 年 6 月 2 日，链接：http://politics.people.com.cn/n1/2017/0602/c1001 - 29313009.html，最后访问日期：2019 年 3 月 26 日。
❸ 参见最高人民检察院 2018 年 11 月 9 日发布的《关于印发最高人民检察院第十一批指导性案例的通知》。

宗教自由权和财产权等合法权益的行为，依法严厉打击组织和利用邪教组织犯罪。"❶

2. 特定国家工作人员

（1）法官。最高人民法院在 2010 年 10 月 27 日发布的《关于民事审判工作情况的报告》中指出："从当前的司法实践来看，民事审判中常常会遇到各种外部干扰，生效裁判尚未得到应有的尊重，个别当事人甚至采取极端手段暴力抗法、哄闹法庭、残害法官，基层法官的人格尊严得不到维护，人身安全面临较大威胁，这在很大程度上影响了人民法院的司法权威。"基于此，最高人民法院在 2015 年发布的《关于完善人民法院司法责任制的若干意见》中明确规定："侵犯法官人格尊严，或者泄露依法不能公开的法官及其亲属隐私，干扰法官依法履职的，依法追究有关人员责任。"❷ 另外，在最高人民法院 2017 年公布的司法人员依法履职保障十大典型案例的"黄某寻衅滋事罪案"中，法院在判决书中明确指出："在法院周边拉横幅、喊口号，聚众喧闹、散发材料，播放高音喇叭、招徕围观注意，严重扰乱法院办公秩序，或是在互联网和各种媒介上夸大事实、捏造谎言，侮辱法官人格尊严、肆意诋毁法院工作，甚至编演舞台剧大搞'行为艺术'向法院施加压力，以求达到其个人目的。这些错误行为不仅会妨碍社会公众对司法裁判形成客观评价，也不利于全民法治观念的塑造，还会削弱法律在维护群众权益、化解社会矛盾中的权威地位。"❸

（2）法院干警。最高人民法院 2014 年发布的《关于进一步加强人民法院思想政治建设的意见》中规定："建立健全保障干警人格尊严、人身安全的制度措施，依法制止和惩处侮辱、诬陷、恐吓、伤害干警的行为。"❹ 最高人民法院 2019 年发布的《最高人民法院关于深化人民法院司

---

❶ 参见法发〔2018〕19 号。

❷ 参见法发〔2015〕13 号。

❸ 参见"司法人员依法履职保障十大典型案例"，中国法院网 2017 年 2 月 7 日，链接：https：//www.chinacourt.org/article/detail/2017/02/id/2540603.shtml，最后访问日期：2019 年 3 月 26 日。

❹ 参见法发〔2014〕17 号。

法体制综合配套改革的意见——人民法院第五个五年改革纲要（2019—2023）》中也强调指出："进一步健全审判执行人员履行法定职责保护机制、受到侵害救济保障机制和不实举报澄清机制，研究完善法院干警人身意外伤害保险等制度，强化履职保障设施建设，保障和维护法院干警人格尊严和合法权益，对坚持原则、秉公办案、严格执法的法院干警，坚决予以保护支持。"❶

四、本章结论

整体来看，当代中国法律实践中的人格尊严保护问题，在规范性法律文件的规定中显现出来的基本特点是：一方面，人格尊严的普遍性和等值性特征得以彰显，法律承认人格尊严是自然人最本质的特性，自然人的人格尊严不因其强弱或后天行为等而克减，不因违法犯罪行为而贬损；并且人格尊严是平等的，不因自然人的社会身份地位、财富多寡或身体强弱而有差别，每个人的人格尊严都是等量齐观而无高下之别或多寡之分。❷ 另一方面，人格尊严又是具体的，共同体中的每个自然人所处的环境以及其自身的自然属性和社会特征决定了其实现人格尊严的能力是有差别的，因此法律通过类型化的方式对特定类型的群体的人格尊严的保护给予了更多的关注。但由于人格尊严概念本身的抽象性，规定在不同条款中的人格尊严以及法律赋予不同群体的人格尊严在内涵上是否一致，以及因此而生的相应的人格尊严的具体保护规则在适用上是否具有同一性，仍需要进一步分析厘定。

---

❶ 参见法发〔2019〕8 号。
❷ 参见齐延平："论作为法治价值基础的'人的尊严'"，《江苏行政学院学报》2011 年第 1 期，第 127 页。

第二章　中国现行法中人格尊严的思想渊源

> 人的本质问题，人的人格，对于法的本质是决定性的。法的标准，即法的观念本身，是人。❶
>
> ——［德］考夫曼、哈斯默尔

一、问题的提出

人格尊严在当代中国法律实践中具有极其重要的价值，而准确理解并掌握其内涵外延，是准确适用涉及人格尊严的具体法律规则的题中之意。在现行法并未给予人格尊严概念以明确界定的前提下，学理上有必要审慎考察人格尊严范畴在思想史上的流变框架，从而为相关法律实践准确理解和界定人格尊严提供正当性说明。整体来看，中国当代法律实践中人格尊严概念的思想内涵虽然主要脱胎于近代以来的西方法律传统，但不可否认的是，即使自清末以后中国传统法律思想随着剧变的社会背景而逐渐退出了法律实践的舞台，受传统法律思想浸染的社会生活观念以及相应的价值理念等却渗入到民族精神当中，成为中国民族精神的内在构成，并且这种民族精神在当代的法律实践中仍不时地显露出来并显出勃勃生机的景象。例如，在涉及夫妻之间违反忠实义务的案件中，法院通常会认为：在双方的婚姻存续期间，妻子与丈夫彼此之间负有忠实义务，妻子与他人生子，

---

❶　参见［德］考夫曼、哈斯默尔：《当代法哲学和法律理论导论》，郑永流译，法律出版社2002年版，第490页。

违背了忠实义务，侵害了丈夫的人格尊严。❶ 而同样地行为，在德国等西方国家的法律实践中原则上并不存在受法律保护的人格尊严被侵害。❷ 由此显现出来的图景是，中国当代法律实践中的人格尊严显然与西方法律实践中的相应概念存在不同，由此要求我们在理解中国法律实践中的人格尊严概念时，应将之与中国的现实语境结合起来，既要考虑源自西方传统的人格尊严思想，也要重视中国传统的人格尊严观，还要兼顾在当代法治建设中具有重要价值的马克思主义的人格尊严理论。

二、中国传统中的人格尊严

一般来讲，中国传统中的人格尊严主要是儒家的人格尊严观。而传统的儒家"尊严"观强调人格的不可侵犯性和不可侮辱性，其关乎人的"身"与"志"即全部的身心。由于儒家所坚持的伦理价值的核心是忠孝仁义，而忠孝仁义是义务导向的价值取向和行为规范。这就导致儒家的人格尊严观是以义务为本位的，并且儒家主张的义务并非以权利与义务相对等为原则，其完全是在权利缺位状态下的义务。因此从整体来看，建立在儒家的忠孝仁义等基本义务型的伦理价值观基础上的人格尊严观，在培育中国人的理想人格的同时，因为与人的权利相脱离，所以其作为义务论的价值论的一个组成部分，维护了中国古代宗法制的封建制度，并一直影响到今天的中国社会。❸

---

❶ 参见河南省鹤壁市中级人民法院（2018）豫 06 民终 540 号民事判决书；吉林省白城市中级人民法院（2017）吉 08 民终 960 号民事判决书；江苏省南通市中级人民法院（2016）苏 06 民终 1891 号民事判决书；四川省攀枝花市中级人民法院（2016）川 04 民终 500 号民事判决书；浙江省嘉兴市中级人民法院（2016）浙 04 民终 331 号民事判决书；贵州省贵阳市中级人民法院（2016）黔 01 民终 3758 号民事判决书；山东省青岛市中级人民法院（2015）青民五终字第 1962 号民事判决书；福建省莆田市中级人民法院（2015）莆民终字第 1511 号民事判决书；重庆市第三中级人民法院（2015）渝三中法民终字第 00235 号民事判决书；湖南省湘潭市中级人民法院（2014）潭中民一终字第 309 号民事判决书；辽宁省丹东市中级人民法院（2014）丹民一终字第 00077 号民事判决书；陕西省榆林市中级人民法院（2014）榆中民一终字第 00147 号民事判决书；广东省深圳市中级人民法院（2014）深中法民终字第 2171 号民事判决书。

❷ Vgl. Xiaofeng Zhu, Schadensersatz bei Ehebruch in Deutschland und China, Recht als Kultur, No. 12（2016），S. 169.

❸ 参见陈嘉明："尊严与权利：基于中国社会视角的一种探究"，《马克思主义与现实》2011 年第 2 期，第 7—8 页。

（一）尊严概念的源起

从汉语语法结构来看，"人格尊严"或"人的尊严"为定中短语，是偏正结构，以"人格"或"人"来限制中心语"尊严"。因此，探究人格尊严概念的源起，首先需要解决尊严概念的源起问题。关于尊严概念，究竟是中国古已有之，还是近代以来西方的舶来品，学界存在争议。

1. 肯定说

持肯定说的学者从语义学的角度出发，认为在汉语语辞体系中，作为复合词的"尊严"概念由"尊"和"严"构成，其中，"尊"表示高贵、尊崇、可尊敬、有价值的，"严"则表示严肃、严格、威严。[1] 由此展开，学理上认为，应主要从如下两个方面来说明尊严概念的固有性。

第一，作为汉语中的固有字，"尊""严"二字首次关联性的出现是在《郭店楚墓竹简·五行》篇中，并且其间的联系与尊严概念本身的界定不无关系。该竹简中记载了"不远不敬，不敬不严，不严不尊，不尊不恭，不恭无礼""远而（庄）之，敬也。敬而不节，严也。严而畏之，尊也"等内容。[2] 对此，马王堆汉墓的帛书《五行》篇的理解是："不敬不严，严犹严，严敬之责者也。不严不尊，严而后已尊。"[3] 可以发现，于此关于"尊""严"的记载，虽未展现出现代尊严概念本身的内涵外延，但显然已经在彼此之间建立了联系，为尊严概念的最终形成奠定了基础。

第二，作为复合词的"尊严"概念在中国古代典籍中也广泛存在。其有据可查的首次出现是在《荀子·致士》篇中。荀子在该篇中明确谈到："尊严而惮，可以为师。"[4] 学界对此的理解是，荀子于此认为，当人具备品格上的尊、严，然后配备知识，即可为人师，享有对他人产生影响的权威和力量。当然，荀子于此所使用的尊严概念，重点是强调人的社会地

---

[1] 参见中国社会科学院语言研究所词典编辑室：《现代汉语词典》，商务印书馆 2015 年第 6 版，第 1742—1743 页、第 1495 页。

[2] 参见荆门市博物馆：《郭店楚墓竹简》，文物出版社 1998 年版，第 150 页。

[3] 参见国家文物局文献研究室：《马王堆汉墓帛书（一）》，文物出版社 1980 年版，第 20 页。

[4] 参见（清）王先谦：《荀子集解》，中华书局 1988 年版，第 263 页。

位。所以，"尊严"一词后来往往用来指皇帝、大人物、天地。❶例如，后世学者也多在此意义上理解尊严概念："贤者备股肱，则君尊严而国安"❷、"人主极尊严"❸、"子曰：君子有三畏，畏天命，畏大人，畏圣人之言。……畏大人，如此尊严而亦自可畏"❹。

除荀子关于"尊严"的理解和使用方法外，董仲舒还发展出"尊严"的另一种用法。《春秋繁露·人副天数》篇记载："天地之象，以要为带。颈以上者，精神尊严，明天类之状也；颈而下者，丰厚卑辱，土壤之比也。足布而方，地形之象也。"❺对此，有学者认为，董仲舒的人副天数理论认为精神性、天，都具有尊严。❻其中，董氏关于天具有尊严的观点也为后世儒家学者承认。例如，记载二程（程颐、程颢）观点的《程氏外书》中说："一日，（程颐）偶见秦少游，问，'天若知也和天瘦'是公词否？少游意伊川称赏之，拱手逊谢。伊川云：'上穹尊严，安得易而侮之？'少游面色骏然。"❼程颐的"上穹"就是董仲舒所谓的"天"。

可以确定，至少在修辞表达层面，尊严概念确实为中国古已有之，但其内涵外延是否与现代尊严概念存在规范关系，或者说古义中的尊严概念是否对当代尊严概念内涵外延产生了影响，在什么程度上产生了影响，还需进一步解释论证。

2. 否定说

持否定说观点的学者认为，尊严概念在中国虽然古已有之，但当代中国语境中的尊严仍是一个外来词，它的主要功能是把现代西方的，尤其是康德哲学中的人的尊严思想引介到中国来。人们普遍认为，中国缺乏这样的观念。❽对此，也可以从《辞源》关于尊严的释义中发现端倪。该书关

---

❶ 参见乔清举："儒道尊严思想简论"，《社会科学》2013年第4期，第107页。

❷ 参见（清）苏舆：《春秋繁露义证》，中华书局1992年版，第170页。

❸ 参见（宋）黎靖德：《朱子语类》，中华书局1986年版，第7册，第27页。

❹ 参见（宋）程颐、程颢：《二程集》，中华书局1988年版，第1册，第260页。

❺ 参见（清）苏舆：《春秋繁露义证》，中华书局1992年版，第356页。

❻ 参见乔清举："儒道尊严思想简论"，《社会科学》2013年第4期，第108页。

❼ 参见（宋）程颐、程颢：《二程集》，中华书局1988年版，第2册，第442页。

❽ 参见乔清举："儒道尊严思想简论"，《社会科学》2013年第4期，第108页。

于尊严的界定，主要是指庄重而有威严。传统典籍中出现的尊严概念，也多指此种理解，例如"尊严而惮，可以为师"（《荀子·致士》）、"故曰：兴必虑衰，安必思危。是以汤武至尊严，不失肃袛；舜在假典，顾省阙遗，此之谓也"（《史记·司马相如传》）、"临朝渊嘿，尊严若神，可谓穆穆天子之容者矣"（《汉书·成帝纪》）等，所表达的均是这层意思。❶ 另一大型工具书《辞海》中关于"尊严"的释义有三：第一项释义与《辞源》相同，指庄重而有威严，使人敬畏；第二项释义指可尊敬的身份或地位；第三项释义指对个人或社会集团的自身价值和社会价值的自我肯定和不可贬损性，其中尊重人的生命价值是人的最基本的尊严。❷ 从学理上看，尊严概念于此内涵的第一、二项意蕴与传统尊严概念相关，第三项意蕴则为中国近现代以来对西方尊严观的引入和承认的结果，与中国传统尊严概念无涉。

可以发现，如果单从修辞表述上来看，尊严概念在中国古已有之。但学理上关于尊严概念的分歧，显然主要集中在尊严概念的内涵上，即当代中国社会背景下的尊严概念是否与中国传统尊严概念的内在保持了一致性，或者说当下的尊严概念在内涵上是否可以追溯至传统尊严概念。至于尊严概念本身是否原生在中国，现实意义并不非常显著。因此，需要讨论的是，中国传统社会背景下的人格尊严观究竟如何？

（二）人格尊严思想的主要内容

从汉语语法结构出发，结合中国传统社会关于尊严概念的基本理解，可以将人的尊严或人格尊严大致界定为人的尊贵庄严，不容侵犯的身份、地位和资格。与尊严不同，人格尊严或人的尊严概念是近代以来从西方引入的名词。❸ 当然，在中国传统典籍中无人格尊严或人的尊严概念的直接表述，并不意味着中国传统社会中没有关于人格尊严的思想或社会观念。

---

❶ 参见《辞源》"尊严"条，商务印书馆 2015 年第 3 版，第 1184 页。
❷ 参见《辞海》"尊严"条，上海辞书出版社 2009 年第 6 版，第 2571 页。
❸ 参见朱允：："传统文化中的人格尊严思想"，《宁夏社会科学》2008 年第 1 期，第 137 页。

1. 人格尊严思想的源起

学理上认为，中国传统社会虽然并没有"人格尊严"概念的直接表述，但内含人格尊严的词语并不鲜见，例如"志不可夺""高尚其事"等。❶ 其中"高尚其事"语出《周易古经·蛊卦》"上九，不事王侯，高尚其事"，而"志不可夺"出自《象传》"不事于侯，志可则也"。在当时的人看来，不屈服于王侯，保持人格的独立，才是品格高尚的。这种观念实质上反映了在中国古代西周时期即已存在着关于人格尊严的基本思考。❷"不事王侯"当中所体现出来的人格尊严观在后来儒家的典籍中得到了进一步的阐释和发展。

2. 人格尊严地位崇高

儒家承认人格尊严的崇高地位。例如《礼记·礼运》篇说："人者，天地之心也，五行之端也。""人者，其天地之德，阴阳之交，鬼神之会，五行之秀气也。"于此，人不仅与儒家理论中具有极高地位的二仪、五行相关联，并且与鬼神以及儒家理论中的最高范畴"天"密切联系，居于关键地位。❸ 人的这种关键地位在先秦诸子的思想中得到了普遍承认。例如，儒家性恶论的代表荀子认为："水火有气而无生，草木有生而无知，禽兽有知而无义，人有气、有生、有知，亦且有义，故最为天下贵也。"（《荀子·王制》）

西汉董仲舒在前人的基础上，把人之尊严的崇高地位推向极致。其在《春秋繁露·天地阴阳》当中指出："天地阴阳木火土金水九，与人而十者，天之数毕也……。起于天至于人而毕，毕之外谓之物，物者投所贵之端而不在其中，以此见人之超然万物之上而最为天下贵也。人下长万物，上参天地。"在其看来："人受命于天，固超然异于群生。入有父子兄弟之亲，出有君臣上下之谊，会聚相遇，则有耆老长幼之施，粲然有文以相

❶ 参见张岱年：《晚思集：张岱年自选集》，新世界出版社 2002 年版，第 74 页。
❷ 参见龙晟："人性尊严法律概念之历史"，《法治论丛》2008 年第 4 期，第 68 页。
❸ 参见何光沪："在理论与制度之间：基督宗教与儒教关于人性尊严问题的比较研究"，《复旦学报（社会科学版）》2003 年第 4 期，第 19 页。

接，欢然有恩以相爱，此人之所以贵也。生五谷以食之，桑麻以衣之，六畜以养之，服牛乘马，圈豹槛虎。是其得天之灵，贵于物也。故孔子曰：'天地之性人为贵。'明于天性，知自贵于物。"❶ 董仲舒不仅承认人之地位的至高性，还论证了人之尊贵的基础在于受命于天且得天之灵，为人格尊严的论证提供了更为充分的正当性基础。

儒家将人的尊严奉为圭臬的思想观，对传统社会法律制度的构建产生了深远的影响。例如，《唐律疏议》即开宗明义地讲到："夫三才肇位，万象斯分，禀气含灵，人为称首。"在其看来，天地万物，只有人得天地之灵秀，为万物之长，是最高贵的。当然，法律上于此所承认的人的高贵性是抽象的，不是共同体内的具体每一个人都具备高贵的人格。因为在该法看来："莫不凭黎元而树司宰，因政教而施刑法。其有情恣庸愚，识沈愆戾，大则乱其区宇，小则睽其品式；不立制度，则未之前闻。故曰：'以刑止刑，以杀止杀。'刑罚不可弛于国，笞捶不得废于家。"这表明，传统社会的制定法虽然承认人是最高贵的，但实践生活中所谓的"情恣庸愚，识沈愆戾"者，不仅没有尊严可言，而且可能构成对共同体的潜在威胁，因此需对此类人在制度上予以规制。这也表明了传统社会具有至高意义的人之尊严是抽象而非具体的，具有其历史局限性。❷

3. 人格尊严内涵丰富

在中国传统社会中，人格尊严内含思想丰富的，主要包括如下内容。

（1）独立人格。儒家重视人的独立人格，否定侮辱人格的不当言行。在《孟子·告子上》中，孟子将之表述为："一箪食，一豆羹，得之则生，弗得则死。呼尔而与之，得道之人弗受；蹴尔而与之，乞人不屑也。"而《礼记·檀弓下》中的贫者不食嗟来之食的故事，亦反映了儒家倡导的关于独立人格高于生命本身的基本立场，亦即"儒有可亲而不可劫也，可近而不可迫也，可杀而不可辱也。……身可危也，而志不可夺也"❸。儒家所

❶　参见《汉书·董仲舒传》。
❷　参见胡玉鸿："'人的尊严'的法理疏释"，《法学评论》2007年第6期，第6页。
❸　参见《礼记·儒行》。

坚持的人格独立的本质核心在于人与天的关系。这种关系，《后汉书·方术列传》有明确阐述：汉顺帝"谓英曰：'朕能生君，能杀君；能贵君，能贱君；能富君，能贫君。君何以慢朕命。'英曰：'臣受命于天。生尽其命，天也；死不得其命，亦天也。陛下焉能生臣，焉能杀臣！臣见暴君如见仇雠，立其朝犹不肯，可得而贵乎？虽在布衣之列，环堵之中，晏然自得，不易万乘之尊，又可得而贱乎？陛下焉能贵臣，焉能贱臣！臣非礼之禄，虽万钟不受；若申其志，虽箪食不厌也。陛下焉能富臣，焉能贫臣！'"

（2）独立意志。在《论语·子罕》中，孔子强调："三军可夺帅也，匹夫不可夺志也。"孔子认为，伯夷叔齐"不降其志，不辱其身"（《论语·微子》）的不屈服外在势力的精神和思想意志，是人独立意志与人格的集中反映，殊值肯定。❶《论语·卫录公》中孔子说："志士仁人，无求生以害人，有杀身以成仁。"这表明了独立意志之于人的崇高价值。这种理念与《礼记·儒行》提倡的"儒有可亲而不可劫也，可近而不可迫也，可杀而不可辱也。……身可危也，而志不可夺也"是相同的。对此，唐朝刘知几明确指出："夫人寓形天地，其生也若蜉蝣之在世，如白驹过隙，发端庸浅。犹且耻当年而功不立，疾没世而名不闻。上起帝王，下穷匹庶，近则朝廷之士，远则山林之客，凉其于功也，名也，莫不汲汲焉，孜孜焉。夫如是者何哉？皆以图不朽之事也。"（《史通·外篇（卷十一）》）

（3）品德高尚。孟子曾引用曾子的话说"'晋楚之富，不可及也，彼以其富，我以吾仁；彼以其爵，我以吾义，吾何慊乎哉？'……天下有达尊三：爵一，齿一，德一。朝廷莫如爵，乡党莫如齿，辅世长民莫如德。恶得有其一以慢其二哉？"（《孟子·公孙丑下》），极言品德高尚之于人的重要价值。在儒家看来，"君子喻于义，小人喻于利"（《论语·里仁》）；"君子义以为上"（《论语·阳货》）；"君子义以为质，礼以行之，孙以出之，信以成之。君子哉！"（《论语·卫灵公》）；"水火有气而无生，草木有生而无知，禽兽有知而无义。人有气有生有知，亦且有义，故最为天下贵也"（《荀子·王制》）；"人受命于天，固超然异于群生，入有父子兄弟

---

❶ 参见朱允："传统文化中的人格尊严思想"，《宁夏社会科学》2008 年第 1 期，第 137 页。

之亲，出有君臣上下之谊，会聚相遇，则有耆老长幼之施，粲然有文以相接，欢然有恩以相爱，此人之所以贵也"（《汉书·董仲舒传》），等等。这些都表达了人之品德高尚的应有之意。也就是说，儒家认为人正是因为拥有了这些其他物种所没有的高尚品德，才拥有了尊严。当然对于此等品德，人必须明了。所以孟子说："人之所以异于禽兽者几希，庶民去之，君子存之。舜明于庶物，察于人伦，由仁义行，非行仁义也。"（《孟子·离娄下》）

（4）不畏权势。儒家的尊严观，尤其强调不畏权势以保持人本身之高远志趣和独立人格的重要性。例如，《易经·蛊》说："上九：不事王侯，高尚其事。象曰：不事王侯，志可则也。"《孟子·滕文公下》也说："居天下之广居，立天下之正位，行天下之大道；得志，与民由之；不得志，独行其道。富贵不能淫，贫贱不能移，威武不能屈，此之谓大丈夫。"

（5）推己及人。在儒家看来，人之所以高贵，不仅在于其追求自身的完善，还在于兼济他人。例如，孔子就说："何事于人，必也圣乎！尧舜其犹病诸！夫仁者，己欲立而立人，己欲达而达人。能近取譬，可谓仁之方也已"（《论语·雍也》）；"其恕乎，己所不欲，勿施于人"（《论语·卫灵公》）。在孔子看来，在处理人际关系时，应根据自己内心的体验来推测别人的感受，达到推己及人的目的。该立场被后来的儒家广泛承认，《孟子·梁惠王上》孟子也说："老吾老以及人之老，幼吾幼以及人之幼。"当然，不仅是儒家，墨家的思想中也广泛存在此种推己及人的利他主义。例如，墨子提出了"兼相爱"和"交相利"相互结合的思想。在其看来，"视人之国若视其国，视人之家若视其家，视人之身若视其身"；"夫爱人者，人必从而爱之；利人者，人必从而利之；恶人者，人必从而恶之；害人者，人必从而害之"。（《墨子·兼爱中》）

（6）注重礼仪。礼义名分在中国传统社会是理解人格尊严的重要内容，对于传统的社会各个阶层的人都十分重要。根据《礼记·曲礼上》记载："太上贵德，其次务施报。礼尚往来。往而不来，非礼也；来而不往，亦非礼也。人有礼则安，无礼则危。故曰：礼者不可不学也。夫礼者，自卑而尊人。虽负贩者，必有尊也，而况富贵乎？富贵而知好礼，则不骄不淫；贫贱而知好礼，则志不慑。"在儒家倡导的传统道德标准看来，一切场合的必要礼节，实质上都是对人格的尊重。❶ 因此，荀子讲："凡用血气、志意、知虑，由礼则治通，不由礼则勃乱提僈；食饮、衣服、居处、动静，由礼则和节，不由礼则触陷生疾；容貌、态度、进退、趋行，由礼则雅，不由礼则夷固僻违，庸众而野。故人无礼则不生，事无礼则不成，国家无礼则不宁。"（《荀子·修身》）

（7）死者为大。在中国的传统价值取向中，死者为大、入土为安等尊重和保护死者尊严的传统观念根深蒂固。例如，在人死之后，与死者有特定法律关系的人，尤其是五服以内的近亲属，需遵照死者遗愿，为其穿戴整齐并装殓入棺，葬入坟墓。在安葬过程中，遗体处于一种不可冒犯、不可亵渎的状态。就如同活人穿在身上的衣服是其人格尊严的物质保障一样，此时死者的衣服、棺材和坟墓也同样服务于保护死者尊严的目的，不容侵犯。以此为基础，传统社会的法律都明确规定，挖坟掘墓属重罪，这在本质上都是为了尊重和保护死者的尊严。❷

（三）人格尊严思想的主要特点

中国传统社会所生成的人格尊严思想，不仅内涵丰富，而且特点鲜明。主要表现为如下三个方面。

1. 人格尊严的基础

传统文化强调一种德性尊严论，亦即人因其德性而获得尊严。例如，孟子曾言："天下有达尊三：爵一，齿一，德一。朝廷莫如爵，乡党莫如齿，辅世长民莫如德。"❸ 在孟子看来，对人来说最重要的是德性，其将德性称为人的"天爵"并与"人爵"即高官厚禄相对比："有天爵者，有人爵者。仁义忠信，乐善不倦，此天爵也；公卿大夫，此人爵也。"❹ 因此孟

---

❶ 参见朱允："传统文化中的人格尊严思想"，《宁夏社会科学》2008 年第 1 期，第 138 页。
❷ 参见肖泽晟："墓地上的宪法权利"，《法学》2011 年第 7 期，第 73 页。
❸ 参见（宋）朱熹：《四书章句集注》，中华书局 1986 年版，第 242 页。
❹ 同上注，第 336 页。

子认为，人性之善，是人的天爵，亦是人之尊严的根源。❶ 亦即言，儒家传统伦理观中的人格尊严以人自身固有的德性为基础。

在传统文化中，被儒家奉为圭臬的人格尊严主要是通过个人修养工夫的磨砺来实现的。儒家传统强调人的精神境界的优先性地位。虽然其也承认物质生活的重要性，但在如何面对物质世界的诱惑和磨难时，儒家强调符合精神境界优先性的道德选择，只有在物质和道德的选择中选择后者，才能保有并完善人格尊严。在儒家看来，人不论身处何处，人格尊严的唯一实现途径就是对自我德性和品行的肯定与磨砺。因此这种尊严是一种自律性的尊严，❷ 历来不向外求只关注于内在精神，这种人格尊严的实现来自对人的物质生活的超越，追求一种更有价值的精神生活。对此学理上认为，中国传统思想从开始即将人视为道德存在，并追求控制人自身之情欲以领悟更高的生存目标和意义，实现自我的尊严。❸

2. 人格尊严处理的主要关系

（1）天人关系。天人关系是中国传统文化中讨论时间最长以及最广泛的问题，天人合一观念得到了普遍的认同。例如，在《孟子·公孙丑上》中，孟子认为，人性与天道是相通的，也是统一的，只要能将人的恻隐之心、羞恶之心、辞让之心、是非之心扩充为善性，即可实现"上下与天地同流"的目标，人格尊严也可以因此而得到张扬。❹

（2）人际关系。传统文化提倡和谐的人与人的相处之道，并且将这种人与人的和谐作为个人修身养性进而实现理想人格的途径。例如，儒家的孔子说"己所不欲，勿施于人"（《论语·颜渊》），"己欲立而立人，己欲达而达人"（《论语·雍也》）；孟子说"老吾老以及人之老，幼吾幼以及人之幼"（《孟子·梁惠王上》）。于此，儒家与墨家持基本相同的立场。例如，墨家的代表人物墨子也说："视人之国，若视其国；视人之家，若

---

❶ 参见乔清举："儒道尊严思想简论"，《社会科学》2013 年第 4 期，第 109 页。

❷ 同上注，第 107 页。

❸ 参见郝书翠："类与个体：马克思主义与儒学尊严观比较"，《山东社会科学》2015 年第 11 期，第 17—18 页。

❹ 参见朱允："传统文化中的人格尊严思想"，《宁夏社会科学》2008 年第 1 期，第 137 页。

视其家；视人之身，若视其身。是故诸侯相爱，则不野战；家主相爱，则不相篡；人与人相爱，则不相贼；君臣相爱，则惠忠；父子相爱，则慈孝；兄弟相爱，则和调。天下之人皆相爱，强不执弱，众不劫寡，富不侮贫，贵不敖贱，诈不欺愚，凡天下祸篡怨恨，可使毋起者，以相爱生也，是以仁者誉之。"(《墨子·兼爱中》)

因此，可以将传统文化中关于个人与他人的关系应奉行的准则总结为如下方面：公忠即处理个人与国家、个人与天下关系的道德原则；仁义即人与人相处之道；中和即待人接物中应持守的言行限度；孝慈即父母与子女间各自应遵循的规范；诚信即人际交往中应遵守的基本道德；宽恕即人际关系发生冲突时所应采取的态度；谦敬即交往中应遵守的道德规范；礼让即与人交往时在行为上应持守的具体规范。❶ 在传统文化看来，经由这种人与人的相处之道可以促成人际关系的和谐，并最终可能助益于理想的人格尊严的实现。

3. 人格尊严的塑造与完善

传统文化重视人格尊严的维护与完善。一方面，传统文化中的儒家思想提出五伦、十义的行为准则，要求共同体中的个人应从君臣有义、父子有亲、长幼有序、夫妇有别、朋友有信五个维度恪守人伦，践行君仁、臣忠、父慈、子孝、兄友、弟恭、夫义、妇顺、朋实、友信的基本要求，从而实现自我的理想人格即人格尊严。❷ 另一方面，儒家思想又将五伦、十义所代表的行为规范内化为对个体的内在德性或品格的要求，其中"仁"居于核心位置。当代学理上普遍认为，以"仁"为核心，"仁者"是指那些具有"仁"这种德性或品格的主体人格。"在'仁'的要求和'礼'的规范之下，通过'为仁'的道德实践逐渐扩展本己的内在德性，又以'仁'的德性为根据而展开为善去恶的道德工夫。因此在这种道德践履的过程中，作为规范的'仁'与作为道德目的的'仁'融合为一。"❸

---

❶ 参见朱允："传统文化中的人格尊严思想"，《宁夏社会科学》2008 年第 1 期，第 138 页。
❷ 参见郭沫若：《中国古代社会研究》，河北教育出版社 2004 年版，第 72 页。
❸ 参见郝书翠："类与个体：马克思主义与儒学尊严观比较"，《山东社会科学》2015 年第 11 期，第 17 页。

　　当然，由于中国传统文化中尊严观受到所处时代背景的限制，因此也存在着诸多的问题。首先，中国传统社会中的人格尊严思想虽然也将人与世间万物予以区别而对人的高贵与尊严予以特别肯定。但这种被特别强调的人格尊严是对抽象的人而言，并非是对现实生活中具体人的人格尊严的肯定与颂扬。正如《唐律疏议》开篇所讲："夫三才肇位，万象斯分，禀气含灵，人为称首。莫不凭黎元而树司宰，因政教而施刑法。其有情恣庸愚，识沈愆戾，大则乱其区宇，小则睽其品式；不立制度，则未之前闻。故曰：'以刑止刑，以杀止杀'、'刑罚不可弛于国，笞捶不得废于家'。"亦即言，人格尊严仅为部分人所有，那些"情恣庸愚，识沈愆戾"者，不仅没有所谓尊严可言，在一定程度上还是社会的祸患。❶ 由此即可显现出传统社会中人格尊严思想的第二个问题，即人格尊严普遍存在差别性和阶级性。正如马克思经典作家论断的，"君主政体的原则总的说来就是轻视人、蔑视人、使人非人化"❷，传统社会"等级森严，有长有幼，有富有贫，有贵有贱。而贵和贱两个阶层——贵中有贱，贱中有贵，层层分明，威力无边。贵的一层，永远乐意虐待贱的一层，所以市井小民，虽然可以虐待妻子、女儿，但在广大的男人社会中，自己却永远是蚂蚁一样卑微的族群。任何一个小官吏看他不顺眼，都可以把他揪翻在地，施以鞭打，而大官对小官也是如此"❸。亦即言，传统社会中的人格尊严是因社会中具体人的不同而具有差别性，这种差别性的本质在于皇权专制与阶级性。对此，黑格尔的评价是："中国纯粹建筑在这一种道德的结合上，国家的特性便是客观的'家庭孝敬'。中国人把自己看作是属于他们家庭的，而同时又是国家的儿女。在家庭之内，他们不是人格，因为他们在里面生活的那个团结的单位，乃是血统关系和天然义务。在国家之内，他们一样缺少独立人格。"❹ 虽然传统文化中的人格尊严被赋予了极高地位，但在人格尊严保护的生活实践中，由于缺乏保障人格尊严实现的制度，所以实践中具

---

❶　参见胡玉鸿："'人的尊严'的法理疏释"，《法学评论》2007 年第 6 期，第 6 页。

❷　参见《马克思恩格斯全集（第 47 卷）》，人民出版社 2004 年版，第 59 页。

❸　参见柏杨：《我们要活得有尊严》，人民文学出版社 2008 年版，第 2 页。

❹　参见［德］黑格尔：《历史哲学》，王造时译，上海书店出版社 2001 年版，第 127 页。

体人的人格尊严受到极大的轻贱和贬损。❶ 中国传统社会的大部分时期，作为人格尊严之物质基础的财产权利缺乏充分的制度保障，私人财产并非"权利性"的而只是"收益性"的，所有人的财产都可以被朝廷或官府征用以至于没收。与此相关的是个人在政治上的普遍无权。即使实践中的一些人"可以成为难以置信的富豪，少数人还享有显赫地位，但他们在政治上仍旧是软弱的、无足轻重的"，这些"都不能使财产持有人通过以财产为基础的组织和行动来控制国家的权力，从而形成对专制政权的威胁"❷。基于此，在理解当代法律实践中的人格尊严概念时，需要对传统文化中的人格尊严概念的基本内涵予以甄别并在此基础上进行理性取舍。

三、西方传统中的人格尊严

与中国传统中的人格尊严观念一样，西方传统中的人格尊严观念也源远流长。关于人格尊严的思想渊源，学理上具有代表性的观点有三种：第一种观点认为，人格尊严的思想渊源可以溯源至古希腊哲学；❸ 第二种观点认为，基督教神学观念中的平等人格观念塑造了现代的人格尊严；❹ 第三种观点认为，康德哲学给现代人格尊严的生发提供了养分。❺ 这三种并不完全相同的观点却存在一个共同推论基础，即人格尊严的思想渊源主要来自西方传统文明。事实上，在西方文明的不同历史时期，关于人格尊严的思想与讨论硕果累累，要把握现代法治中人格尊严的精义，必须对这些思想渊源作整体性的梳理。

（一）古希腊思想

古希腊是西方文明最重要和直接的渊源。西方文明对人格尊严的思考

---

❶ 参见何光沪："在理论与制度之间：基督宗教与儒教关于人性尊严问题的比较研究"，《复旦学报（社会科学版）》2003 年第 4 期，第 18 页。

❷ 参见［德］魏特夫：《东方专制主义》，徐式谷等译，中国社会科学出版社 1989 年版，第 7—8 页。

❸ 参见齐延平："论古希腊哲学中人权基质的孕育"，《文史哲》2010 年第 3 期，第 13—22 页。

❹ 参见高珂："从神学人格到宪法人格权的确立"，《东方法学》2011 年第 2 期，第 55—61 页。

❺ 参见李累："宪法上'人的尊严'"，《中山大学学报》2002 年第 6 期，第 129—136 页。

也可以追溯至古希腊。在古希腊城邦时代初期，宗教与法律基本合二为一。希腊的每个城邦都有自己崇拜的神祇及相应的崇拜仪式。在生活实践中，由于"宗教仪式渗透在立法和司法的形式之中，祭司在司法中起着至为重要的作用"❶。所以要观察这一时期的法律实践，就必须与宗教尤其是神与人之间的关系联系起来理解。这一时期的希腊"城邦根据宗教而建立，城邦的组织好似教会。正是由于宗教，它获得了自身的力量，总揽一切的权利，对民众具有绝对的支配权。在这种原则上建立起来的社会，个人自由是不存在的。公民在一切事上都须服从城邦。公民完全属于城邦"❷。正是由于个人与共同体即城邦以及城邦与宗教之间存在的这种关系，使得"神祇享有当时超越一切的尊严，人的尊严逐渐湮没在神祇尊严的威严之中，人慢慢丧失了自身自然、质朴的独立属性，由此逐渐形成了神人分治的二元格局"❸。由此显现出来的图景是，只能依附于城邦而存在的个体实际上并没有作为独立存在的价值，也就没有人格尊严可言。❹

这种现象一直持续到公元前 5 世纪，直到普罗泰戈拉喊出"人是万物的尺度，是存在的事物存在的尺度，也是不存在的事物不存在的尺度"❺，进而强调人之尊严的至高性时，❻ 古希腊思想中关于人格尊严的讨论才终于萌发并茁壮发展起来。❼ 例如，古典哲学后期的代表人芝诺在宇宙理性的基础上提出了人人平等、男女平等思想，甚至认为对待自己的敌人亦应给予宽恕和帮助。❽ 后来的斯多葛学派在芝诺思想的基础之上，进一步认为"神圣的理性寄寓于所有人的身心之中，不分国别和种族。他们创立了

---

❶　参见［美］博登海默：《法理学——法律哲学与法律方法》，邓正来译，中国政法大学出版社 1999 年版，第 4 页。

❷　参见［法］库郎热：《古代城邦——古希腊罗马祭祀、权利和政制研究》，谭立铸等译，华东师范大学出版社 2006 年版，第 211 页。

❸　参见徐大同：《西方政治思想史》，天津教育出版社 2002 年版，第 6 页。

❹　参见胡玉鸿："'人的尊严'的法理疏释"，《法学评论》2007 年第 6 期，第 3 页。

❺　参见北京大学哲学系外国哲学史教研室：《古希腊罗马哲学》，商务印书馆 1961 年版，第138 页。

❻　参见成海鹰："人的尊严与人的异化"，《哲学动态》2012 年第 3 期，第 77 页。

❼　参见杨熠："中西思想家对'人的尊严'的论述"，《河北法学》2012 年第 1 期，第 35 页。

❽　参见齐延平："论作为法治价值基础的'人的尊严'"，《江苏行政学院学报》2011 年第 1期，第 126 页。

一种以人人平等的原则和自然法的普遍性为基础的世界主义哲学"❶。这一时期的斯多葛学派哲学"发挥了人的尊严的观念，即一切有理性的人都是同一父亲的儿女和世界公民，具有同样的权利和同样的职责，受制于同样的法律、同样的真理和同样的理性"❷。他们主张衡量个人幸福生活的唯一标准是有德性的生活，由此确立人的尊严与人的幸福的联系。❸ 同样地，亚里士多德哲学也认为，尊严的获得与人的卓越性的实现相伴随，成为一个有尊严的人就是成为一个自爱的人。自爱是对人自身之中的德性之爱，而非对自私偏执或对钱财、荣誉以及肉体欢愉之爱。自爱是一种道德德性的实现，是去实现人性中高贵的部分，是让我们的行为听从理智、德性的引导。❹ 在亚里士多德看来，"如果一个人总是做公正的、节制的或任何合德性的事情，总之如果他总是做使自己高尚的事情而不是别的事情，就不会有人谴责他不自爱或者指责他。"❺ 因为，"他使自己得到的是最高尚、最好的东西。他尽力地满足他自身的那个主宰的部分，并且处处听从它"❻。换言之，一个积极追求自身德性实现的人才是一个有尊严的人。❼

事实上，如果概括以观，可以把古希腊人的人格尊严观通过三组关系来分别加以探讨：第一组关系是人与神的关系；第二组关系是人与自然的关系；第三组关系是人与社会的关系。

1. 人与神关系中的人格尊严观

古希腊人通过丰富多彩的神话故事将人与神的关系展现出来，通过这些神话隐喻的思想与精神来揭示人的起源、本性、生存目的以及精神追求

---

❶　参见［美］博登海默：《法理学——法律哲学与法律方法》，邓正来译，中国政法大学出版社1999年版，第4页、第13页。

❷　参见［美］伍德：《西方哲学史》，葛力译，商务印书馆1995年版，第123页。

❸　参见齐延平："论作为法治价值基础的'人的尊严'"，《江苏行政学院学报》2011年第1期，第126页。

❹　参见张容南："古典尊严理念与现代尊严理念之比照"，《华东师范大学学报（哲学社会科学版）》2011年第3期，第28页。

❺　参见［古希腊］亚里士多德：《尼各马可伦理学》，廖申白译，商务印书馆2004年，第276页。

❻　同上注，第47页。

❼　参见张容南："古典尊严理念与现代尊严理念之比照"，《华东师范大学学报（哲学社会科学版）》2011年第3期，第29页。

等，并因此隐约地表达出人作为一个类存在物的尊严观念。整体来看，透过人神关系所展现出来的关于人的认识核心特征在于：神人同形同性和自主。❶ 这与后来基督教神学中的人格尊严观有异曲同工之妙，即人因为与上帝具有相同的形象而因此需要被尊严地对待。❷

2. 人与自然关系中的人格尊严观

古希腊人在将探究世界本质的目光转向探寻人自身时，其认识世界的思维范式影响了对于人本身的认识。他们通常以自然现象和自然物为逻辑起点来展开对人本身的探究，如通常以自然物特别是动物为参照物来揭示人的本质，展现出了人性自然的特征。在古希腊人看来，理性和德性是人区别于动物的最大本质。对此，亚里士多德认为：理智和德性是人优于动物的真正所在。❸ 当然于此重点被探究的是作为类的存在物的人类整体，个人并不被关注。因此古希腊人与自然关系中的人格尊严的本质是人类尊严。需要注意的是，由于古希腊人的自然观受神学自然观以及万物有灵论影响，因此他们通常认为自然是有生命的有机体，能够运动，存在感觉和意识，而人类和其他生物则存放在这个无处不在的灵魂实体的中心位置。也就是说，在古希腊人的观念中，人类虽然有别于其他生物且优越于其他生物，但其仍然只是位于整个自然之下的存在，其并未因为有别于其他物种而享有超越自然的尊严。但是，这种通过人与自然的对象性关系来探究人类特性的方法却为后世揭示人类尊严提供了基础。❹ 例如，当代日本学者认为人类尊严所关注的"毋宁说要尊重的是人类所表现出之整体人类的性质"，并认为其主要由"人的优位性""人类身体的不可侵犯性、完全性及其非财产性"与"人类的完全性"等原理构成的观点，❺ 以及人类中心

❶　参见代峰："古希腊时期'人的尊严'观念"，《伦理学研究》2014 年第 4 期，第 55 页。
❷　参见朱晓峰："作为一般人格权的人格尊严权"，《清华法学》2014 年第 1 期，第 65 页。
❸　参见张容南："古典尊严理念与现代尊严理念之比照"，《华东师范大学学报（哲学社会科学版）》2011 年第 3 期，第 28 页。
❹　参见代峰："古希腊时期'人的尊严'观念"，《伦理学研究》2014 年第 4 期，第 56—57 页。
❺　参见陈国军："死者有形人身遗存的法律属性辨析"，《政治与法律》2015 年第 11 期，第 119 页。

主义坚持的所有人类物种成员皆有的普遍尊严即人类尊严或人种尊严观，❶在思想渊源上显然都可以追溯至古希腊。

3. 人与社会关系中的人格尊严观

人与社会关系中的人格尊严观的核心是古希腊人对个人尊严的认识。这种尊严与个人的德性、成就、身份及社会地位等相关，通常只有少数人享有，是一种少数人相对于多数人的尊严，仅存在于人与人之间的相对关系当中，因此又称为相对尊严。这种相对尊严观的出现与古希腊城邦中普遍存在的身份等级特权实践密不可分，主要表现为身份、德性、主体、平等四种尊严类型。（1）关于身份尊严，其是一种特权尊严，因人的特殊身份如执政官、元老院议员等城邦中的贵族和官员身份而享有，主要用于共同体中具有较高社会地位的人，因此是等级制度背景下具有外在性特征的尊严，受享有者本身身份地位变化的影响，既可以从无到有，亦可从有到无；既可以从小到大，亦可从大到小。（2）关于德性尊严，其与人在城邦生活中的突出表现密切相关，并非所有人都可以享有这样的尊严，只有那些在城邦的共同生活中通过自己的努力而在政治、军事上具有卓越成就，或者在关系城邦利益的行动中展现出杰出才能、高尚道德和崇高气节的少数人，才能获得德性尊严，使他人崇敬并赢得荣誉。因此德性尊严也是一种获得性的尊严，亦可以行为德性的丧失而丧失。（3）关于主体尊严，其与人自我意识的觉醒相关。随着人类自我意识的逐渐觉醒，其在感受到作为自然与社会之主人的骄傲的同时，也感受到了来自命运的束缚。对于命运，古希腊人如索福克勒斯、欧里庇得斯等均赞扬人类与命运相抗争的坚强意志，强调命运靠自己掌握；而伊壁鸠鲁等则完全否认命运，认为万物都是按照自然规律运行，人需要在尊重自然规律的基础上创造自己的生活。对古希腊人来说，虽然他们还没有完全认识到人的主体意识，但他们显然已经意识到人可以通过自身的努力追求一种有目的的生活，这本质上体现了人作为主体存在的尊严本身。并且，古希腊人发现的人的主观能动

---

❶ 参见程新宇："生命伦理学视野中的人及其尊严辨义"，《哲学研究》2012 年第 10 期，第122 页。

性和道德自主意识，为文艺复兴以后的人之主体尊严的发现奠定了基础。
（4）关于平等尊严，其与当时等级制度的社会现实密切相关，越是不平等
的社会现实越是能激起人们对于平等的向往。古希腊人围绕人性、平等等
议题展开讨论。寡头派认为，人有高低强弱之分，依据人之本性应是强者
统治弱者，强者应拥有比弱者更多的东西，因为自然法则就是不平等。若
违反这种依人之本性的自然的不平等法则而要求强者与弱者在法律上平等
对待，那么就违反了本应当不平等的自然法则，而这在本质上恰恰是不平
等的。民主派则认为，人依其本性并不存在高低强弱之别，自然本身即意
味着平等，法律所追求的平等事实上是限制自然，其往往有害于自然。古
希腊后期的斯多葛学派则认为，虽然人出生时的自然禀赋等存在客观上的
差异，但这种差异体现了每个人有别于他人的个体性和唯一性，因此在城
邦之外的世界城邦中的每个人，都是相亲相爱的平等的兄弟。❶

因此，尽管现代学术界普遍认为，古希腊思想中缺乏关于"人格尊
严"的概念，❷ 但这一时期的学者们对于人的价值、地位和尊严的思考，
却差不多包含了现代人格尊严的一切思想。古希腊学者通过人与神的关
系、人与自然的关系以及人与社会的关系所展现出的人格尊严所内含的自
主、理性、平等、德性等要素，为后世人格尊严的深入研究奠定了基础。

（二）古罗马思想

虽然古罗马人思想观念中的人格尊严与古希腊存在渊源关系，但古希
腊并没有关于尊严概念的直接表述。"尊严"一词最早来源于拉丁文（dig-
nitas），核心义旨是值得拥有或应当得到某物，引申义为尊贵、威严。❸ 与
古希腊一样，古罗马时代的人格尊严也是一种身份尊严，其与共同体中的
人的身份地位相联系，是为少数人享有而非适用于所有人的尊严。❹ 但古

---

❶ 参见代峰："古希腊时期'人的尊严'观念"，《伦理学研究》2014 年第 4 期，第 57—59 页。
❷ 参见［美］华蔼仁："基本直觉与普遍共识：孟子思想与人权"，梁涛、朱璐译，《国学
学刊》2013 年第 1 期，第 95 页。
❸ 参见史志磊："论罗马法中人的尊严及其影响——以 dignitas 为考察对象"，《浙江社会科
学》2015 年第 5 期，第 86 页。
❹ 参见王利明："人格权法中的人格尊严价值及其实现"，《清华法学》2013 年第 5 期，第 6 页。

罗马人显然在古希腊关于人格尊严的思想基础上，进一步深化了对尊严的认识。古罗马的人格尊严思想认为，人的尊严是多重社会关系的复合，因此可以据此而将人的尊严区分为人性尊严和秩序性尊严两种。

1. 人性尊严

人性尊严又称非秩序性尊严，它是人基于其之本质规定性而享有的一种尊严，是共同体中人人皆享有的尊严。虽然古罗马时期的人性尊严仅处于萌芽状态而不是人的尊严的主要存在形态，但依然留下了很多对后世具有重要影响的富有洞见的论述。❶ 其中，最具有代表性的是西塞罗的观点。人类历史上出现的有据可查的关于人性尊严（dignitas hominis）的第一次论述即为西塞罗的论述。❷

西塞罗通过比较人与动物来探讨人性尊严，从而强调人作为有理智、天赋的生物而在宇宙中的突出地位。❸ 他说："我们称之为人的那种动物，被赋予了远见和敏锐的智力，他复杂、敏锐、具有记忆力、充满理性和谨慎，创造他的至高无上的神给了他某种突出的地位；因为如此多的生物中，他是唯一分享理性和思想的。"❹ 鉴于此种考虑，西塞罗进一步指出："肉体享乐对于优于兽类的人是不很相称的，应该蔑视和抛弃它。如果有人有些热衷于享乐，那他应该努力保持这种享乐的分寸。就这样，给予身体食物和衣着是为了健康和体力，而不是为了享乐，并且如果我们有意仔细观察我们的本性如何超越和有尊严，那么我们就会理解，沉湎于放荡、娇柔而奢侈地生活多么可耻，节俭地、克制地、严格地、清醒地生活多么高尚。"❺ 西塞罗还指出人有尊严而动物没有的根源在于人能够学习和思

---

❶　参见史志磊："论罗马法中人的尊严及其影响——以 dignitas 为考察对象"，《浙江社会科学》2015 年第 5 期，第 90 页。

❷　See David Kretzmer/Eckart Klein ed., The Concept of Human Dignity in Human Rights Discourse, Martinus Nijhoff Publishers, 2002, pp. 21 – 22.

❸　参见［德］恩德勒等：《经济伦理学大辞典》，王淼洋等译，上海人民出版社 2001 年版，第 322 页。

❹　参见［古罗马］西塞罗：《论共和国·论法律》，王焕生译，中国政法大学出版社 2003 年版，第 113 页。

❺　参见［古罗马］西塞罗：《西塞罗文集》，王焕生译，中央编译出版社 2010 年版，第 378 页。

考。他这样写道："在所有对责任性质的研究里，最关键的是，我们一直要记住，人的性质要大大优越于牛和其他动物：它们唯一的想法是为了身体的满足……人的心智则相反，是通过学习和反思得到发展的……从这一点我们可以了解到，对于人类的尊严来说，感官享乐是完全没有价值的。"❶ 也就是说，西塞罗认为的人的尊严建立在为人类所特有的本性即能够学习与思考的理智基础之上，对于每个拥有理智的人而言，这种尊严都是平等享有的。❷ 当然，西塞罗的平等尊严观并不彻底，因为他依然赞同人因自然禀赋上的差异而在享有的尊严上有所不同的观点。他说："在民主制中，政治权利的平等本身就是不正确的，因为它不尊重人的尊严：不允许人们享有他应拥有的高于他人的荣誉或权力等级。"❸

古罗马时期的斯多葛学派也从人性论出发论证，作为人类一分子的每个个体都必须被尊重，都享有尊严。但与西塞罗的人性尊严观存在不同的是，斯多葛学派的人性尊严观认为，即使共同体中的每个个体在社会地位、自然天赋以及物质财富等方面确实存在客观差异，但维护基于共同的人性而享有的人的尊严是共同体的最低原则。另外，斯多葛学派学者强调的人格尊严的主体并不是作为类的存在物的人类，而是作为个体的人，这显然是对古希腊时期的作为类的人性尊严观的超越。在古罗马时期的斯多葛学派看来，"虽然每一个个体身上都包含着人类的共性，但无论就其个性，还是就其本质而言，个体的人都具有不可为其他人所替代的特殊禀性。也就是说，在宇宙万物中，只有作为个体的人的个性和本质，方才是绝对独立、绝对自由的"❹。

西塞罗等关于人性尊严的论述构成了斯多亚主义哲学与伦理学的一部分，❺ 虽然罗马帝国后期特别是中世纪前期基督教神学中的尊严观居于主流地位，但 15 世纪以后的文艺复兴使斯多亚主义的传统得以接续，这就使

❶ 参见［英］罗森：《尊严》，石可译，法律出版社 2015 年版，第 11 页。
❷ 参见代峰："古希腊时期'人的尊严'观念"，《伦理学研究》2014 年第 4 期，第 59 页。
❸ 参见［古罗马］西塞罗：《论共和国·论法律》，王焕生译，中国政法大学出版社 2003 年版，第 7 页。
❹ 参见刘志刚："人格尊严的宪法意义"，《中国法学》2007 年第 1 期，第 38 页。
❺ 参见石敏敏、章雪富：《斯多亚主义（2）》，中国社会科学出版社 2009 年版，第 73—74 页。

古罗马人关于人性尊严的思想能通过斯多亚哲学并继续对近现代以来的人格尊严概念的理解产生影响。❶

2. 秩序性尊严

与人性尊严不同，秩序性尊严主要是身处共同体中的个体因特定的社会秩序、规则以及人身属性或特别的伦理禁忌而享有的地位、权威或状态，具有不可冒犯性、不可亵渎性和不可侵越性。因此，就本质而言，秩序性尊严是共同体内部依据个体所具有的身份等级高低而被赋予的，属于不对等的相互承认而具有不平等性和稀缺性。❷ 在古罗马社会，居于人之尊严的核心位置的是秩序性尊严，其主要目的在于建成一个秩序井然的共同体，因此现实生活中的个人的法律地位受其影响，与之相应的是个人私法上的权利义务的配置亦因此而存在差异。❸

秩序性尊严的获得与个人在共同体中是否担任公职以及担任何种公职密切相关。在共同体中担任特定公职的人享有与该公职相对应的尊严，其中的权威与荣耀构成秩序性尊严的基础特征。这种尊严以特定公职的享有为前提，只要相应的公职未被褫夺，那么即使担任公职者或者曾经担任公职者后来丧失理智亦不会影响其对该等尊严的享有。享有秩序性尊严会在法律上产生相应的积极效果和消极效果。就积极效力而言，在刑法领域，秩序性尊严是定罪量刑时的重要考量因素：若被告享有秩序性尊严，则其一般承担较轻的刑罚，秩序性尊严愈高，刑罚可能愈轻；若受害人享有秩序性尊严，其秩序性尊严愈高，加害人的罪行就愈重。在民法领域，秩序性尊严的享有会影响民事法律关系中当事人权利义务的配置，如遗嘱的解释、监护人职责的履行、奴隶的解放、嫁资的设立以及丧葬费的评估等，均与秩序性尊严的享有关系密切。在诉讼领域，证词的效力、特定诉讼程

---

❶　See David Kretzmer/Eckart Klein ed. , The Concept of Human Dignity in Human Rights Discourse，Martinus Nijhoff Publishers，2002，pp. 28 – 29.

❷　参见韩德强：《论人的尊严——法学视角下人的尊严理论的诠释》，法律出版社 2009 年版，第 198 页。

❸　参见史志磊："论罗马法中人的尊严及其影响——以 dignitas 为考察对象"，《浙江社会科学》2015 年第 5 期，第 86 页。

序的发动等都与秩序性尊严的享有及高低相关，享有秩序性尊严的人的证词效力通常比没有者的高，不享有秩序性尊严的人不能对尊严享有者发动欺诈之诉。就消极效力而言，秩序性尊严的享有者必须为与其尊严相称之行为，例如，不得与解放自由人结婚，除非其尊严被褫夺；尊严享有者应根据自己秩序性尊严的高低而为其奴隶提供供养。❶

虽然古罗马社会中人的尊严的主要存在形态是秩序性尊严，人性尊严还处于萌芽状态。但古罗马人对人的尊严的内涵的深入理解，尤其是对秩序性尊严和人性尊严的功能的二重性认识，即对尊严的享有者给予优待的同时亦限制其特定的行为，人的尊严既有积极效力又有消极效力等，都为后世理论与实践进一步深化认识和保护人格尊严提供了基础。

（三）神学思想

罗马帝国后期和中世纪前期的基督教神学是西方世界的主流意识形态，并且基督教信仰在现代社会仍有重要意义。因此理解基督教神学思想中的人格尊严观念，对于现代法治国家法律实践中的人格尊严概念的准确理解和把握仍有重要价值。例如，《德国基本法》第 1 条第 1 款中的人的尊严的主要思想渊源即是基督教关于人性尊严的基本观念。人依附于神。❷在此背景下，应重视对于基督教神学思想中的人格尊严观念的发掘整理。

基督教神学思想中关于人的两个基本判断是：第一，人肖上帝。《圣经旧约·创世纪》中记录："上帝说：'让我们照着自己的样子造人吧！让他们管理海里的鱼、空中的鸟和一切牲畜、野兽及爬虫。'于是，上帝按照自己的形象创造了人类，有男人也有女人。"第二，人有原罪。《圣经旧约·创世纪》第 3 章记载人类始祖亚当、夏娃违反上帝命令而堕落并被逐出伊甸园的经过。就人肖上帝而言，《圣经》的这一立场为世界上每个人

---

❶ 参见史志磊："论罗马法中人的尊严及其影响——以 dignitas 为考察对象"，《浙江社会科学》2015 年第 5 期，第 88—91 页。

❷ See Eduward J. Eberle, Diginity and Liberty: Constitutional Visionsin Germany and the United States, Praeger Publishers, 2002, p. 43; Bodo Pieroth/Bernhard Schlink, Staatsrecht II: Grundrechte, 25. Aufl., HeidelBerg 2009, S. 85.

作为人而平等地享有尊严奠定了思想基础。因为每个人皆依上帝的形象而创造，每个人都是平等而尊严的存在，这就否定了种族、性别、身份等不平等因素。当然，"基督教虽然承认了人的尊严，却完全归功于神的恩赐。换句话说，人之所以拥有尊严，并非出于人类本身，而是由于神的尊崇与威严"❶。因此，这里的人的尊严依然是依附于神的尊严而存在的，并不具有自足性。就人有原罪而言，基督教神学思想强调人性中的阴暗面，认为人因意志自由的滥用而堕落。但由于人堕落的前提是上帝给予了人自由意志，可以自由选择，由此可以引申出两项推论。一是人性尊严的渊源并不仅限于上帝的形象，且人性尊严的基础也不是"性善"，因为若人性先天预定的是善，则人后天的善行即为命定的，并不值得赞赏。而正是由于堕落，人可以依自由意志在善行和恶行之间自主选择，若其选择善行时则应予以肯定。亦即言，人性尊严的基础亦在于人拥有自主意志。二是人性尊严中的自由意志使人可以在善行和恶行中间进行选择，为促使其行善并避免其为恶，所以应通过制度尤其是法律来防止恶行侵犯他人的自由或尊严。❷

以基督教神学中关于人的两个基本判断为出发点，可以发现基督教主要是通过人与上帝的关系、人与自然的关系以及人与人的关系来观察人性。就人与上帝的关系而言，主要涉及人依其自由意志如何自主地回应上帝或是否信仰上帝的问题；就人与自然的关系而言，主要涉及人作为上帝的代理如何管理自然万物的问题；就人与人的关系而言，主要涉及在共同体中生存的个体如何与他人共存的问题。❸ 在这三组关系中，基督教从尊严的来源、尊严的主体和尊严的保障三个方面对人的尊严本身展开了系统地论证。

1. 尊严的来源

如前所述，在基督教神学思想中，"人肖上帝"，人因人格与神格之间

---

❶ 参见胡玉鸿："'人的尊严'思想的法律意蕴"，《江苏行政学院学报》2005 年第 4 期，第 101 页。

❷ 参见何光沪："在理论与制度之间——基督宗教与儒教关于人性尊严问题的比较研究"，《复旦学报（社会科学版）》2003 年第 4 期，第 21—24 页。

❸ 同上注，第 24 页。

的特殊关系而得以分享神的尊严与荣光。在《圣经》中，人的人格尊严还通过如下原因而得以强化。第一，上帝创造人与创造其他东西的方式大相径庭。在《旧约·创世纪》第 2 章第 7 节中对此有细致描述，即上帝在造人时是用双手捧起地上的尘土，将生气吹入人的鼻孔，从而创造了有灵的人；与此不同，上帝创造其他东西的时候是命令式的，上帝一声令下即创造了其他万物。第二，上帝创造世界时赋予了人不同于其他生命的地位，依据《旧约·创世纪》第 1 章第 26 节、第 28 节的描述，人既是"海里的鱼、空中的鸟、地上的牲畜和全地"的管理者，也是尊贵的"享受者"。第三，上帝对人始终不抛弃、不放弃。上帝赋予了人以自由意志，使人得以分享上帝的尊严。即使在人忤逆上帝而因为错误的行为堕落有罪后，上帝依然没有放弃人类，而是开始用心良苦的救赎计划，彰显了上帝心目中人的可贵性。❶ 基于此，学理上有观点认为："基督教体察伟大之事，也体察微小之事。承认每一个灵魂的个体价值。不过它仅仅承认它们的价值；它也坦承人性的不完善，它只是把尊严归于对不值得的人性的体认。"❷

2. 尊严的主体

在基督教神学思想中，对于尊严的主体的论证主要从四个层面展开。一是人格尊严的享有者——人依附于上帝，人的尊严来源于上帝，因此人格尊严尊崇的是上帝的尊严。因此尊重上帝的尊严其实是对人之尊严的贬低。❸ 二是尊严的主体范围具有普遍性，因为所有人都是上帝创造的，基于上帝的形象和上帝赋予的自由意志，每个人都得以分享上帝的尊严与荣光。三是每个人享有的尊严都是平等的。《圣经》记载，人因自由意志的错误行为而堕落，因此血液中流淌着原罪，据此可以推论出此岸世界没有义人，每个人都是有罪的。无论现实世界中的人有高低贵贱、贫穷富有，还是健康残疾等其他差异，只要其没有对上帝的完全的信仰，就不会被赦

---

❶　参见郑琼现、吴易泽："人格尊严权的基督教论证"，《中山大学学报（社会科学版）》2015 年第 1 期，第 154 页。

❷　参见［英］罗森：《尊严》，石可译，法律出版社 2015 年版，第 12 页。

❸　参见曾祥敏："论奥古斯丁《上帝之城》中的善恶观"，《时代文学》2011 年第 11 期（下半月），第 150 页。

免。这实质上强调因信仰而得救的彼岸世界到来之前的现实世界中的每个人的人格尊严都是平等的。❶ 四是尊严的享有者居于天使和万物之间。人享有的尊严高于万物而低于天使，因为人"比天使（或作'神'）微小一点"（《圣经·诗篇》第 8 章第 5 节）。❷

3. 尊严的保证

基督教神学思想中的一个基本论证点是"罪辖制人"。而罪的辖制是指世人因为原罪的缘故而生于罪恶当中，自出生时就被这种原罪所束缚着，在现实生活中倾向于好逸恶劳、淫荡放纵、邪恶歹毒、自私反常以及其他无法言说的病态。❸ 受此影响，在共同体生活中的人与人的关系，若无律法的规制，则上帝的救赎计划可能会因为原罪辖制下的人的罪恶行为而大打折扣。为促使具有自由意志的罪人去恶行善，并防止可能的恶性侵犯他人的自由与尊严，应通过律法规制现实世界中的人，保障其尊严的实现。❹ 因此，律法在上帝原罪的救赎计划中具有极其重要的意义，并且随着基督教会和世俗政权的结合，以悔罪与上帝圣爱和宽恕为基本内容的原罪论关于自然法、罪人、罪责承担、苦行赎罪的基本理念对世俗法的发展产生了巨大的影响，成为西方法律传统的重要神学思想的来源。❺

因此，正如伯尔曼在阐述宗教与法律的关系时所说的，"如果说法律赋予宗教社会性，那么宗教则为法律提供精神、方向和获得尊敬、信仰所需的神圣性"❻。在此意义上，现代西方各国强调的"人格尊严神圣不可侵犯"，表面上看来自制定法的宣示，实质精神上却与基督教不厌其烦的人

---

❶ 参见郑琼现、吴易泽："人格尊严权的基督教论证"，《中山大学学报（社会科学版）》2015 年第 1 期，第 156 页。

❷ 参见文学平："人性尊严的四种论证方式"，《华中科技大学学报（社会科学版）》2013 年第 2 期，第 48 页。

❸ 参见［美］维特：《法律与新教——路德改革的法律教导》，钟瑞华译，中国法制出版社 2013 年版，第 105 页。

❹ 参见何光沪："在理论与制度之间——基督宗教与儒教关于人性尊严问题的比较研究"，《复旦学报（社会科学版）》2003 年第 4 期，第 21—24 页。

❺ 参见许慧芳："原罪的法律隐喻（上）——兼论西方法律传统的神学渊源"，《天风：中国基督教杂志》2012 年第 1 期，第 28—30 页。

❻ 参见［美］伯尔曼：《法律与宗教》，梁治平译，中国政法大学出版社 2003 年，第 12 页。

性尊严的论证和教徒对此虔诚的信仰存在着千丝万缕的联系。❶

（四）人文主义—启蒙主义思想

基督教神学思想中虽然有关于人的尊严的论证，但其将人的尊严置于神的尊严之下，人本身作为独立存在的价值被淹没在上帝的荣光中，因为"人类生命的价值在于神赋予它的价值。……人类之神圣在于其生命过程及社会或政治秩序。……每一个人都是一个单一而不再的赞美神的机会。他的生命完全来自神的命令，是欠神的一笔债务，以及一个伺服神的机会。他的精髓就在于，他在神的面前生存，他为神而生，以及他来自神。他的尊严是一种'外来的尊严'。这不是针对他个人所做的评价，而是经神的命令赋予他的"❷。对此，《塔木德（Talmūdh）》❸ 的一个谚语不经意间道出了本质："一旦上帝的荣耀代之以人的荣誉，你能剩存多久？"❹ 因此，尽管中世纪基督教神学思想的集大成者阿奎那的著述中已经出现了对人本身作为独立存在的论证与重视，在其看来，"道德知识的基本根据在于人是一种独特的生物，他与其他事物有联系，却与众不同，每个人都有其基本的使命、特有的作用、活动的法则，还有成为他自身而非他物的内在结构"。❺ 但将人从上帝的从属地位完全解放出来而强调人作为独立存在本身的价值与尊严，还要肇始于文艺复兴时期的人文主义，该思潮经启蒙主义发扬光大而遗泽至今。

人文主义上承古希腊、古罗马哲学思想中关于人之尊严的思考，将关注的焦点集中在人之本身之上，强调作为独立存在的人的尊严和精神自由。❻ 以此为基点，人文主义思想家们从不同的视角展开了对人格尊严的

---

❶　参见郑琼现、吴易泽："人格尊严权的基督教论证"，《中山大学学报（社会科学版）》2015 年第 1 期，第 153 页。

❷　参见［美］波伊曼：《生与死——现代道德困境的挑战》，江美丽译，广州出版社 1998 年版，第 26 页。

❸　《塔木德》是犹太教口传律法的汇编，是仅次于《圣经》的犹太教典籍。其主体部分成书于 2 世纪末至 6 世纪初，为犹太教有关律法条例、传统习俗、祭祀礼仪的论著和注疏的汇集。

❹　参见龙晟："人性尊严法律概念之历史"，《法治论丛》2008 年第 4 期，第 58 页。

❺　参见成海鹰："人的尊严与人的异化"，《哲学动态》2012 年第 3 期，第 77 页。

❻　参见孟广林：《欧洲文艺复兴史（哲学卷）》，人民出版社 2008 年版，第 27 页。

讨论。

在被誉为"文艺复兴的宣言"的《论人的尊严》一书当中，皮科借上帝之口清楚地说道："亚当，我们没有给你固定的位置或专属的形式，也没有给你独有的禀赋。这样，任何你选择的位子、形式、禀赋，你都是照你自己的欲求和判断拥有和掌控的。其他造物的自然一旦被规定，就都为我们定的法则所约束。但你不受任何限制的约束，可以按照你的自由抉择决定你的自然，我们已把你交给你的自由选择。我们已将你置于世界的中心，在那里你更容易凝视世间万物。我们使你既不属于天也不属于地，既非可朽亦非不休；这样一来，你就是自己的尊贵而自由的形塑者，可以把自己塑造成任何你偏爱的形式。你能堕落为更低等的野兽，也能按照你灵魂的决断，在神圣的更高等级中重生。"❶ 在皮科看来，人的尊严来自人的形象并未被先天地规定下来，而是可以通过道德自律不断进取，来实现自己的完美。❷ 皮科借卢齐利乌斯之口说："野兽刚一出生，就从母胎里带出了他们将会拥有的全部。上界的精灵或自太初或那之后不久，就已是他们在永恒中永远将是的样子。父在人出生时为他注入了各类种子以及各种生命的根苗。这些种子将在每个培育它们的人那里长大结果。培育其植物性的种子，他就变成植物；培育其感觉的种子，他就变成野兽；培育其理性的种子，他就变成天上的生灵；培育其智性的种子，他就变成天使和神子。并且，如果他对任何其他造物的命运都不满意，他会将自己收拢到自己统一体的中心，变成唯一与上帝同在的灵。在父独有的幽暗中，曾被置于万物之上的他将超越万物。"❸ 帕斯卡尔同意皮科的观点，他说："人只不过是一根苇草，是自然界中最脆弱的东西，但他是一根能思想的苇草。用不着整个宇宙都拿起武器才能毁灭他：一股蒸汽、一滴水都足以杀死他。纵使宇宙毁灭了他，人却仍然要比致他于死命的东西更高贵得多，因

---

❶ 参见［意］皮科：《论人的尊严》，顾超一、樊虹谷译，北京大学出版社2010年版，第25页。

❷ 参见成海鹰："人的尊严与人的异化"，《哲学动态》2012年第3期，第78页。

❸ 参见［意］皮科：《论人的尊严》，顾超一、樊虹谷译，北京大学出版社2010年版，第29页。

为他知道他正在死亡，他知道宇宙的优势正在超过他。而宇宙关于这件事什么都不知道。所以我们所有的尊严都依存于思想。"❶ 当然，学理上对于皮科主张的关于人之尊严的乐观看法提出了质疑，认为其既不足以在道德意义上提供一个给予人应有尊重的充分理由，而且还要面对来自人性悲观论者的批判。❷

在基督教内部，集基督教神学之大成的阿奎那认为，尊严是某事物的内在价值："在上帝创造的秩序中该事物按照神圣经卷或者自然法则的规定，占据了它该占据的位置而显现出来的价值。"❸ 宗教改革家们如路德与加尔文等也致力于个人的得救而非经由教会的救赎而得救，他们都提倡一种"所有的人都同样是上帝的子孙，每个人都具有他自己的独特意志"的神学立场，❹ 从而在基督教内部为作为独立存在的人的人格尊严观打开了缺口，使"理想中的人不再是一个社会存在，一种政治动物"，他终于可以成为一个独立的价值主体，他拥有技术洞见，成了对象世界的主人。❺ 在文艺复兴和宗教改革以来的思想家的思想基础之上，启蒙思想家们认为："每个人在他或她自己的身上都是有价值的——仍用文艺复兴时期的话，叫做人的尊严——其他一切价值的根源和人权的根源就是对此的尊重。"❻ 以此为共识基础，启蒙思想家从不同视角展开了对人格尊严的论述。

英国的霍布斯强调人的自然平等，他说："自然使人在身心两方面的能力都十分相等，以致有时某人的体力虽则显然比另一人强，或是脑力比另一人敏捷；但这一切总加在一起，也不会使人与人之间的差别大到使这

---

❶ 参见［法］帕斯卡尔：《思想录》，何兆武译，商务印书馆 1985 年版，第 157—158 页。

❷ See Rubin Gotesky/Ervin Laszlo ed. , Human Dignity：This Century and the Next, Gordon&Breach, 1970, pp. 48 –49.

❸ 参见［英］罗森：《尊严》，石可译，法律出版社 2015 年版，第 15 页。

❹ 参见［美］卢克斯：《个人主义》，闫克文译，江苏人民出版社 2001 年版，第 44 页。

❺ 参见［挪］希尔贝克、伊耶：《西方哲学史——从古希腊到二十世纪》，童世骏等译，上海译文出版社 2004 年版，第 204 页。

❻ 参见［英］布洛克：《西方人文主义传统》，董乐山译，生活·读书·新知三联书店 1997 年版，第 234 页。

个人能要求获得人家不能像他一样要求的任何利益。"❶ 霍布斯所持的如此人人完全平等的尊严观，是其政治哲学和自然权利观的核心与基础，即自然状态下的自然平等使一个人不可能让另一个人拥有对他的暴力权利，一个人在自然状态下为了自我保存，有权做任何事情，这种自然权利就是国家惩罚权利的根基。❷

英国的洛克比康德更早地提出了"我们应该把人作为目的，而不是作为手段加以对待"的现代人格尊严的核心义旨。❸ 其在《政府论》一书中以人的自由状态为出发点，假设生活在自由平等的自然状态中的"同种的人和同等的人们既毫无差别地生来就享有自然的一切同样的有利条件，能够运用相同的身心能力，就应该人人平等，不存在从属或受制的关系"❹。他明确地指出："人们既然都是平等和独立的，任何人就不得侵害他人的生命、健康、自由或财产。因为既然人们都是全能和无限智慧的创世主的创造物，既然都是唯一的最高主宰的仆人，奉他的命令来到这个世界，从事于他的事务，他们就是他的财产，是他的创造物，他要他们存在多久就存在多久，而不由他们彼此之间做主；我们既赋有同样的能力，在同一自然社会内共享一切，就不能设想我们之间有任何从属关系，可使我们有权彼此毁灭，好像我们生来是为彼此利用的，如同低等动物生来是供我们利用一样。"❺ 因此，在洛克看来，侵犯他人权利就意味着冒犯自然法，这种侵犯或冒犯行为，表明行为人没有遵照上帝为人的行动设立的"理性和共同衡平"的规则，所以对个人权利的侵犯或对他的伤害都意味着对人类的伤害，❻ 违反了将人作为目的而非手段对待的绝对自然法律令。

德国的普芬道夫认为，由于上帝将社会本性给予了人，使人在共同体

---

❶ 参见［英］霍布斯：《利维坦》，黎思复、黎廷弼译，商务印书馆1985年版，第92页。
❷ 参见李猛：《自然社会——自然法与现代道德世界的形成》，生活·读书·新知三联书店2015年版，第378页。
❸ 参见［英］凯恩斯："从柏拉图到黑格尔的法律哲学"，一舟、刘全德等译，《西方政治法律思想史（参考资料）（二）》，中国政法大学法律思想史教研室1985年编印，第208页。
❹ 参见［英］洛克：《政府论（下）》，叶启芳、瞿菊农译，商务印书馆1964年版，第3页。
❺ 同上注，第6页。
❻ 参见李猛：《自然社会——自然法与现代道德世界的形成》，生活·读书·新知三联书店2015年版，第375页。

生活中具有了"社交性",这就使自然法具有拘束力。为了建立共同体、促进共同体的发展和用尽所有手段维护共同体,自然法才使共同体中的个体彼此之间负有义务。这些义务主要包括:第一,任何人不得损害他人,损害他人应赔偿由此造成的全部损失;第二,每个人都平等地享有尊严,每个人都应将他人看作天生的具有同等权利的同类并尊严地予以对待;第三,每个人都应当力所能及地去帮助别人;第四,每个人对自己负担的义务应主动履行。❶ 当然,普芬道夫也承认:"尽管自然法已经充分警告人们,侵犯他人的人难逃惩罚。但无论是对神意的恐惧,还是良心的困扰,都不被看作有效的力量足以强迫人远离邪恶。因为有许多人由于教育和习惯的欠缺,无视理性的力量……而神的责罚降临的太慢……"所以在其看来,要压制人身上的邪恶和贪欲,唯一有效的救济途径还是由国家提供的。❷

因此,若从法学的角度来看,现代法律实践中的居于权利保护之核心位置的人格尊严,是在 17 ~ 18 世纪从传统到现代社会的转型过程中,由启蒙思想家从自然法理论中发展出来的。❸ 他们从人的自然权利、人的自然平等、自然理性等方面对人格尊严所作的论述,为后来人格尊严理论的深入展开提供了新的视角。但这一时期人格尊严思想仍存在问题,主要表现为:第一,未能更多地从人的道德本性上发掘人的尊严的内在价值,而是以较为武断的方式阐述天赋人权;第二,将人视为相对孤立的个体,因而未能在"尊严"的保障上申明人们之间相互尊重他人尊严的义务;第三,力主"有限国家"的理念,忽视国家在保障人的尊严实现上的积极义务。❹

(五) 康德思想

康德是西方世界自古希腊以来人格尊严理论的集大成者,他将源自古

---

❶ 参见[奥]菲尔德罗斯:《自然法》,黎晓译,西南政法学院法制史教研室 1987 年编印,第 18 页。

❷ 参见李猛:《自然社会——自然法与现代道德世界的形成》,生活·读书·新知三联书店 2015 年版,第 357 页。

❸ 参见王利明:"人格权法中的人格尊严价值及其实现",《清华法学》2013 年第 5 期,第 7 页。

❹ 参见胡玉鸿:"'人的尊严'的法理疏释",《法学评论》2007 年第 6 期,第 5 页。

希腊思想特别是为古罗马西塞罗、文艺复兴时期的皮科等人推崇的人的尊严源自理性的观点予以发扬光大。康德在对以往的关于人之理性的讨论展开批判的基础上，进一步深化了人的尊严与理性的内在关系，巩固了理性作为人格尊严之基础的坚实地位。❶ 康德的人的尊严理论体系，可以从如下三方面展开解读。

1. 人自身的尊严

在康德的历史观中，"人类之脱离这座被理性所描绘成他那物种的最初居留的天堂，并非是什么别的，只不过是从单纯动物的野蛮状态过渡到人道状态，从本能的摇篮过渡到理性的指导而已；——总之一句话，就是从大自然的保护制过渡到自由状态"❷。他认为，理性既是人之先天的认识能力，也是人之所以高贵和得享尊严的基础，人因理性而享有尊严。❸ 在康德看来，传统哲学并没有在理性的两种不同运用即理论运用和实践运用之间建立区分。而在实际上，理性的理论运用和实践运用是理性的两种性质并不相同的存在形式即科学理性和实践理性，其中实践理性是理性自由的存在形式。康德将实践理性区分为一般实践理性和纯粹实践理性，只有纯粹实践理性是理性的本质，具有立法能力，因此人的尊严的基础只能是纯粹实践理性。在康德看来，纯粹实践理性是一种先天存在的理性事实，其存在于人的内心，是一种自律的意志和真正的自由，并呈现出一条纯粹的、脱尽一切利益的道德法则，供人遵守。❹ 由于尊严的基础是纯粹实践理性和自律，所以人享有尊严亦是一种客观事实。人的尊严与理性的内在关系就此被确立下来。亦即言，在康德的尊严理论中，自律、理性是每个人都先天拥有的能力，其要么以潜在的方式存在，如婴幼儿，要么以实现了的方式存在。但是，只要是有理性的人，就拥有自律，亦即拥有尊严。❺

---

❶ 参见王福玲："探析康德尊严思想的历史地位"，《哲学研究》2013 年第 11 期，第 83 页。

❷ 参见［德］康德：《历史理性批判文集》，何兆武译，商务印书馆 1990 年版，第 70 页。

❸ 参见胡玉鸿："'人的尊严'思想的法律意蕴"，《江苏行政学院学报》2005 年第 4 期，第 102 页。

❹ 参见［德］康德：《实践理性批判》，韩水法译，商务印书馆 1999 年版，第 87 页。

❺ 参见王福玲："探析康德尊严思想的历史地位"，《哲学研究》2013 年第 11 期，第 83 页。

在康德的人的尊严理论体系中，需要将人的意志与理性联系起来作为尊严的基础来理解。在《道德形而上学原理》一书中，康德全面阐述了意志与理性的内在关系。康德说："在自然界中每一物件都是按照规律起作用。唯独有理性的东西有能力按照对规律的观念，也就是按照原则而行动，或者说，具有意志。既然使规律见之于行动必然需要理性，所以意志也就是实践理性。"❶ 在康德的理论体系中，"意志被认为是一种按照对一定规律的表象自身规定行为的能力，只有在有理性的东西中才能够找到这种能力"❷。由此可以看到，康德"把意志与理性的实践机能相联系，而实践理性也因着意志的这一界定而获得确实意义，意志与实践理性实在是相互为用的概念"❸。对于康德将意志等同于实践理性并作为理性之实践使用的观点，学理上认为这是康德哲学的一种根源性的洞见。❹ 其之于人的尊严理论的重要意义在于，将人的尊严建立在意志的自律或者说普遍的立法能力的基础上。

康德说："一切有理性的东西都把自己的意志普遍立法概念当作立足点，从这样的立足点来评价自身及其行为，这就导致一个与此相关的、富有成果的概念，即目的王国的概念。"❺ 而在"目的王国中的一切，或者有价值，或者有尊严。一个有价值的东西能被其他东西所代替，这是等价；与此相反，超越于一切价值之上，没有等价物可以替代，才是尊严"❻。在康德理论中，"没有理性的东西只具有一种相对的价值，只能作为手段，因此叫作'物'；而有理性的生灵叫作'人'，因为其依本质即为目的本身，而不能仅仅作为手段来使用"❼。因此在康德这里，"人性本身就是一种尊严；不能被任何人（既不能被他人，也甚至不能被自己）纯然当作手

---

❶　参见［德］康德：《道德形而上学原理》，苗力田译，上海人民出版社 2012 年版，第 23 页。

❷　同上注，第 35 页。

❸　参见卢雪昆：《意志与自由：康德道德哲学研究》，文史哲出版社 1997 年版，第 26 页。

❹　参见文学平："人性尊严的四种论证方式"，《华中科技大学学报（社会科学版）》2013 年第 2 期，第 48 页。

❺　参见［德］康德：《道德形而上学原理》，苗力田译，上海人民出版社 2012 年版，第 40 页。

❻　同上注，第 41 页。

❼　参见［德］拉伦茨：《德国民法通论（上）》，王晓晔等译，法律出版社 2003 年版，第 46 页。

段来使用，而是在任何时候都必须同时当作目的来使用，而且他的尊严（人格性）正在于此，由此他使自己高于一切其他不是人，但可能被使用的世间存在者，因而高于一切事物"❶。据此，康德提出了凸显人之重要性的"人性公式"，即"你的行动，要把你自己人身中的人性和其他人身中的人性，在任何时候都同样看作是目的，永远不能只看作是手段"❷。或者说，在目的王国里，"人（以及每一个理性存在者）就是目的本身，亦即他决不能为任何人（甚至上帝）单独用作手段，若非在这种情形下他自身同时就是目的；于是，我们人格之中的人道对于我们自身必定是神圣的，因为他是道德法则的主体，从而是那些本身乃神圣的东西的主体"❸。因此，"一个人可以是他自己的主人，但并不是他自己的所有者，他不能任意处理自己，更不用说对他人有这种关系的可能了，因为他要对在他自身中的人性负责"❹。由此亦可以发现，在康德的论述中，理性、德性与人性的内涵大致相同，既指人对外在世界及相应规律的认知能力，亦指对道德要求的认知能力以及自由选择服从道德要求自律能力，亦即前面所说的具备纯粹实践理性或自由意志。❺ 而康德的重大贡献在于，其将人的尊严作为一种绝对无条件的价值奠定在人的自由，也即负有道德责任的自我决定的基础之上。❻

在康德看来，道德与理性相关，其是作为"自在目的而存在的条件，因为只有通过道德，他才能成为目的王国的一个立法成员。于是，只有道德以及与道德相适应的人性，才是具有尊严的东西"❼。换句话说，人享有尊严"并不是由于他服从道德规律，而是由于他是这种规律的立法者，并且正因为这样，他才服从这一规律。……既不是恐惧，也不是爱好，完全

---

❶ 参见［德］康德：《道德形而上学》，张荣、李秋零译注，中国人民大学出版社2013年版，第239页。
❷ 参见［德］康德：《道德形而上学原理》，苗力田译，上海人民出版社2012年版，第37页。
❸ 参见［德］康德：《实践理性批判》，韩水法译，商务印书馆1999年版，第144页。
❹ 参见［德］康德：《法的形而上学原理》，沈叔平译，商务印书馆1991年版，第86页。
❺ 参见［德］康德：《实践理性批判》，韩水法译，商务印书馆1999年版，第17—43页。
❻ 参见张龑："康德论人之尊严与国家尊严"，《浙江社会科学》2014年第8期，第55页。
❼ 参见［德］康德：《道德形而上学原理》，苗力田译，上海人民出版社2012年版，第42页。

是对规律的敬重，才是动机给予行为以道德价值。只有在其准则可能是普遍立法的条件下才行动的意志，才是人们可能的理性意志，才是固有的尊重对象。人类的尊严正在于他具有这样的普遍立法能力，虽然同时他也要服从同一规律"❶。由此显现出来的整体图景是：自律性是意志的自我普遍立法，也是道德的最高原则。❷ 亦正是基于此，康德论证出了人的尊严是一种内在价值，其基于人先天具有的自律能力和道德禀赋。❸ 由于自律性是道德的源泉，拥有理性就具有最高的道德价值。因此自律性构成了人性和每一种理性存在者尊严的基础，它不因个人行为的好坏或善恶而受影响。❹

整体来讲，在康德的尊严体系中，道德是理性的自我立法与自我守法，道德规范的本质源泉是人本身，是享有理性的人通过纯粹实践理性为自己立法也要求自己守法，此即意志自律。理性、意志自由与道德自律是相通的。在言及尊严的基础是理性时，亦可以说尊严的基础是意志自由以及道德自律。就此而言，康德的人的尊严思想在批判性地继承源自古希腊以来的传统尊严思想的基础上，进一步将人的尊严的基础与理性观念密切结合，突出显现了文艺复兴以来尤其是启蒙运动所倡导的自由和理性两大主题，深化了对于人的尊严范畴的理解。❺

2. 人与人的关系中存在的尊严

基督教典籍的《圣经》说："无论何事，你们愿意人怎样待你们，你们也要怎样待人。"❻ 康德也认为，"个体并不是直接经验他的自我本身，而是只能从和他人处于同一个社会群体的其他个体成员的特殊立场出发，或者说从他所从属的这个作为整体而存在的社会群体一般化立场出发，来

---

❶ 参见［德］康德：《道德形而上学原理》，苗力田译，上海人民出版社 2012 年版，第 46 页。

❷ 参见文学平："人性尊严的四种论证方式"，《华中科技大学学报（社会科学版）》2013 年第 2 期，第 49 页。

❸ 参见王福玲："探析康德尊严思想的历史地位"，《哲学研究》2013 年第 11 期，第 85 页。

❹ 参见张容南："古典尊严理念与现代尊严理念之比照"，《华东师范大学学报（哲学社会科学版）》2011 年第 3 期，第 29 页。

❺ 参见王福玲："探析康德尊严思想的历史地位"，《哲学研究》2013 年第 11 期，第 83 页。

❻ 参见《圣经·马太福音》第 7 章第 12 节。

经验他的自我本身"❶，当面对我们的同类时，这种经验"被一般化并变成人性尊严感，一种经由理性人在其他人可能是朋友或敌人乃至其自身身上被体验的感情"❷。所以"每个具有理性的东西都须服从这样的规律，不论是谁在任何时候都不应该把自己和他人仅仅当作工具，而应该永远看作自身就是目的"❸。

康德将古希腊以来尤其是古罗马关于人性尊严的思想予以深化。对于乌尔比安倡导的"正直地生活"，康德将之表述为："法律上的严正或荣誉，在于与别人的关系中维护自己作为一个人的价值。这项义务可以用下面的命题来表示，'不能把你自己仅仅成为供别人使用的手段，对他们来说，你自己同样是一个目的'。"❹ 在康德看来，生活在共同体当中的每个人就"处于所有理性的生物一律平等，而不问他们的品级如何的状态；也就是说，就其本身就是目的这一要求而言，他就应该作为这样的一个人而为每一个别人所尊重，而绝不能作为单纯是达到其他目的的手段而被任何别人加以使用"❺。以此为前提，当共同体当中的个人彼此之间发生冲突时，以人的尊严为基础所生的各方的义务就是：冲突的各方应尊重彼此的自我目的性。亦即言，共同体中相互交往的个体因为每个人都享有的尊严本身而应依相互尊重的基本原则去处理个人之间的关系，具体包括两个层面：在肯定性层面，相互尊重的基本原则要求"把一个人尊为自主者，就是把他作为具有自我的内在价值的人来对待"❻；在否定性层面，相互尊重原则要求任何人不得将他人当作手段，而是应作为目的对待，这是人之尊严所在，因为"有理性的东西才以其自在目的而与众不同，同时使它自身具有超乎一切自然物的尊严与优越性"❼。

---

❶ 参见［美］米德：《心灵、自我和社会》，霍桂桓译，华夏出版社1999年版，第150页。

❷ See Izhak Englard, Human Dignity：From Antiquity to Modern Israel's Constitutional Framework, 21 Cardozo Law Review, 2000, p. 1918.

❸ 参见［德］康德：《道德形而上学原理》，苗力田译，上海人民出版社2012年版，第40页。

❹ 参见［德］康德：《法的形而上学原理》，沈叔平译，商务印书馆1991年版，第48页。

❺ 参见［德］康德：《历史理性批判文集》，何兆武译，商务印书馆1990年版，第66页。

❻ 参见［英］米尔恩：《人的权利与人的多样性——人权哲学》，夏勇、张志铭译，中国大百科全书出版社1995年版，第102—104页。

❼ 参见［德］康德：《道德形而上学原理》，苗力田译，上海人民出版社2012年版，第44页。

康德的人的尊严理论中区分了"源始的尊严"和"实现的尊严"。在康德看来，前者是个人依据理性、自由意志和道德自律而享有的，这是一种先天的能力，每个人都平等地拥有它，其与后天的德性无关，罪犯和道德高尚的人都能平等地享有；而后者涉及配享尊严的问题，康德认为，"所有人都凭借自由而拥有尊严，但是只有那些以某种方式运用自由的人才拥有第二种形式的尊严"，具体来讲，当人"尽了自己一切义务的人格的崇高和尊严"时，就是在实现了的意义上运用尊严观念的。❶ 这也就是说，在康德的尊严体系中，人的尊严应当从两个维度来理解：第一个维度是人因为理性或人性的缘故而享有的高贵性，属于尊严的内在价值基础；第二个维度是共同体与他人基于理性或者人性这种先天的禀赋的缘故而对与其具有相同属性的存在的承认，属于尊严的外在社会条件。❷ 对于共同体内个体相互之间的承认的价值，黑格尔也基本同意康德的判断，其通过主奴关系予以进一步说明。在黑格尔看来："自我意识是自在自为的，这由于并且也就因为它是为另一个自在自为的自我意识而存在的；这就是说，它所以存在只是由于被对方承认。"❸ 亦即言，若个人未被他人与公共体所承认并给予充分的尊重，如被奴役压迫或身受折磨等，即使其自身具有高贵性，亦不能说活得有尊严。

3. 人与国家的关系中存在的尊严

康德的人的尊严理论不仅强调人之尊严的内在基础以及人与人交互关系中的相互尊重原则，还强调人之尊严的保护需要国家尊严。在康德的尊严理论体系当中，人的尊严以理性、自由意志和道德自律为基础，而国家尊严则建立在人的理性基础之上，没有了个人的理性、自由意志和道德自律，国家的尊严亦即不复存在。亦即言，人的尊严与国家的尊严之间存在

---

❶ 参见王福玲："探析康德尊严思想的历史地位"，《哲学研究》2013 年第 11 期，第 82 页。

❷ 参见程新宇："活得有尊严——个人的责任和社会的责任"，《哲学动态》2014 年第 4 期，第 73 页。

❸ 参见［德］黑格尔：《精神现象学（上卷）》，贺麟、王玖兴译，商务印书馆 1997 年版，第 122 页。

相互的依存关系，其中理性构成二者尊严的共同基础。❶ 康德指出，"一切有理性东西都把自己的意志普遍立法概念当作立足点，从这样的立足点来评价自身及其行为，这就导致一个与此相关的、富有成果的概念，即目的王国的概念。"❷ 于此的"目的王国"是由普遍的客观规律约束起来的有理性的东西的体系，每一个有理性的存在者都是目的王国的成员。❸ 据此，最高理智的无限存在者上帝以及有限理性存在者如个人以及其他可能的理性存在者如国家，❹ 都是目的王国的成员。因此，尽管尊严并不是经验上可以把握的，但由于每个人相对其他人既是知性上的我，也是经验上感性的我，也就是说每个理性的存在都是"目的王国"中现实存在，所以尊严必然平等地被感性世界中所出现的每个理性存在所享有。❺ 以此为条件，既然个人与国家的尊严彼此之间因为理性而存在内在的牵连性的关系，那么人的尊严亦不会因为国家是管理者而丧失。康德认为国家对个人负有这样的义务，即"必须把公民看作是该国的成员，有参与立法的权利，不能仅仅作为是别人的工具，他们自身的存在就是目的……"❻。亦即言，在共同体生活中，人的尊严并非空洞的理论说教，它还深入现实的法律生活，并作为评判法律良善的最高标准而存在。❼ "要求法律必须不违反自然法（它要求所有人民都取得自由以及取得与此相符的平等），必须让他们有可能在他们的国家内提高自己，从消极公民达到积极公民的条件。"❽

康德关于个人与国家在尊严享有和实践上的内在关系的立场，对后来的人格尊严理论产生了重大影响。例如，马伽利特在《尊严的政治》中所探讨的尊严即以公民在政治机构面前的尊严问题为中心，探讨人格尊严的享有与保障问题。在当代世界，随着世界文明进程日益加速且人权、民

---

❶ 参见张翼："康德论人之尊严与国家尊严"，《浙江社会科学》2014 年第 8 期，第 61 页。

❷ 参见 ［德］康德：《道德形而上学原理》，苗力田译，上海人民出版社 2012 年版，第 40 页。

❸ 参见文学平："人性尊严的四种论证方式"，《华中科技大学学报（社会科学版）》2013 年第 2 期，第 49 页。

❹ 参见 ［德］康德：《实践理性批判》，韩水法译，商务印书馆 1999 年版，第 33 页。

❺ 参见张翼："康德论人之尊严与国家尊严"，《浙江社会科学》2014 年第 8 期，第 56—57 页。

❻ 参见 ［德］康德：《法的形而上学原理》，沈叔平译，商务印书馆 1991 年版，第 139 页。

❼ 参见胡玉鸿："'人的尊严'的法理疏释"，《法学评论》2007 年第 6 期，第 5 页。

❽ 参见 ［德］康德：《法的形而上学原理》，沈叔平译，商务印书馆 1991 年版，第 141 页。

主、自由思想获得广泛传播和普遍承认，国家对共同体当中的个人实施赤裸裸的肉体上的侵害现象已显著减少，人们关注的焦点随即转移到国家在精神和心理上侵害个人的现象上来。在此背景下，马伽利特讨论了国家对个人的主要侮辱和伤害形式，包括摆架子、干涉个人隐私、官僚作风、人民的贫困、失业以及对其惩罚的滥用。在其看来，国家不尊重人的尊严从而使个人活得没有尊严主要表现为：国家将人视为动物、机器或数字而不当作人看待；国家限制人的行为自由而使其丧失对自己行为进行控制的能力；特定个人或族群感觉被共同体排挤从而丧失归属感。而基于康德的人的尊严的至高性，他呼吁建立一个国家尊重人的尊严而不是侮辱人的优雅社会。❶ 质言之，国家应从制度上来解决共同体内个人尊严遭遇的侮辱与歧视问题，保障个人的尊严的实现。❷ 这实质上是对康德的尊严理论的发展。

整体来看，康德理论在内在价值的意义上运用尊严概念，但康德的尊雅观不像阿奎那等基督教神学家那样依赖于上帝观念，在其看来，人的道德本性的事实来自上帝把人创造成自由的存在，但人不依赖于任何对上帝的信仰就可以了解这个道德本性，而这正是人的尊严的基础。只要人类拥有道德，他们就拥有尊严，不管外部事实上看起来是什么样的。因此康德理论客观效果上呈现出来的图景就是，为人类赋予尊严，没必要一定要参照他们被创造时依照的神的形象，或者因为他们在一个神圣的自然等级秩序中占据了一个合适的位置。就此而言，康德开启了对人类尊严世俗性理解的道路。❸ 当然，康德的人格尊严理论也存在问题。依据康德的尊严理论，尊严属于每个人的结论所预设的前提是：每个人都需具备充分的理性潜能，否则就无法实现其原始的尊严。❹ 这显然忽略了现实生活中的个人

---

❶ 参见甘绍平："什么是优雅社会——读马伽利特《尊严的政治》"，《道德与文明》2002 年第 1 期，第 44 页。

❷ 参见程新宇："活得有尊严——个人的责任和社会的责任"，《哲学动态》2014 年第 4 期，第 75 页。

❸ 参见［英］罗森：《尊严》，石可译，法律出版社 2015 年版，第 20—21 页。

❹ Vgl. Gerhard Luf, Menschenwürde als Rechtsbegriff, in：Rainer Zaczy/Micheal Koehler/Michael Kahlo hrsg. , Festschrift für E. A. Wolff zum 70. Geburtstag, Heidelberg 1998, S. 309.

因能力、智力、财富等方面存在的现实差异，没有考虑到对共同体中的弱者的特别保护。❶ 康德的尊严理论还强调具有道德自律的个人所享有的尊严与责任的内在联系，即人需要负责任才得享有尊严。这显然与当代法治国家所奉行的人的尊严的无条件性或者绝对性的本质相悖。❷ 学理上有观点一针见血地指出："康德人性尊严论述的主要关注焦点是在于'道德'的问题，也就是'道德律'的问题，而非'人所以为人'的问题。"❸

四、马克思主义传统中的人格尊严

与西方传统的人格尊严观一样，马克思主义传统中的人格尊严理论也极其强调人格尊严的重要性。马克思在《"莱茵观察家"的共产主义》中说："勇敢、自尊、自豪感和独立感比面包还要重要。"❹ 所以其在《青年在选择职业时的考虑》一文中认为"尊严就是最能使人高尚起来、使他的活动和他的一切努力具有崇高品质的东西，就是使他无可非议、受到众人钦佩并高出于众人之上的东西"❺。这表明马克思主义人格尊严观与西方传统人格尊严思想存在内在的联系。但与传统尊严观存在显著不同的是，马克思主义的尊严观首先强调人格尊严的物质资料基础。对此，马克思明确指出，"思想、观念、意识的生产最初是直接与人们的物质活动，与人们的物质交往，与现实生活的语言交织在一起的。观念、思维、人们的精神交往在这里还是人们物质关系的直接产物。表现在某一民族的政治、法律、道德、宗教、形而上学等的语言中的精神生产也是这样。人们是自己的观念、思想等的生产者，但这里所说的人们是现实的，从事活动的人们，他们受着自己的生产力的一定发展以及与这种发展相适应的交往（直到它的最遥远的形式）的制约"❻，"任何强大的思想或意志力量都不能使

---

❶ 参见王利明："民法的人文关怀"，《中国社会科学》2011 年第 4 期，第 151 页。

❷ 参见赵娟："尊严的理念悖论及其宪法消解"，《南京社会科学》2013 年第 7 期，第 78 页。

❸ See Rubin Gotesky/Ervin Laszlo ed. , Human Dignity: This Century and the Next, Gordon&Breach, 1970, p. 50.

❹ 参见《马克思恩格斯全集（第 4 卷）》，人民出版社 1995 年版，第 218 页。

❺ 参见《马克思恩格斯全集（第 40 卷）》，人民出版社 1995 年版，第 6 页。

❻ 参见《马克思恩格斯选集（第 1 卷）》，人民出版社 1972 年版，第 30 页。

他们摆脱这个命运"❶。以此为基础，马克思明确认为"人的本质并不是单个人所固有的抽象物。在其现实性上，它是一切社会关系的总和"❷，因此"对于各个个人来说，出发点总是他们自己，当然是在一定历史条件和关系中的个人，而不是思想家们所理解的'纯粹的'个人"❸。这种观点实质上就是承认人格尊严的社会属性，即人格尊严既包含个人的高尚品质，也包含着他的活动和他的一切努力得到社会共同体恰当的承认。❹ 考虑到马克思主义理论在中国当代社会背景下的重要实践价值，有必要将之从西方传统中独立出来并深入挖掘其中的尊严思想，从而为准确理解和把握中国当代法治实践中的人格尊严概念提供思路。从学理上已有的研究成果来看，对于马克思主义思想中的人格尊严观的理解应主要围绕如下几个方面展开。

（一）历史维度下的人格尊严观

马克思在《〈政治经济学批判〉导言》中明确提出以个人发展作为划分历史的标准。他认为："我们越往前追溯历史，个人，也就是进行生产的个人，就显得越不独立，越从属于一个更大的整体；最初还是十分自然地在家庭和扩大成为氏族的家庭中；后来是在由氏族间的冲突和融合而产生的各种形式的公社中。只有到十八世纪，在'市民社会'中，社会结合的各种形式，对个人说来，才只是达到他私人目的的手段，才是外在必然性。但是，产生这种孤立个人的观点的时代，正是具有迄今为止最发达的社会关系的时代。"❺ 鉴于这种事实，马克思特别指出："人的依赖关系（起初完全是自然发生的），是最初的社会形态，在这种形态下，人的生产能力只是在狭窄的范围内和孤立的地点上发展着。以物的依赖性为基础的人的独立性，是第二大形态，在这种形态下，才形成普遍的社会物质变

---

❶　参见《马克思恩格斯全集（第4卷）》，人民出版社1995年版，第332页。

❷　参见《马克思恩格斯选集（第1卷）》，人民出版社1972年版，第18页。

❸　同上注，第84页。

❹　参见程新宇："活得有尊严——个人的责任和社会的责任"，《哲学动态》2014年第4期，第74页。

❺　参见《马克思恩格斯选集（第2卷）》，人民出版社1972年版，第87页。

换，全面的关系，多方面的需求以及全面的能力的体系。建立在个人全面发展和他们共同的社会生产能力成为他们的社会财富这一基础上的自由个性，是第三阶段。第二阶段为第三个阶段创造条件。因此，家长制的，古代的（以及封建的）状态随着商业、奢侈、货币、交换价值的发展而没落下去，现代社会则随着这些东西一道发展起来。"❶ 如果将马克思的这种历史观展开来看，那么就会发现人格尊严的如下特征。

在第一阶段，人格尊严具有身份等级性，即马克思在《德意志意识形态》中所说的"各个人通过某种联系——家庭、部落或者甚至是土地本身——结合在一起"❷，由此导致"贵族总是贵族，平民总是平民，不管他的其他关系如何，这是一种与他的个性不可分割的品质"❸。例如，奴隶社会的奴隶主和奴隶的尊严是不同的，奴隶只是会说话的工具，其可以被买卖，甚至可以像动物一样被杀死用来祭祀或者殉葬，他们不具有法律上的人格，所以享有法律上应受保护的人格尊严即无从谈起；而封建社会的"君主政体的原则总的说来就是轻视人，蔑视人，使人不成其为人"❹，如中国清末的《钦定宪法大纲》即明确规定"君上神圣尊严，不可侵犯"，而与君主享有的人格尊严不同，臣民的尊严是严格受限制的。❺ 因此这一阶段的人与人之间的关系主要表现为统治与被统治的关系，普遍性的人格尊严无从谈起。

而在第二个阶段，个人已从自然形成的人的依赖性关系中解放出来，人的尊严的理性口号被明确地表达了出来，埋藏在人性中的独立意志和独立人格获得了法律上的普遍承认，个人已具有前所未有的独立和自主。因此相比较于第一个阶段，第二个阶段的人格尊严观适应了社会历史发展的需要，以人性、人权取代了之前的神性、君权，使人成为平等且自由的人，这是历史的进步。但马克思仍然透过现象来认识这一历史阶段的人的

---

❶　参见《马克思恩格斯全集（第 30 卷下）》，人民出版社 1995 年版，第 107—108 页。

❷　参见《马克思恩格斯全集（第 3 卷）》，人民出版社 1995 年版，第 73 页。

❸　参见《马克思恩格斯选集（第 1 卷）》，人民出版社 1972 年版，第 53 页。

❹　参见《马克思恩格斯全集（第 1 卷）》，人民出版社 1995 年版，第 282 页。

❺　参见陈云生："公民的人格尊严不受侵犯"，《法学研究》1983 年第 2 期，第 15 页。

尊严的实然状态，认为该阶段的尊严王国并没有超出它所固有的时代局限。❶ 在马克思看来，在资本主义社会里名义上享有自由且普遍平等的个人实际上普遍陷入了资本统治的牢笼。他明确指出，在资本主义社会阶段，"人的社会地位的改善仅仅取决于金钱"❷，亦即"谁有钱，谁就'值得尊敬'，就属于上等人，就'有势力'，而且在他那个圈子里在各方面都是领头的"❸。并且，"工人生产的财富越多，他的产品的力量和数量越大，他就越贫穷。工人创造的商品越多，他就越变成廉价的商品。物的世界的增值同人的世界的贬值成正比"❹。这实质上也就意味着，资产的拥有者即资本家享有充分的尊严而无产者如工人则成了给资本家创造财富的工具。因此，马克思主义经典作家的结论是："工人只有仇恨资产阶级和反抗资产阶级，才能获得自己的人的尊严。"❺ 这也表明，这一阶段人陷入了物的奴役当中，财产私有制度扼杀了无产者的人格尊严。❻

只有到了第三个阶段，亦即在"一个把每一个人都有完全的和自由的发展作为根本原则的高级社会形态"当中，❼ 就会产生《共产党宣言》当中所明确阐述的一种现象，即"代替那存在着阶级和阶级对立的资产阶级旧社会的，将是这样一个联合体，在那里，每个人的自由发展是一切人的自由发展的条件"❽。在这样的联合体当中，个人之间的普遍联系建立起来并受制于人们的联合，人们成为自己社会关系的主人，从而形成自由的个性。❾ 这也就意味着在人的依赖性关系和物的依赖性关系中普遍存在的问题，即人"不是肯定自己，而是否定自己，不是感到幸福，而是感到不幸，不是自由地发挥自己的体力和智力，而是使自己的肉体受折磨，精神

---

❶ 参见李怡、易明："论马克思的尊严观"，《马克思主义研究》2011 年第 10 期，第 94 页。

❷ 参见《马克思恩格斯全集（第 26 卷下）》，人民出版社 1974 年版，第 495 页。

❸ 参见《马克思恩格斯全集（第 2 卷）》，人民出版社 1995 年版，第 566 页。

❹ 参见［德］马克思：《1844 年经济学哲学手稿》，人民出版社 2000 年版，第 40 页。

❺ 参见《马克思恩格斯全集（第 2 卷）》，人民出版社 1995 年版，第 500 页。

❻ 参见陈金海："人生形象与人格尊严"，《浙江大学学报》1993 年第 4 期，第 128 页。

❼ 参见［德］马克思：《资本论（第 1 卷）》，人民出版社 1975 年版，第 649 页。

❽ 参见《马克思恩格斯选集（第 1 卷）》，人民出版社 1972 年版，第 273 页。

❾ 参见韩安贵："马克思历史分期理论的价值向度"，《现代哲学》2000 年第 1 期，第 30—31 页。

受摧残"，就被彻底地解决了。❶ 马克思、恩格斯早在《德意志意识形态》中具体解释的目标，即"在共产主义社会中，即在个人的独创和自由的发展不再是一句空话的唯一的社会中，这种发展正是取决于个人间的联系，而这种个人间的联系则表现在下列三个方面，即经济前提，一切人的自由发展的必要的团结一致以及在现有生产力基础上每个人的共同生活方式"❷，其中的一切人的自由而全面的发展表明了这一阶段人的尊严得到了最充分的实现。

因此，在马克思主义的历史观中，人的尊严属于历史的范畴，它的产生以及发展的整体历程表明其自身始终处于变动不居的状态之中，不同的历史条件下的人的尊严的评价与实现标准亦存在不同。从人类历史的整体发展轨迹来看，人格尊严是随着人类社会的逐步解放、不断摆脱人对人的奴役与压迫的社会条件而得以实现的，❸ 因此具有显著的历史性。

（二）阶级维度下的人格尊严观

事实上，正如前面讨论马克思主义人格尊严观所展现出来的人类历史的第一阶段和第二阶段的人格尊严的历史特征时所提到的，这两个阶段的人格尊严不可避免地被打上了阶级的烙印。其中第一阶段即人的依赖性关系阶段的人格尊严的阶级性特征自不待言。即使在各国法律上普遍承认个人自由且平等的人类历史的第二阶段即物的依赖性阶段，马克思也深刻揭露了该阶段的人格尊严反映的资产阶级尊严观的实质，即资产阶级"把人的尊严变成了交换价值，用一种没有良心的贸易自由代替了无数特许的和自力挣得的自由。总而言之，它用公开的、无耻的、直接的、露骨的剥削代替了由宗教幻想和政治幻想掩盖着的剥削"❹。马克思认为："在阶级社会中，人的尊严的实际享有具有鲜明的阶级性，不存在普遍的、抽象的尊严，不存在超阶级、超历史的尊严，人的尊严在每一阶级社会中都是具体

---

❶ 参见［德］马克思：《1844 年经济学哲学手稿》，人民出版社 2000 年版，第 54 页。

❷ 参见《马克思恩格斯全集（第 3 卷）》，人民出版社 2002 年版，第 516 页。

❸ 参见龚群："论人的尊严"，《天津社会科学》2011 年第 2 期，第 18 页。

❹ 参见《马克思恩格斯文集（第 2 卷）》，人民出版社 2009 年版，第 34 页。

的，都是从属于一定阶级的。"● 在其看来，只有在无产阶级革命胜利后且建成了共产主义社会时，更高级的、以每个人的全面自由的发展为基本原则的人格尊严的形态才会逐步实现，这种尊严的形态"是私有财产即人的自我异化的积极的扬弃，因而是通过人并且为了人而对人的本质的真正占有；因此，它是人向自身、向社会的即合乎人性的人的复归，这种复归是完全的，自觉的和在以往发展的全部财富的范围内生成的"●。所以整体来看，马克思主义人格尊严观所强调的人格尊严的阶级性的实质，其实是强调阶级对人格尊严范畴包括尊严的观念、尊严的内容以及尊严的标准的历史性的展开和深化。

（三）社会维度下的人格尊严观

马克思说："因为人来到世间，既没有带着镜子，也不像费希特派的哲学家那样，说什么我就是我，所以人起初是以别人来反映自己的。名叫彼得的人把自己当作人，只是由于他把名叫保罗的人看作是和自己相同的。"● 这实质上表明可以在人的相互交往关系亦即社会维度下来观察人格尊严。对此，马克思首先强调人的社会属性，他说："一个种的整体特性、种的类特性就在于生命活动的性质，而自由的有意识的活动恰恰就是人的类特性。"● 在其看来，人区别于其他物种的类特性在于人可以自由地从事有意识的活动，人的这种社会属性构成有别于其他物种依据自然属性而活动的本质区别。● 其次，马克思在对人与社会的关系的界定中展现了人格尊严的特性。他说："任何人类历史的第一个前提无疑是有生命的个人的存在。"● 这显然是对作为类的存在本身的人的明确肯定。以此为前提，他进一步指出："我凭借出生就成为人，用不着社会同意，可是我凭借特定的出生而成为贵族或国王，这就非有普遍的同意不可。只有得到同意才能

● 参见李怡、易明："论马克思的尊严观"，《马克思主义研究》2011 年第 10 期，第 96 页。
● 参见《马克思恩格斯全集（第 3 卷）》，人民出版社 2002 年版，第 297 页。
● 参见《马克思恩格斯文集（第 5 卷）》，人民出版社 2009 年版，第 62 页。
● 参见［德］马克思：《1844 年经济哲学手稿》，人民出版社 2000 年版，第 57 页。
● 参见《马克思恩格斯选集（第 1 卷）》，人民出版社 1972 年版，第 35—36 页。
● 同上注，第 24 页。

使这一个人的出生成为国王的出生；因此，使这个人成为国王，是大家的同意而不是出生。如果说出生不同于其他的规定，能直接赋予人一种地位，那么人的肉体就能使人成为这种特定的社会职能承担者。他的肉体成了他的社会权利。"❶ 在马克思看来，"人是最名副其实的社会动物，不仅是一种合群的动物，而且是只有在社会中才能独立的动物。孤立的一个人在社会之外进行生产——这是罕见的事，偶然落到荒野中的已经内在地具有社会力量的文明人或许能做到——就像许多个人不在一起生活和彼此交谈而竟有语言发展一样，是不可思议的"❷。所以马克思由此得出展现人与社会关系的结论："社会不是由个人构成，而是表示这些个人彼此发生的那些联系和关系的总和。这就好比有人这样说：从社会的角度来看，并不存在奴隶和公民；两者都是人。其实正相反，在社会之外他们才是人。成为奴隶或成为公民，这是社会的规定。"❸ 而依据这一结论必然可以进一步推论出："要不是每一个人都得到解放，社会本身也不能得到解放。"❹ 其中每个人的解放意味着"一切人，或至少是一个国家的一切公民，或一个社会的一切成员，都应当有平等的政治地位和社会地位"❺。马克思于此念兹在兹的社会属性，对于人格尊严的实践意义在于，"人的尊严是在共同体中实现的。人格尊严需要人与人的互尊为前提，相互之间的尊重又是以个人的自尊为前提，自尊以尊人"❻，也就说"人只有为同时代人的完美、为他们的幸福而工作，自己才能达到完美"❼。

由此可以发现，马克思的尊严观既与中国传统社会的尊严观、西方传统的尊严理论存在根本区别，因为前者不是以孤立、抽象的人性或者虚无缥缈的神性等为出发点来阐释人的尊严，马克思主义尊严观把对人格尊严的理解和保护与特定的社会历史条件联系起来，这就把对人的尊严的理解

---

❶ 参见《马克思恩格斯全集（第3卷）》，人民出版社2002年版，第131—132页。
❷ 参见《马克思恩格斯选集（第2卷）》，人民出版社1972年版，第87页。
❸ 参见《马克思恩格斯全集（第30卷）》，人民出版社1995年版，第221—222页。
❹ 参见《马克思恩格斯全集（第20卷）》，人民出版社1971年版，第318页。
❺ 参见《马克思恩格斯全集（第3卷）》，人民出版社1960年版，第516页。
❻ 参见龚群："论人的尊严"，《天津社会科学》2011年第2期，第18页。
❼ 参见《马克思恩格斯文集（第5卷）》，人民出版社2009年版，第50页。

建立在了历史唯物主义基础之上，❶ 进一步深化了对人格尊严思想的认识。

五、本章结论

整体来看，中国传统社会形成的人格尊严观建立在义务论的伦理价值基础之上，强调个人通过内省的自我修炼和承担对共同体内的他人的伦理义务来实现理想的全人格。与此不同，西方传统中生发出来的人格尊严观在探究作为类的存在的人如何因神性、理性、德性或自然性等而具有普遍性的尊严的基础之上，强调对因此而生的权利的保护以实现人格尊严。马克思主义的人格尊严观则以唯物主义历史观为基础，认为对于人格尊严的理解和保护都应当与特定的社会历史背景相适应。因此，对于当前中国法律体系中的人格尊严概念的理解以及相应的实践运用，都应当基于中国当代的社会生活现状，在个人主义和全体主义之间寻得一个妥适的平衡。亦即言，现行法律体系下的人，应当理解为一种在与他人共同生活中为了形成"亲自承担责任"的生活而拥有的一种"人格"，而不能将之理解为一种在全体主义国家中单纯作为受命者而存在的"个人"，也不能将之理解为"国家与市民社会"二元对抗式结构之上的那种"古典自由主义"意义上的独立自足的"个人"。❷ 这也就意味着，在共同体生活中并因此受社会关系约束的人，其人格尊严存在于人作为承担自我责任之人格而得以获取的承认之中。❸

---

❶　参见李怡、易明："论马克思的尊严观"，《马克思主义研究》2011 年第 10 期，第 95 页。

❷　参见林来梵："人的尊严与人格尊严——兼论中国宪法第 38 条的解释方案"，《浙江社会科学》2008 年第 3 期，第 48 页。

❸　Vgl. BverfGE 45，S. 187.

第三章　中国民法中人格尊严条款的基本构造

　　　　享有尊严的权利乃是一系列正式法定的保证的母体，而对这
些保证进行保护乃是确保尊重该原则本身所必需的。❶
　　　　　　　　　　　　　　　　　　　　　　　——〔美〕德沃金

一、问题的提出

　　目前，中国民法典制定过程中争议最激烈的人格权是否独立成编问题，虽然在技术层面上仍存在广泛争议，但其在政治上基本已被解决。这意味着，宏大叙事风格的讨论应让位于微观层面的具体规则的设计。在此背景下，讨论中国民法典人格权编内部具体法律规则的规范构造及与其他各编尤其是总则编、侵权责任编中相应条款的规范关系，显得尤为重要。其中，由于一般人格权条款既涉及《民法总则》第五章民事权利第 109 条的体系定位，也涉及中国民法典侵权责任编的保护对象尤其是一般侵权条款的解释适用，因此一般人格权条款的具体构造和表达值得关注。从立法机关已公布的草案来看，立法者在一般人格权条款的选择上也是举棋不定。具体而言，《中华人民共和国民法典人格权编（草案）》（征求意见稿）（以下简称征求意见稿）第 7 条将一般人格权条款具体表述为："除本编规定的人格权益外，自然人享有基于人格尊严产生的其他人格权益。"而《中华人民共和国民法典各分编（草案）》（一次审议稿）（以下简称草

---

　　❶　参见〔法〕勒努瓦："生物伦理学：宪制与人权"，陆象淦主编：《西方学术界新动向——寻求新人道主义》，社会科学文献出版社 2005 年版，第 220 页。

案一审稿）则在征求意见稿的基础上作了较大幅度的调整，其在第 774 条规定："民事主体的人格权受法律保护。除本编规定的人格权外，自然人享有基于人身自由、人格尊严产生的其他人格权益。"2019 年 4 月 26 日公布的《中华人民共和国民法典人格权编（草案）》（二次审议稿）（以下简称草案二审稿）继续维持了草案一审稿第 774 条的规定。依据文义解释和体系解释方法进行解释，可以发现，第 7 条、第 774 条第 2 款作为一般人格权条款的具体表达，主要存在如下区别。

第一，就一般人格权条款在人格权编具体安放的位置而言，征求意见稿将之安置在其他具体人格权类型之后，在法典体系构造上，与规定其他具体人格权类型的条款并列；而草案一审稿和草案二审稿则将一般人格权条款的位置大大提前，与规定具体人格权类型的一般条款即第 774 条第 1 款并列，共同置于人格权编的首要位置。

第二，就一般人格权条款的具体概念使用而言，征求意见稿用"其他人格权益"作为一般人格权的法典表述，作为被明确列举规定的"人格权益"的补充；而草案一审稿和草案二审稿则在沿用"其他人格权益"的基础上，以"人格权"取代"人格权益"，作为被民法典明确规定的权利类型的法典表述。

第三，就一般人格权的价值基础而言，三部草案皆将一般人格权的价值基础明确宣示了出来，存在显著差异的是，征求意见稿将一般人格权的价值基础限定为"人格尊严"，而草案一审稿和草案二审稿则将价值基础的范围予以扩张规定，在"人格尊严"的基础上增加了"人身自由"。

整体以观，立法者在一般人格权条款的具体表达上所展现出来的犹豫不决的立场，实际上既涉及如何处理中国现行法秩序中关于一般人格权条款的实践经验问题，又涉及如何理性对待比较法上一般人格权的保护经验问题；既涉及基本权利条款尤其是以人格尊严条款为核心的宪法一般人格权条款与民法一般人格权条款的规范关系处理问题，也涉及民法典体系内总则编的一般民事权利条款、侵权责任编的一般侵权条款和人格权编的一般人格权条款在内在、外在体系上的思想融贯与逻辑衔接问题，等等。对于民法典尤其是人格权编的制定而言，亟须审慎观察和妥善处理这些问题，才能更易于接近立法者追求的"编纂一部适应中国特色社会主义发展要求，符合中国国情和实际，体例科学、结构严谨、规范合理、内容协调一致的法典"的伟大目标。❶ 鉴于此，下文拟从一般人格权条款的立法模式选择、内部构造和外部关系的规范处理方面着手，力争为民法典人格权编一般人格权条款的规范构造提供说明。

二、民法典一般人格权条款的立法模式选择

事实上，虽然比较法上将人格权独立成编的成功经验乏善可陈，但将一般人格权条款明确规定在民法典中以为自然人提供充分保护的立法例却并不鲜见。例如，首次在民法典中明确规定了一般人格权的《瑞士民法典》，❷ 在第 28 条第 1 款中规定，"人格有受不法侵害之虞者，得请求法院采取措施，以防止发生任何侵害"；中国台湾地区"民法"第 195 条第 1 项亦规定，"不法侵害他人之身体、健康、名誉、自由、信用、隐私、贞操或不法侵害其他人格法益而情节重大者，被害人虽非财产上之损害，亦得请求赔偿相当之金额，其名誉被侵害者，并得请求恢复名誉之适当处分"，该条除列举具体的人格权类型外，亦规定"其他人格法益"，以适应社会变迁与人格权保护之需要。❸

另外，即使那些并未明确规定一般人格权条款的立法例，也因司法实践持续的法律续造而创造性地发展出了一般人格权规则，并巧妙地将之与民法典一般侵权条款结合起来，从而通过侵权法上的涵摄规则来为一般人格权的保护提供合法性基础。例如，德国联邦最高法院通过引入《德国基本法》第 1 条第 1 款的"人的尊严"和第 2 条第 1 款的"人格自由发展"而创造性地从《德国民法典》第 823 条第 1 款的"其他权利"中，推导出

---

❶　参见李建国："关于《中华人民共和国民法总则（草案）》的说明——2017 年 3 月 8 日在第十二届全国人民代表大会第五次会议上"，《民法总则立法背景与观点全集》编写组编，《民法总则立法背景与观点全集》，法律出版社 2017 年版，第 3 页。

❷　参见曹险峰："论一般人格权的立法模式：以德国与瑞士立法例之对比考察为中心"，《当代法学》2006 年第 3 期，第 142 页。

❸　参见王泽鉴：《人格权法：法释义学、比较法、案例研究》，北京大学出版社 2013 年版，第 97 页。

一般人格权规则；❶ 法国的法律实践及学说理论也越来越多地将《法国民法典》中关于损害的一般规定即第 1382 条看作是人身权和人格利益法律保护的重要渊源，一般人格权理论的形成以及在实践领域的普遍适用就是建立在第 1382 条的基础之上，❷ 该条已经成为人格权进入民事法律体系的一个通道。❸

整体以观，无论是瑞士、中国台湾地区选择的将一般人格权条款予以独立规定的立法模式，还是德国、法国通过侵权法上的一般侵权条款来为人格权的充分保护提供通道的实践选择，实际上都是因应社会变迁以及层出不穷的侵害方式，扩大人格权的保护范围而发展形成的，❹ 都有其存在的合理性基础。中国当前民事法律体系中的一般人格权保护规则，也主要是从这两个方面来展开。我国民法典人格权编的一般人格权条款的模式选择需要重视其中的有益经验。

（一）　一般侵权条款模式

在我国现行法律体系当中，不在制定法中明确承认一般人格权条款，而是通过侵权法上的一般侵权条款涵摄那些未被制定法明确承认的人格利益，是《民法通则》和《中华人民共和国侵权责任法》（以下简称《侵权责任法》)❺ 所坚持的立场。其中，《民法通则》第 106 条第 2 款规定："公民、法人由于过错侵害国家的、集体的财产，侵害他人财产、人身的应当承担民事责任。"该条在中国学理上被认为是类似于《法国民法典》第 1382 条的大的一般侵权条款，既可以涵摄未被制定法明确规定的但具有绝对权属性的人格利益，也可以涵摄那些并不具有绝对权属性的纯粹经济

---

❶　Vgl. Helmut Köhler, BGB Allgemeiner Teil, 32. Aufl., C. H. Beck, 2007, S. 256.

❷　参见张民安：《现代法国侵权责任制度研究》，法律出版社 2007 年版，第 58—59 页。

❸　参见［法］加兰－卡瓦尔："法国法律中的非金钱损失"，［英］罗杰斯主编：《比较法视野下的非金钱损失赔偿》，许翠霞译，中国法制出版社 2012 年版，第 121 页。

❹　参见王泽鉴：《人格权法：法释义学、比较法、案例研究》，北京大学出版社 2013 年版，第 251 页。

❺　2009 年 12 月 26 日第十一届全国人民代表大会常务委员会第十二次会议通过。

利益。❶ 比较而言，虽然《侵权责任法》第 6 条第 1 款的文义表述与《民法通则》第 106 条第 2 款并无实质不同，但从体系解释的角度来看，由于该法第 2 条第 2 款对于应受侵权法保护的民事权益范围采取了"具体列举＋概括规定"的立法模式，其中列举的具体民事权利无一例外都是绝对权性质的，因此学理上认为该条是类似于《德国民法典》第 823 条第 1 款的小的一般侵权条款，在解释论上仅可将那些具有绝对权属性的民事权益涵摄进来，对不具有绝对权属性的纯粹经济利益则不能经由该条而获得保护。❷当然，由于人格权具有绝对权属性，❸ 因此无论其是作为典型权利类型而被明确规定在制定法中，还是因内涵外延并不清晰而未被制定法明确规定，作为小的一般侵权条款的《侵权责任法》第 6 条第 1 款结合该法第 2 条与作为大的一般侵权条款的《民法通则》第 106 条第 2 款都可以纳入涵摄范畴。

从司法实践中人格利益的保护现状来看，由于一般侵权条款具有较强的涵摄能力，因而对于那些随着社会发展而逐渐发展出来但尚未被制定法明确承认的人格利益来说，在满足这些侵权条款规定的涵摄要件时，即能够获得侵权法的保护。例如，在贞操权纠纷案中，对于隐瞒已婚事实与他人恋爱同居并使对方怀孕的，受害人在终止妊娠后以贞操被侵犯为由提起侵权损害赔偿之诉，获得了法院的支持。审理法院认为，"贞操是指男女性纯洁的良好品行，其主要表现为性的不可侵犯性，以使民事主体保持自己性的纯洁性。而贞操权作为一种独立的以人的性自由、性安全、性纯洁

---

❶ 我国学说理论上赞同《民法通则》第 106 条第 2 款所保护的权益性质不限于绝对权性质的论述，详见王利明："侵权责任法一般条款的保护范围"，《法学家》2009 年第 3 期，第 19 页；葛云松："纯粹经济损失的赔偿与一般侵权行为条款"，《中外法学》2009 年第 5 期，第 689 页；张新宝：《侵权责任法》，中国人民大学出版社 2010 年版，第 5 页。反对观点的论述，主要参见张谷："作为救济法的侵权法也是自由保障法"，《暨南学报（哲学社会科学版）》2009 年第 2 期，第 12 页。

❷ 参见朱庆育：《民法总论》，北京大学出版社 2013 年版，第 499 页；朱晓峰："论《侵权责任法》第 2 条的保护范围"，《民商法论丛》2017 年第 63 卷，第 265—267 页。反对观点主要参见梁慧星："中国侵权责任法解说"，《北方法学》2011 年第 1 期，第 5 页；王利明："侵权责任法一般条款的保护范围"，《法学家》2009 年第 3 期，第 19 页；刘士国："侵权责任法第二条规定之解析"，《暨南学报（哲学社会科学版）》2010 年第 3 期，第 16 页。

❸ 参见韩强："人格权确认与构造的法律依据"，《中国法学》2015 年第 3 期，第 138 页。

为特定内容的人格权，应当由法律予以保护"，在该权利受到侵犯时，可以依据一般侵权条款确定行为人应承担的责任。❶ 同样地，在祭奠权纠纷案中，对于同样不为制定法明确承认的祭奠权，审理法院亦认为，"祭奠权是近亲属对于死者进行祭祀的权利。自然人去世后，其亲属参加死者殡葬仪式属于我国传统习俗，也是亲属表达哀思、怀念的方式。近亲属之间应互相尊重对祭奠权的行使"，因个人不当行为侵犯他人祭奠权利，并对其情感造成伤害的，可依据一般侵权条款支持当事人的精神损害赔偿请求权。❷ 事实上，现实生活中出现的各种新型人格利益如被遗忘权❸、个人信息权❹、性自主权❺等，实际上都可以通过一般侵权条款而纳入法律评价的范畴。问题是，以一般侵权条款涵摄人格利益，只有当这些人格利益被侵犯了且满足相应的侵权责任成立要件时才能获得法律保护，对于具有绝对权属性的人格利益在法律上的充分实现而言，这可能并不充分。尤其是在这些人格利益有被侵害之虞或者虽然符合侵权责任成立要件但需要通过利益权衡规则才能决定是否予以保护的情形下，这种不足更为明显。❻

（二）人格利益保护一般条款模式

通过独立的一般人格权条款保护未被制定法明确规定的人格利益的法律实践，首先出现在《精神损害赔偿司法解释》当中。实务中有观点认为，《精神损害赔偿司法解释》第 1 条第 1 款第 3 项的"人格尊严权"为一般人格权条款，其以一般人格权的宪法渊源即《宪法》第 38 条为基础，

---

❶　参见上海市浦东新区人民法院（2014）浦民一（民）初字第 11151 号民事判决书；北京市朝阳区人民法院（2014）朝民初字第 05255 号民事判决书。

❷　参见北京市朝阳区人民法院（2016）京 0105 民初 58339 号民事判决书；北京市第三中级人民法院（2017）京 03 民终 7025 号民事裁定书。

❸　参见北京市海淀区人民法院（2015）海民初字第 17417 号民事判决书；北京市第一中级人民法院（2015）一中民终字第 09558 号民事判决书。

❹　参见河南省鲁山县人民法院（2017）豫 0423 民初 3728 号民事判决书；北京市第一中级人民法院（2017）京 01 民终 509 号民事判决书。

❺　参见上海市卢湾区人民法院（2000）卢民初字第 2525 号民事判决书。

❻　参见王利明："民法典人格权编草案的亮点及完善"，《中国法律评论》2019 年第 1 期，第 96 页；王利明："论人格权请求权与侵权损害赔偿请求权的分离"，《中国法学》2019 年第 1 期，第 225 页；崔建远："绝对权请求权抑或侵权责任方式"，《法学》2002 年第 11 期，第 40 页。

将宪法上的人格尊严扩展到民事活动的普遍适用范围当中。在具体的法律适用中，作为一般人格权的人格尊严权具有补充具体人格权立法不足的功能。亦即言，在具体的法律事实涵摄中，应优先适用具体人格权的规定，而将人格尊严权作为补充条款。❶ 学理上的观点则认为，《精神损害赔偿司法解释》第 1 条第 1 款第 3 项的 "人格尊严权" 作为一般人格权条款并不适当，因为将作为一般人格权的人格尊严权与其他具体的人格权利类型并列规定，在内在的逻辑构成上存在明显缺陷，不符合既有法律体系关于形式逻辑体系内在统一性的要求。尤为重要的是，将一般人格权规则的价值基础唯一性限定为人格尊严，将会使一般规则向复杂多变的社会生活开放的广阔涵摄能力大打折扣，与最高人民法院创制一般人格权的初衷相悖。❷ 正如有学者已正确指出的那样，《精神损害赔偿司法解释》第 1 条第 1 款所坚持的人格权的保护策略即特别人格权结合一般人格权的结构，在规范性上不如特别人格权结合人格权保护一般条款的形式，人格权立法应采纳后一种形式，即在规定具体人格权的同时，通过人格权保护的一般条款保护尚未类型化的人格利益，以发挥兜底条款的功能，从而保持人格权的开放性。❸ 所以，在解释论上应当将《精神损害赔偿司法解释》7 号第 1 条第 1 款理解为对于具体人格权的规定，将第 1 条第 2 款中的 "其他人格利益" 条款理解为人格权保护的一般条款即一般人格权条款。因为 "其他人格利益" 条款无论是在具体规则设计上，还是体系构造和向社会生活的开放程度上，都更能担当一般人格权之大任。❹

事实上，将《精神损害赔偿司法解释》第 1 条第 1 款与第 2 款之间的规范关系做此理解，不仅符合域外法上的经验，更被中国司法实践中的多

---

❶ 参见唐德华：《最高人民法院〈关于确定民事侵权精神损害赔偿责任若干问题的解释〉的理解与适用》，人民法院出版社 2015 年版，第 27 页。

❷ 参见程啸：《侵权责任法》，法律出版社 2015 年版，第 176 页。

❸ 参见冉克平："一般人格权理论的反思与我国人格权立法"，《法学》2009 年第 8 期，第 133 页。

❹ 参见朱晓峰："作为一般人格权的人格尊严权"，《清华法学》2014 年第 1 期，第 69 页。

数法院所认同，如中国台湾地区"民法"第 195 条第 1 项亦采用此结构。❶
司法实务中相关判决书对此的典型表述是："一般人格权是民事主体所享
有的，包括人格平等、人格独立、人格自由和人格尊严等内容的一般人格
利益，用以解释和补充具体人格权之不足。"❷ 中国嗣后立法实践中关于一
般人格权条款的模式选择，实际上亦遵循了这一立场。作为中国民法典总
则编的《民法总则》第 109 条规定："自然人的人身自由、人格尊严受法
律保护。"学理上普遍认为：从体系解释的角度出发，该条应该被理解为
一般人格权条款，第 110 条列举规定重要的具体人格权，在具体适用时，
能够纳入具体人格权范畴的适用第 110 条，其他的人格利益则交由具有高
度抽象概括性的第 109 条处理。❸ 亦即言，作为一般人格权条款的第 109
条可以作为人格权保护的兜底条款使用，为未来新型人格权益的保护提供
法律依据。❹ 这样，围绕第 109 条和第 110 条，《民法总则》构建出了"人
格利益保护一般条款 + 具体人格权"的模式。相比较而言，该种模式是较
为妥适的立法选择。❺

（三）小结

作为一般人格权条款的征求意见稿第 7 条、草案一审稿与草案二审稿
的第 774 条第 2 款，在模式选择上，都坚持了发轫于《精神损害赔偿司法
解释》第 1 条第 1 款与第 2 款并由《民法总则》第 109 条和第 110 条等加
以确认的"人格利益保护一般条款 + 具体人格权"模式，值得肯定。问题

---

❶　在中国裁判文书网上检索生效的裁判文书可以发现，法院对于未被制定法明确承认的人
格利益的涵摄主要是通过"其他人格利益"条款而非"人格尊严权"条款完成。相关判决可参见
湖南省新田县人民法院（2011）新法民一初字第 356 号民事判决书；安徽省濉溪县人民法院
（2017）皖 0621 民初 1668 号民事判决书；山东省德州市中级人民法院（2017）鲁 14 民终 1420 号
民事判决书；安徽省淮北市中级人民法院（2018）皖 06 民终 54 号民事判决书。
❷　参见上海市第一中级人民法院（2014）沪一中民一（民）终字第 2315 号民事判决书。
❸　参见梁慧星："民法典编纂中的重大争论：兼评全国人大常委会法工委两个民法典人格权
编草案"，《甘肃政法学院学报》2018 年第 3 期，第 10 页；张新宝：《〈中华人民共和国民法总则〉
释义》，中国人民大学出版社 2017 年版，第 215 页。
❹　参见王利明："关于制定民法总则的几点思考"，《法学家》2016 年第 5 期，第 6 页。
❺　参见叶金强："《民法总则》'民事权利章'的得与失"，《中外法学》2017 年第 3 期，第
648 页。

是，在现行民事法律体系下，无论是通过一般侵权条款保护一般人格权，还是通过"人格利益保护一般条款＋具体人格权规则"保护一般人格权，都是在没有单独的人格权立法的背景下展开。由于未来民法典中人格权独立成编已成定局，❶ 对人格权编来讲，除应当继续维持征求意见稿第7条以及草案一审稿、草案二审稿的第774条第2款等所选择的"人格利益保护一般条款＋具体人格权"模式外，尚需进一步斟酌一般人格权条款的具体构造，以解决与中国民法典体系内其他规则尤其是《民法总则》第109条以及侵权责任编中的一般侵权条款之间的紧张关系，保证法典外部体系的协调一致。

三、民法典一般人格权条款的内部构造

在民法典人格权编的起草过程中，对于草案的批评意见不绝如缕。其中与一般人格权条款的具体表达密切相关的主要有二：一是草案与《民法总则》第109条、第110条重复；二是草案大部分条文在具体构造上属于不完全法条，会导致实践中的双重适用问题。❷ 依此标准来检讨征求意见稿和草案一审稿，可以发现其中作为一般人格权条款的征求意见稿第7条和草案一审稿、草案二审稿的第774条第2款，在具体的内部构造上确实存在着较大的问题。对此，应在慎重考虑如下问题的基础上来完善人格权编草案中一般人格权条款的具体表述。

第一，人格权编的一般人格权条款与《民法总则》中作为一般人格权条款的第109条的规范关系如何处理，以避免条文重复的问题。

第二，人格权编的一般人格权条款如何解决不完全法条的问题，以避免实践中与侵权责任编相应规则的双重适用陷阱。

---

❶ 参见王利明："论人格权请求权与侵权损害赔偿请求权的分离"，《中国法学》2019年第1期，第225页。

❷ 参见梁慧星："民法典编纂中的重大争论：兼评全国人大常委会法工委两个民法典人格权编草案"，《甘肃政法学院学报》2018年第3期，第14页、第17页；孙宪忠："关于《人格权编（草案）（2017年11月15日法工委民法室室内稿）》的评审意见之一"，北大法律信息网，链接：http：//article. chinalawinfo. com/ArticleFullText. aspx？ ArticleId＝103017，最后访问日期：2019年1月31日。

（一）与《民法总则》一般人格权条款的规范关系

在人格权保护的立法模式上都选择了"人格利益保护一般条款＋具体人格权"模式的《民法总则》与征求意见稿、草案一审稿和草案二审稿，相应的一般人格权条款的具体表达，存在着如下不同点。

第一，就一般人格权条款与具体人格权的体系安排而言，《民法总则》第109条位于第五章"民事权利"之首，具有提纲挈领的功能，既是一般人格权条款，又是自然人所有人身权益的价值基础；草案一审稿、草案二审稿的第774条第2款与征求意见稿第7条都位于具体人格权之后，不同的是，草案一审稿、草案二审稿的第774条第1款是具体人格权的一般性规定，其与规定一般人格权的第2款共同构成该编保护的人格权的一般条款，既有提纲挈领的功能，又可以作为具体人格权的兜底性条款；而征求意见稿第7条则位于具体人格权条款之后，主要是作为兜底性条款而存在。

第二，就一般人格权条款的基础概念的使用而言，无论是《民法总则》第109条，还是草案一审稿、草案二审稿的第7条和草案一审稿、草案二审稿第774条第2款，都没有直接使用"一般人格权"的表述。之所以如此的核心考虑在于：一般人格权并非权利，而是"一束受保护的地位"[1]、一个具有秩序功能的上位概念，[2] 或者提供一个供裁判者在相对确定的框架内进行利益衡量的权利框架或框架性权利，[3] 在制定法中直接规定"一般人格权"概念并不适当。[4] 存在显著不同的是，《民法总则》第109条直接规定了"人身自由、人格尊严"受法律保护，这实际上是对一般人格权条款的价值基础的宣示，并没有直接表明何谓一般人格权。与此不同，征求意见稿第7条用"其他人格权益"作为一般人格权的制定法概念，区别于被该编明确列举出来的"人格权益"；草案一审稿、草案二审

---

[1] Vgl. Josef Esser, Schuldrecht, Bersonderer Teil, 3. Aufl., C. F. Müller, 1969, S. 401.

[2] Vgl. Karl Larenz, Lehrbuch des Schuldrecht, Bersonderer Teil, C. H. Beck, 1956, S. 336.

[3] Vgl. Dieter Medicus, Stephan Lorenz, Schuldrecht Ⅱ: Besonderer Teil, C. H. Beck, 2010, S. 452.

[4] 参见马俊驹、王恒："未来我国民法典不宜采用'一般人格权'概念"，《河北法学》2012年第8期，第24页。

稿在沿用"其他人格权益"的基础上，用"人格权"取代了"人格权益"，作为与"其他人格权益"相对的概念。

第三，就宣示出来的一般人格权的价值基础而言，三项一般人格权条款皆将一般人格权的价值基础明确宣示了出来。存在显著差异的是，《民法总则》第 109 条和草案一审稿、草案二审稿第 774 条第 2 款将一般人格权的价值基础宣示为"人身自由、人格尊严"，而征求意见稿第 7 条则把一般人格权的价值基础仅限定为"人格尊严"。另外值得注意的是，《民法总则》第 109 条规定的"人身自由、人格尊严"被认为是对《精神损害赔偿司法解释》第 1 条第 1 款第 3 项"人身自由权、人格尊严权"的继承，"人身自由"包括身体自由和意志自由，也是人之为人的一般人格利益。❶基于此，《民法总则》在规定一般人格权的第 109 条宣示了人身自由后，在列举具体人格权的第 110 条即没有再规定人身自由。与此不同，征求意见稿第 7 条和草案一审稿、草案二审稿第 774 条第 2 款都将"人身自由"作为具体人格权加以规定，❷区别在于，前者仅将"人身自由"作为一种具体的人格权对待，而后者既将"人身自由"作为一般人格权的价值基础予以宣示，又将之作为具体人格权对待。

整体以观，由于《民法总则》第 109 条是作为民法典所保护的自然人所有人身权益的价值基础或一般法律思想来源，因此在体系安排上将之置于民事权利章之首以提纲挈领，并且在具体表达上不明确规定一般人格权

---

❶ 参见唐德华：《最高人民法院〈关于确定民事侵权精神损害赔偿责任若干问题的解释〉的理解与适用》，人民法院出版社 2015 年版，第 26 页。对此，学说理论上存在不同观点。有观点认为，将"人格尊严"作为母权利或者渊源性权利并无疑义。但将"人身自由"同样做此理解，则存在困难。具体讨论参见张新宝：《〈中华人民共和国民法总则〉释义》，中国人民大学出版社 2017 年版，第 215 页。

❷ 征求意见稿第 21 条："自然人的人身自由不受侵犯。任何组织和个人以非法拘禁等方式剥夺、限制他人的行动自由，或者非法搜查他人身体的，受害人可以依法请求行为人承担民事责任。"草案一审稿第 791 条将第 21 条的"任何组织和个人"修改为"任何组织或者个人"，其他表述未作调整。草案二审稿在草案一审稿的基础上，将第 791 条修改为："任何组织或者个人以非法拘禁等方式剥夺、限制他人的行动自由，或者非法搜查他人身体的，受害人有权依法请求行为人承担民事责任。"对此的学理批评参见杨立新、李怡雯："人格自由与人身自由的区别及其价值"，《财经法学》2019 年第 4 期。

的基础概念以使该条保持开放性，在解释论上并无不妥。❶ 以此为前提进行解释，征求意见稿第 7 条主要是作为该编明确列举的具体人格权的兜底条款，在体系性考虑上并不周延。鉴于此，草案一审稿、草案二审稿第 774 条对征求意见稿第 7 条做了较大修改。具体而言，草案一审稿、草案二审稿第 744 条在结构上包括作为具体人格权之一般规定的第 1 款和作为一般人格权条款的第 2 款，在体系上更具科学性：一方面，该条在人格权编内部可以被理解为是人格权益的一般条款，具有统摄全编的功能；另一方面，在外部体系即民法典各编尤其与总则编的关系中，该条可被理解为是对《民法总则》第 109 条宣示的价值基础或一般法律思想的外显，贯彻了民法典内在体系和外在体系融贯的应有之意。❷

　　相比较而言，一般人格权条款中的基础概念究竟是以"其他人格利益"还是"其他人格权益"来表述本身并不重要，重要的是相应概念是否与民法典体系内的其他基础概念相互协调。从人格权编草案内部所使用的基础概念之间的相互关系来看，征求意见稿当中除了使用"人格利益"概念之外，还存在大量使用"人格权益""人格权"的情形，这些概念彼此之间的规范关系较为混乱；与之相比，草案一审稿、草案二审稿统一以"人格权"指称该编明确规定的人格权类型，对于未被明确规定的，则统一使用"人格权益"指称，在概念体系上更为严谨。并且，在外部体系处理上，尤其是在和《民法总则》第五章"民事权利"章所使用的相关概念的规范关系处理上，草案一审稿、草案二审稿的规定显得更为妥适。

　　存在激烈争议的是，作为一般人格权之价值基础的人格尊严、人格自由是否需要明确宣示出来？若要宣示，在《民法总则》已予宣示的情况下，人格权编的一般人格权条款还有无必要再进行宣示？

　　对于第一个问题，学理上有观点业已正确指出，民法典编纂的科学性要求民事法律规范应是行为规范或裁判规范，而不是单纯的政治口号或一

---

❶　参见叶金强："《民法总则》'民事权利章'的得与失"，《中外法学》2017 年第 3 期，第 648 页。

❷　参见方新军："内在体系外显与民法典体系融贯性的实现：对《民法总则》基本原则规定的评论"，《中外法学》2017 年第 3 期，第 567 页。

般原则的宣示。❶ 鉴于此，除不可或缺的一般条款或关于不确定概念的规定外，民法典应尽量避免不具备规范要素的宣示条款。❷ 一般原则的不成文化，本质上是因其内含的价值基础或一般法律思想是不言自明的，❸ 它们存在于具体的法律规范之中并通过这些规范发挥作用。❹ 显然，将人格尊严等一般人格权的价值基础予以宣示有悖于法典编纂的科学性要求。另外，由于一般人格权条款的主要功能是填补具体人格权规则的立法漏洞，而这必然要求一般人格权条款应当具有广阔的涵摄能力来满足复杂多变的社会生活的需要。将一般人格权的价值基础予以限定的做法，恰恰会严重削弱一般人格权的涵摄能力，无益于制定法上漏洞的填补和现实生活中具体人之人格利益的充分保护。

当然，考虑到《民法总则》第 109 条已经明确宣示了一般人格权的价值基础的既成事实，❺ 再讨论其正当性问题几无实益。因此即来到第二个问题。由于《民法总则》中已经宣告了人身自由、人格尊严，部分学者所倡导的在民法典中确立宣告性规则的目的事实上业已实现。❻ 在此背景下，在人格权编中再规定作为价值基础的人格尊严等，显然会导致内容重复，与立法者强调的科学立法的精神不符。❼ 而人格权编中的一般人格权条款删除关于人格尊严等价值基础的重复表述，却可以理顺《民法总则》第 109 条与人格权编一般人格权条款亦即征求意见稿第 7 条或草案一审稿、

---

❶ 参见孙宪忠："十九大科学立法要求与中国民法典编纂"，《北京航空航天大学学报（社会科学版）》2018 年第 1 期，第 6 页。

❷ 参见朱广新："民法典编纂——民事部门法典的统一再法典化"，《比较法研究》2018 年第 6 期，第 183 页。

❸ 参见［德］施密特："法典化理念的未来——现行法典下的司法、法学和立法"，温大军译，《北航法律评论》2012 年第 1 辑，法律出版社 2012 年版，第 57—58 页。

❹ 参见叶金强："《民法总则》'民事权利章'的得与失"，《中外法学》2017 年第 3 期，第647 页。

❺ 参见李永军："民法总则民事权利章评述"，《法学家》2016 年第 5 期，第 61 页。

❻ 参见孙宪忠："十九大科学立法要求与中国民法典编纂"，《北京航空航天大学学报（社会科学版）》2018 年第 1 期，第 6 页；杨立新："人身自由与人格尊严：从公权利到私权利的转变"，《现代法学》2018 年第 3 期，第 3 页。

❼ 参见李建国："关于《中华人民共和国民法总则（草案）》的说明——2017 年 3 月 8 日在第十二届全国人民代表大会第五次会议上"，《民法总则立法背景与观点全集》编写组编，《民法总则立法背景与观点全集》，法律出版社 2017 年版，第 6 页。

草案二审稿第 774 条第 2 款的规范关系。具体而言，在解释论上可将《民法总则》第 109 条作为人格权编一般人格权条款的核心价值基础或一般法律思想渊源，由于《民法总则》第 109 条是宣告性的，因此其并不必然排除自然人基于其他价值基础或一般法律思想而享有的人格利益，❶ 由此可以将草案中封闭在人格尊严等范畴内的一般人格权规则解放出来，使其重新具备向社会开放的广阔涵摄能力。最后，删除人格权编一般人格权条款中关于价值基础的表述，还可以解决人格权编内部人身自由既作为价值基础，又作为具体人格权的矛盾，使人格权条款彼此之间的构造更合理、科学。

（二） 与侵权责任编一般侵权条款的规范关系

关于一般人格权条款与一般侵权条款的关系，学理上有观点认为，若既存民事法律体系中的侵权法采取大的一般侵权条款模式，那么对于人格利益的保护来讲就不存在通过一般人格权条款兜底保护的必要。❷ 对于中国当前的民事立法实践来讲，该观点并非没有道理。如前所述，中国学理上普遍认为一般人格权所涵摄的人格利益均具有绝对权属性，并且相应的法律实践亦未如德国法律实践一样，将中国民法典第 823 条第 1 款明确列举的侵权法保护对象区分为法益（生命、身体、健康、自由）和主观权利（所有权、其他权利），❸ 而是未加区分的适用统一的侵权法规则予以涵摄处理，这就使人格利益的保护获得了完全的开放结构。无论是大的一般侵权条款即《民法通则》第 106 条第 2 款，还是小的一般侵权条款即《侵权责任法》第 6 条第 1 款结合第 2 条，都可以涵摄未被制定法明确列举规定的人格利益，因为前者使用的"人身"概念和后者使用的"民事权益"概念，在解释上均可以将各类型的人格权益涵摄进来。❹

---

❶ 参见朱晓峰："孝道理念与民法典编纂"，《法律科学》2019 年第 1 期，第 82 页。

❷ 参见薛军："揭开一般人格权的面纱"，《比较法研究》2008 年第 5 期，第 35 页。

❸ 参见于飞："'法益'概念再辨析"，《政法论坛》2012 年第 4 期，第 141 页。

❹ 参见梁慧星："民法典编纂中的重大争论：兼评全国人大常委会法工委两个民法典人格权编草案"，《甘肃政法学院学报》2018 年第 3 期，第 10 页。

立法者关于法典编纂的基本立场和具体采取的行动表明，若无意外，当前法律实践对一般侵权条款的此种立场会在民法典中延续。原因如下：一方面，立法者明确表示民法典编纂"并不是制定一部全新的法律，只是把现行的民事法律的规范进行科学整理"●；另一方面，就已经公布的关于侵权责任编的三部草案即征求意见稿、草案一审稿和草案二审稿中的一般侵权条款所选择的立法模式来看，征求意见稿第 2 条第 1 款结合第 1 条选择了《侵权责任法》第 6 条第 1 款结合第 2 条的模式，而草案一审稿和草案二审稿第 944 条第 1 款结合第 943 条选择了《民法通则》第 106 条第 2 款的模式。❷ 在这两种模式之下，确实再无必要规定具有兜底功能的一般人格权条款了。

但问题是，《民法总则》专章宣示民事权利的法律实践以及民法典中人格权独立成编的立法规划，改变了现行法通过开放的一般侵权条款为人格利益的充分涵摄提供请求权基础的做法。具体而言，因为《民法总则》第 109 条属于人格权的权利立法范畴，其将具体人格权保护范围外的其他人格利益纳入法律的关注范围，使之成为《侵权责任法》第 6 条第 1 款结合第 2 条所保护的"民事权益"的应有之义，实现了权利立法与侵权法的妥善结合。亦即言，《民法总则》坚持的权利立法模式，即在人格权法内部构造上选择以"人格利益保护一般条款（第 109 条）＋具体人格权（第 110 条、第 111 条）"的模式，为具体人格权之外的随着社会发展产生的其他人格利益提供了开放的空间，然后再将之置于一般侵权条款的保护之下，结构清晰，逻辑上也更为顺畅。❸ 在此背景下，再在人格权编规定一般人格权条款，势必要重塑此种业已形成的人格权规则与侵权规则的

---

❶ 参见朱晓峰："动物侵权责任主体概念论"，《法学评论》2018 年第 5 期，第 95 页。

❷ 征求意见稿第 2 条第 1 款："行为人因过错损害他人民事权益，应当承担侵权责任。"征求意见稿第 1 条："侵害人格权、身份权、物权、知识产权、股权、继承权等人身、财产权益的，应当依照本法和其他法律的规定承担侵权责任。"草案一审稿第 944 条第 1 款："行为人因过错损害他人民事权益，应当承担侵权责任。"草案一审稿第 943 条："本编调整侵害民事权益产生的民事法律关系。"草案二审稿第 944 条第 1 款："行为人因过错侵害他人民事权益造成损害的，应当承担侵权责任。"草案二审稿第 943 条："本编调整因侵害民事权益产生的民事法律关系。"

❸ 参见叶金强："《民法总则》'民事权利章'的得与失"，《中外法学》2017 年第 3 期，第 650 页。

关系。

由于一般人格权条款涵摄的对象是具有绝对权属性的其他人格利益，在性质上属于典型的防御性民事权益类型。法律规定一般人格权条款的主要目的是防御不法侵害、追究加害人责任，因为人格权益始于出生，终于死亡，不发生占有、使用、收益、处分即权利行使的问题。❶ 鉴于此，在人格权独立成编的背景下，应主要从制定法明确规定人格权条款的立法目的出发，来构造一般人格权条款与一般侵权条款的关系。具体而言，可以从防御不法侵害和责任追究两个方面来规范二者的关系：人格权编的一般人格权条款与其他具体人格权条款应强调绝对权请求权功能，着力于防御不法侵害之发生；侵权责任编的一般侵权条款及其他具体规则应突出损害赔偿功能，着力于损害发生后的责任追究。❷ 和物权请求权一样，人格权请求权作为独立的请求权，主要包括排除妨害请求权、停止妨害请求权、消除危险请求权和损害赔偿请求权。❸ 其中，前三项请求权作为绝对权请求权，主要功能在于预防和保全，后者作为债权请求权的主要功能在于恢复原状。绝对权请求权的成立不以过错为要件，而债权请求权以过错为要件。❹ 以此为基础，人格权编的一般人格权条款可以借鉴《瑞士民法典》第 28 条第 1 款的具体表述方式，将一般人格权条款与人格权请求权中的以预防和保全为目的的部分规定在人格权编，而将债权请求权部分交由侵权责任编的一般侵权条款结合其他具体规定处理。

从征求意见稿第 7 条，以及草案一审稿、草案二审稿第 774 条第 2 款的具体表述来看，它们并不像瑞士法中的一般人格权条款一样属于完全法条，而是典型的不完全条款，需要结合其他法条才可以作为完整的请求权基础。对此，征求意见稿第 8 条第 1 款和草案一审稿第 778 条第 1 款都做了针对性的安排。其中，征求意见稿第 8 条第 1 款规定："侵害他人人格

---

❶　参见梁慧星："民法典编纂中的重大争论：兼评全国人大常委会法工委两个民法典人格权编草案"，《甘肃政法学院学报》2018 年第 3 期，第 10 页。

❷　参见张新宝："侵权责任编起草的主要问题探讨"，《中国法律评论》2019 年第 1 期，第 133 页。

❸　参见杨立新、袁雪石："论人格权请求权"，《法学研究》2003 年第 6 期，第 57 页。

❹　参见崔建远："绝对权请求权抑或侵权责任方式"，《法学》2002 年第 11 期，第 40 页。

权益的，应当依照本法和其他法律规定承担停止侵害、排除妨碍、消除危险、赔偿损失、消除影响、恢复名誉、赔礼道歉等民事责任。"草案一审稿第778条第1款规定："侵害主体人格权的，应当依照本法和其他法律规定承担停止侵害、排除妨碍、消除危险、赔偿损失、消除影响、恢复名誉、赔礼道歉等民事责任。"可以发现，这两条规定都没有严格区分人格权请求权内部的绝对权请求权和债权请求权，这种体例安排既与《民法总则》第179条关于民事责任的系统规定相重复，亦与侵权责任编草案一审稿、草案二审稿第946条没有明显辨识度，并不妥适。对此，应当删除草案一审稿于此规定的债权请求权部分即"赔偿损失、消除影响、恢复名誉、赔礼道歉"等民事责任，将之交由侵权责任编处理，在人格权编当中仅保留"停止侵害、排除妨碍、消除危险"等绝对权请求权类型。由此，人格权编的一般人格权条款与侵权责任编的一般侵权条款之间的规范关系在解释论上即可理顺。基于此种考虑，草案二审稿第778条规定："人格权受到侵害的，受害人有权依照本法和其他法律的规定请求行为人承担民事责任。依照前款规定提出停止侵害、排除妨碍、消除危险、消除影响、恢复名誉请求权的，不适用诉讼时效的规定。"

（三）小结

整体来看，民法典一般人格权条款的内部构造应着力解决民法典体系内各编的具体规则彼此之间的规范关系。就此而言，应围绕《民法总则》第109条所宣示的、法典内在体系应一以贯之的人格尊严、人格自由等价值基础或一般法律思想，以草案一审稿第774条第2款为基础完善一般人格权条款的表述，具体包括删除该条与《民法总则》第109条重复的部分，并将之与人格权请求权中的绝对权请求权的关系明确化，从而理顺作为人格权请求权基础的一般人格权条款与宣示人格权益之价值基础的一般人格权条款、一般侵权条款的规范关系，使民法典体系内的各规则之间的规范关系更为科学协调。

四、民法典一般人格权条款的外部关系

广义的民法典一般人格权条款的具体表述不仅涉及民法典体系内部的法律原则、规则和概念的规范处理，还涉及整个法秩序或法律体系内部的各部门法之间的规范关系处理问题。而在中国现行法律体系中，一般人格权条款不仅存在于民事法律体系中，还存在于宪法当中。学理上一般认为，《宪法》第 38 条的人格尊严条款即为宪法上的一般人格权条款。❶ 问题是，该条与前述民法上的一般人格权条款即《民法总则》第 109 条的规范关系是什么？民法典的一般人格权条款究竟应如何对待这种关系？对此，中国学理上的分歧很大。一种观点认为，人格权具有双重属性，既是民事权利又是宪法权利。民法上的人格权借助宪法上的基本权利概括条款升华为基本权利，从而具备对抗公权力的防御功能。宪法重申民事权利旨在宣告此种权利的神圣性，若要对之予以限制，则必须遵循法律保留原则与比例原则。❷ 而宪法人格权条款与民法人格权条款的这种互动关系，将实质性地促进人格权内容的丰富和发展。❸ 反对观点则认为，宪法上的人格尊严条款既不是一般人格权，亦不是基本权利，而是所有权利的价值基础。❹ 该价值基础为基本权利和民法权利所共有，其中前者针对国家，后者针对民事主体，两种权利平行共存，基本权利不对民事主体产生规范效力。基于此，一般人格权条款纯属私法范畴，相应的民法典的表达应立足于民法本身进行构建而不必受限于宪法规定。❺ 这两种立场孰是孰非，究竟应依何种标准进行判断呢？事实上，无论是宪法上的一般人格权条款，

---

❶　参见王锴："论宪法上的一般人格权及其对民法的影响"，《中国法学》2017 年第 3 期，第 108—109 页；林来梵："人的尊严与人格尊严：兼论中国宪法第 38 条的解释方案"，《浙江社会科学》2008 年第 3 期，第 47 页。

❷　参见黄忠："人格权法独立成编的体系效应之辨识"，《现代法学》2013 年第 1 期，第 49 页。

❸　参见张红："《民法典各分编（草案）》人格权编评析"，《法学评论》2019 年第 1 期，第 107 页。

❹　参见房绍坤、曹相见："论人格权一般条款的立法表达"，《江汉论坛》2018 年第 1 期，第 117 页。

❺　参见张平华、曹相见："人格权的'上天'与'下凡'"，《江淮论坛》2013 年第 2 期，第 95 页。

还是民法典中的一般人格权条款，在统一的法秩序或法律体系中，都应遵循法秩序内部体系和外部体系之间的规范关系来处理。构成法秩序外部体系的诸项概念、规则、原则应以内部体系内涵的一般法律思想或价值基础为指引，前者通过具体法律条款的构造彰显并践行后者内涵的价值基础，由此确保作为外在体系构成部分的抽象概念构筑起来的法律规则，彼此之间契合形式逻辑的要求且能经受得住价值评判而彼此无矛盾之虞，使法秩序形神合一、内外一致。在此意义上，宪法与民法上一般人格权条款彼此之间的关系应从作为二者之共同价值基础的人格尊严处着手进行理解。

（一）人格与人格尊严

不像《德国基本法》《法国民法典》使用"人的尊严"概念，也不像《日本民法典》一样使用"个人尊严"概念，更不像《瑞士民法典》一样使用"人格"概念，中国宪法上的一般人格权和民法上的一般人格权，在法律文本中的具体表述上无一例外地都选择了"人格尊严"概念。1982 年《宪法》第 38 条规定了"公民的人格尊严不受侵犯"。嗣后的民事一般法如《民法通则》《民法总则》以及民事特别法如《消费者权益保护法》《未成年人保护法》《妇女权益保障法》《残疾人保障法》等以宪法为根据，对人格权作了比较充分的规定。[1] 而从语法结构来看，于此的人格尊严概念是主谓结构，要理解作为被陈述对象的尊严，首先要解决作为陈述对象的人格的内涵。那么，现行法中的"人格"概念，究竟应作何解释呢？

在学说观念史上，人格（Persönlichkeit）与人格人（Person）、自然人（Mensch）既有区别又有联系。人格人概念来自拉丁语的 persona，原指古希腊剧场中表演使用的面具，后来引申为与社会地位、出身等相联系的社会生活中的角色。[2] 自然人并不天然就是人格人，要成为人格人必须享有

---

[1] 参见许崇德：《宪法》，中国人民大学出版社 2007 年版，第 222—223 页；梁慧星：《民法总论》，法律出版社 2017 年版，第 93 页；王利明："人格权法中的人格尊严价值及其实现"，《清华法学》2013 年第 5 期，第 5—19 页。

[2] 参见周枏：《罗马法原论》，商务印书馆 2002 年版，第 106 页。

自然权利和承担自然义务，这样人格人就通过权利能力（Rechtsfaehigkeit）与自然人联系上了。亦即言，人格人是具备权利能力的法律主体，具有权利能力的自然人才是法律上的人格人。❶ 与此不同，人格是康德基于自然人自由且道德地发展的本质而提出的，是对人格人概念进行革新的结果。康德放弃了原来功能化的人格人概念而将人格作为伦理学上的一个重要范畴。在康德看来，人格是指"具备理性能力的人超脱于自然整体的机械作用的自由与独立性，这种伦理属性使人成为一个尊贵的存在"。康德的伦理性人格概念被后来的德国学说汇纂学派采用，后者认为人格是自然人成为主体的属性，是一种能力或力量，即权利能力。于此的人格与权利能力重合，人格亦不再像人格人一样内含身份、地位等信息，而是一个承载着现代民法所内含的一般法律思想亦即任何自然人皆独立、平等与自由的价值符号。由此，人格、权利主体、权利能力获得了基本相同的内涵。❷ 中国有学者坚持的"人格与人格权相始终，须臾不可分离，人格不消灭，人格权不消灭"，因此人格权不应独立成编而宜规定在民法典总则编的主体制度中的观点，❸ 本质上就是坚持这种主体意义上的人格观念。

　　但如果全面考察学说观念史即可发现，将人格与客体联系起来进行理解的理论构造亦早已有之。这种客体意义上的人格概念可以追溯至注释学派的多勒鲁斯，其在对私权进行分类时提出了对自己的人身如生命、身体以及自由等的权利，这种权利与物权、债权相并列。19 世纪德国学者在此基础上进一步对以人格为客体的权利予以了充分论证。例如，施玛尔茨将私权的客体区分为人身与人身以外的东西，其中，以人身为客体的权利是自然权利，区别于以物为客体的物权和以某人的给付为客体的债权。普赫塔亦将人身纳入权利客体的范围，认为作为权利客体的人身包括权利主体之外的人身与包含于权利主体之中的人身，其以此为基础首次明确提出了

---

　　❶　参见王锴："论宪法上的一般人格权及其对民法的影响"，《中国法学》2017 年第 3 期，第 104 页。

　　❷　参见杨代雄："主体意义上的人格与客体意义上的人格——人格的双重内涵及我国民法典的保护模式选择"，《环球法律评论》2008 年第 4 期，第 56 页。

　　❸　参见梁慧星：《民法总论》，法律出版社 2017 年版，第 91 页。

人格权概念。基尔克在前人的基础上对主体意义上的人格与客体意义上的人格展开了充分论证。基尔克将人格的各具体构成部分如生命、身体等视为人格权的客体，使之区别于作为权利主体的抽象人格亦即权利能力。这样，主体对人格的某一部分进行支配的权利即人格权，属于私权体系；而作为权利主体的抽象人格则是一种受法律保护的要求被视为人格人的一种资格或能力。❶ 虽然这种客体意义上的人格概念并未改变当时《德国民法典》之父们构造相应规则时所持的基本立场，但其作为法律科学与理性化时代的产物，对于我们今天编纂一部高度体系化、科学化的民法典仍有积极意义。

在《民法总则》当中，主体意义上的人格即抽象人格或者权利能力被规定在民事主体制度部分，而客体意义上的人格即人格领域内的具体构成部分如生命、身体、健康、名誉等以及其他人格利益则规定在民事权利部分。《民法总则》于此所持的基本立场，实质上反映了民法典编纂中支持人格权独立成编的观点，即总则编以单一条文列举方式完成权利宣示，以分则编支持被宣示的各项权利，在体系构造上更为严谨。❷ 在此意义上，"人格尊严" 概念中作为陈述对象的 "人格"，应从人格概念的双重内涵上进行理解。一方面，受主体意义上的人格概念影响，于此的 "人格尊严" 是 "主体而非属受支配的客体所得要求的，他人对其应有符合人之所以为人的尊重与对待"，❸ 是现行法秩序中的一种抽象的一般法律思想；另一方面，受客体意义上的人格概念的影响，于此的 "人格尊严" 是 "主体受法律保护的人格利益的总和"，❹ 是主体基于人格领域各具体构成部分而享有的受法律保护的利益。

---

❶ 参见杨代雄："主体意义上的人格与客体意义上的人格——人格的双重内涵及我国民法典的保护模式选择"，《环球法律评论》2008 年第 4 期，第 57 页。

❷ 参见叶金强："《民法总则》'民事权利章'的得与失"，《中外法学》2017 年第 3 期，第 648 页。

❸ 参见王泽鉴：《人格权法：法释义学、比较法、案例研究》，北京大学出版社 2013 年版，第 43 页。

❹ 参见梁慧星：《民法总论》，法律出版社 2017 年版，第 99 页。

（二）宪法一般人格权条款与民法一般人格权条款的关系

法秩序的体系周延性要求，对于同一概念在不同法律规范中的使用，非有必要，不得出现相互抵牾的情形。亦即言，对于《宪法》第 38 条的"人格尊严"概念与《民法总则》第 109 条的"人格尊严"概念的内涵，原则上应作同一解释。由此导致的问题是，对于分别以该概念为核心所构造起来的宪法一般人格权条款与民法一般人格权条款的规范关系究竟应如何处理？

一般而言，宪法一般人格权条款确定的是宪法权利，国家构成义务主体，该条款的约束对象是包括立法者在内的所有国家机关，立法者不能通过法律保留原则和比例原则等来过度限制作为宪法权利的一般人格权。[1] 而民法一般人格权条款所确立的是应受法律保护的民事权益，其内容既受制于立法者，亦受制于裁判者，后者在具体案件的判决中可以运用利益权衡规则来确定纳入一般人格权条款涵摄范围的人格利益是否受法律保护。[2] 尤为重要的是，宪法一般人格权条款的涵摄范围要比民法一般人格权条款的涵摄范围狭窄，因为无论是《宪法》第 38 条在宪法规范体系中所处的位置、规范的具体表达方式，还是中国立宪修宪的历史，都表明作为宪法一般人格权条款之核心构成的人格尊严，并不构成中国宪法上的一项具有根本性的、贯穿整部宪法的价值，"人格尊严目前只是我国宪法上的一项重要的基本权利而非宪法原则"，并不能涵摄由特定基本权利所保护的人格权，如通信自由和通信秘密或者住宅的不受侵犯。[3] 而作为民法一般人格权条款之核心构成的人格尊严，却构成具体人格权的"母权利"或渊源

---

[1]　参见王锴："论宪法上的一般人格权及其对民法的影响"，《中国法学》2017 年第 3 期，第 117 页。

[2]　参见朱晓峰：《侵权可赔损害类型论》，法律出版社 2017 年版，第 605 页。

[3]　支持这一观点的论述参见于文豪：《基本权利》，江苏人民出版社 2016 年版，第 177 页；王锴："论宪法上的一般人格权及其对民法的影响"，《中国法学》2017 年第 3 期，第 117 页；谢立斌："中德比较宪法视野下的人格尊严：兼与林来梵教授商榷"，《政法论坛》2010 年第 4 期，第 53 页。但人格尊严条款双重规范意义说对此并不认同。相关论述参见林来梵："人的尊严与人格尊严：兼论中国宪法第 38 条的解释方案"，《浙江社会科学》2008 年第 3 期，第 47 页。

性权利，同时对具体人格权不能涵摄的其他人格利益起到补充和兜底作用，❶ 是贯穿整个民法体系的价值基础或一般法律思想。就此而言，宪法一般人格权条款和民法一般人格权条款因功能不同而实际上是各自独立发挥作用。

在《民法总则》确立了以人格尊严等为价值基础或一般法律思想的一般人格权条款之前，由于中国尚未实现宪法司法化，以人格尊严为核心构造出来的宪法一般人格权条款，事实上并无直接第三人效力。❷ 亦即言，"经由宪法规范表达的人格权，未经民法表达是难以受到民法保护的"❸。为解决这一问题，学理上有观点提出："基本权利规范虽不宜直接作为民事判决依据，但能透过公序良俗、一般人格权等概括条款间接作为民事判决的说理依据。"❹ 该观点着实值得赞同。事实上，本章第二部分所述的一般侵权条款如《民法通则》第 106 条第 2 款和《侵权责任法》第 6 条第 1 款结合第 2 条等，即为宪法上一般人格权条款内含的人格尊严等价值基础进入民法领域提供了通道。

而《民法总则》第 109 条则明确规定了人格尊严等价值基础并将之置于民事权利章的首要位置，作为贯穿民法体系的一般法律思想而存在，这就实现了权利性质的转化，将一般人格权由基本权利转化为民事权利。❺ 在此背景下，宪法一般人格权条款所内含的一般法律思想亦外显为民事权

---

❶　参见张新宝：《〈中华人民共和国民法总则〉释义》，中国人民大学出版社 2017 年版，第 215 页；梁慧星：《民法总论》，法律出版社 2017 年版，第 99 页；杨立新、崫艳："《中华人民共和国人格权法》建议稿及立法理由书"，《财经法学》2016 年第 6 期，第 39 页。

❷　我国司法实践上的相关讨论，参见冯健鹏："我国司法判决中的宪法援引及其功能"，《法学研究》2017 年第 3 期，第 44 页。国内外学说理论上的相关具体讨论，参见［德］卡纳里斯："基本权利与私法"，曾韬、曹昱晨译，《比较法研究》2015 年第 1 期，第 171 页；［日］高桥和之："'宪法上人权'的效力不及于私人间"，陈道英译，《财经法学》2018 年第 5 期，第 64 页；黄宇骁："论宪法基本权利对第三人无效力"，《清华法学》2018 年第 3 期，第 186 页；陈道英、秦前红："对宪法权利规范对第三人效力的再认识"，《河南省政法管理干部学院学报》2006 年第 2 期，第 49 页。

❸　参见邹海林："再论人格权的民法表达"，《比较法研究》2016 年第 4 期，第 6 页。

❹　参见张红："方法与目标：基本权利民法适用的两种考虑"，《现代法学》2010 年第 2 期，第 3 页。

❺　参见杨立新："人身自由与人格尊严：从公权利到私权利的转变"，《现代法学》2018 年第 3 期，第 3 页。

利尤其是全部人格权益的一般法律思想，其无需再通过民法上的一般条款如一般侵权条款、公序良俗等进入民事裁判领域。当然，对人格权编草案的一般人格权条款如草案一审稿、草案二审稿第 774 条第 2 款及征求意见稿第 7 条等而言，若删去与《民法总则》第 109 条重复的关于人格尊严等一般法律思想的表述，那么，若从体系解释的角度来看，具有高度开放性的一般人格权条款的价值基础或一般法律思想来源不应受限于《民法总则》第 109 条所明确的宣示，其应当向更广阔的领域开放。❶ 这意味着，宪法一般人格权条款所内含的一般法律思想虽无必要，但亦可通过人格权编的一般人格权条款进入民法领域，作为民事判决的说理依据。对此学理上认为，宪法重申民事权利可以进一步宣告此等民事权利的高贵性，相对于那些没有被宪法宣告为基本权利的权利类型而言，被宣告的权利应予更为绝对的保护。❷ 或者，在以人格权编的一般人格权条款为请求权基础的民事判决当中，引用宪法一般人格权条款进行论证的实践意义亦在于此。

（三）小结

由于法秩序外部体系协调性的要求，以内涵双重属性的人格作为陈述对象，以尊严作为被陈述对象的人格尊严概念，在宪法一般人格权条款和民法一般人格权条款中应作相同理解。在《民法总则》第 109 条将人格尊严作为整个民法体系尤其是民事权利的价值基础或一般法律思想加以规定之前，宪法一般人格权条款的核心构成即人格尊严可以通过民法上的一般条款进入民法领域，为民事主体之人格权益的充分保护提供正当性说明。当《民法总则》将人格尊严等一般法律思想作为贯穿民法体系的基本原则予以明确宣告之后，宪法一般人格权条款在民事判决的论证中更多的是作为一种充分条件而非必要条件。

---

❶ 参见朱晓峰："民法一般人格权的价值基础与表达方式"，《比较法研究》2019 年第 2 期，第 68 页。

❷ 参见黄忠："人格权法独立成编的体系效应之辨识"，《现代法学》2013 年第 1 期，第 49 页。

五、本章结论

在立法论上，民法典人格权编中一般人权条款的立法模式应当继续坚持《精神损害赔偿司法解释》开启并由《民法总则》加以确认的"人格利益保护一般条款+具体人格权条款"模式。在具体的规则构造上，考虑到《民法总则》即未来民法典总则编已经存在的作为权利宣告的一般条款，为保持法典外在体系的协调周延性，应删除征求意见稿第7条、草案一审稿和草案二审稿第774条第2款中关于人身自由、人格尊严等价值基础或者一般法律思想的表述。这样，当民法典编纂完成后，在解释论上将《民法总则》第109条所宣告的价值基础作为人格权编中应充分开放的一般人权条款的一般法律思想来源，使一般人格权条款不像现在草案中规定的那样因价值基础被限定而不具备应有的广阔涵摄能力，从而保证立法目的的实现。同时，考虑到人格权独立成编的问题，在与侵权责任编的规范关系处理上，应将人格权请求权中的绝对权请求权部分交由人格权编规定，相对权请求权部分则交由侵权责任编规定。

这样，借鉴《瑞士民法典》第28条第1款的表述，未来民法典人格权编的一般人格权条款可以相应地表述为："民事主体的人格权及其他人格权益受法律保护。民事主体有权请求法院采取措施，以除去侵害或防止侵害发生。"或者继续保持征求意见稿和草案一审稿、草案二审稿分别规定一般人格权条款和人格权请求权条款的模式，而将相应的表述予以修改。这样，即使民法典已将人格尊严等价值基础作为人格权编一般人格权条款的一般法律思想来源，在解释论上，亦不妨碍宪法一般人格权条款的核心构成即人格尊严等价值基础，能通过人格权编的一般人格权条款进入民事裁判领域，由此使法官通过一般人格权条款涵摄其他人格利益时的论证说理更为充分，实现最高人民法院所追求的"确保司法裁判既经得起法律检验，也符合社会公平正义观念"的理想目标。❶

---

❶ 参见法〔2018〕164号。

第四章　中国民法中人格尊严条款的价值基础[*]

> 人的尊严既非由国家，也不是由法律制度所创造并授予的，它所依赖的是人自身的主体性。所以，尊严是每个人应当享有的权利，而且优先于国家法律所规定的所有权利。法治国家并不能为人提供尊严，但可保障人的尊严。❶
>
> ——［德］恩得勒

一、问题的提出

在德国侵权法上，一般人格权作为德国最高法院法律续造的产物，是人格利益保护领域联结法典向丰富社会现实开放与丰富社会现实向法典输入新鲜血液的纽带，该规则自被确立之日起，即因能够充分涵摄具体人格权之外其他应受法律保护之人格利益并为之提供相应侵权法上的救济而为法律实践所津津乐道。在中国，鉴于具体人格权涵摄能力的有限性以及为给个人之人格利益提供充分的法律保护，最高人民法院也在实践中确立了人格尊严权，这被视为是中国侵权法上的一般人格权。❷ 最高人民法院确立该规则的主要目的在于，补充具体人格权立法的不足，在出现依据具体

---

　　* 本章主要内容参见朱晓峰："民法一般人格权的价值基础与表达方式"，《比较法研究》2019 年第 2 期，第 60—71 页。

　　❶ 参见［德］恩得勒：《经济伦理学大辞典》，王淼洋等译，上海人民出版社 2001 年版，第324 页。

　　❷ 参见唐德华：《最高人民法院〈关于确定民事侵权精神损害赔偿责任若干问题的解释〉的理解与适用》，人民法院出版社 2015 年版，第 27 页。

人格权规则不能涵摄的人格利益被侵害的情形下，通过适用人格尊严权，以为相应之人格利益提供必要的法律救济。但嗣后颁布的《侵权责任法》却没有把这种被视为人格利益涵摄之一般条款的人格尊严权纳入其中。2017年颁行的《民法总则》第109条明确规定："自然人的人身自由、人格尊严受法律保护。"该条被认为是中国民法上的一般人格权规定。❶ 但问题并没有就此结束。因为正在制定中的民法典似乎又要改变《民法总则》的立场。

　　征求意见稿第7条规定："除本编规定的人格权益外，自然人享有基于人格尊严产生的其他人格利益。"可以发现，该条作为一般人格权规则的具体条款，其所采取的立法技术既不同于比较法视野下任何一种一般人格权的立法模式，也与中国一般人格权的既有实践经验不相吻合。该条的核心特征在于将一般人格权即"其他人格利益"的价值基础明确宣示为人格尊严。这与《精神损害赔偿司法解释》第1条第1款第3项的"人格尊严权"概念和该条第2款的"其他人格利益"概念均有不同。从立法目的看，该条既想强调一般人格权的价值基础，明确宣示人格尊严应受民法保护的地位，又想突出一般人格权并非典型权利，而是向社会开放的、依据人格尊严而生并被民法保护的人格利益，区别于已被制定法所明确承认的人格权益。承认一般人格权并非典型权利，而是向社会生活开放的人格利益或者框架性权利，既能满足民事主体因社会发展而提出的保护新型人格利益的现实需求，也与比较法上的一般做法相吻合，❷ 值得肯定。问题是，将一般人格权的价值基础明确宣示为人格尊严，是否必要？正当性基础与合法性基础是否充分？能否满足现实生活中民事主体人格利益保护的现实需要？具体应如何改进？下文试分析之。

---

❶　参见梁慧星：《民法总论》，法律出版社2017年版，第92页。

❷　Vgl. Dieter Medicus/Stephan Lorenz, Schuldrecht Ⅱ: Besonderer Teil, C. H. Beck, 2010, S. 452.

二、一般人格权确立的现实基础与理论争议

与德国法律实践对一般人格权在典型权利类型归入时所持的审慎态度不同的是，中国法律实践表现得较为直接。中国的民事制定法，典型的如《民法通则》与《侵权责任法》等，亦如《德国民法典》一般，没有直接使用一般人格权概念，而实践中出现的一般人格权制度亦是司法实践发展的产物。中国最高人民法院在确立一般人格权时，并未如德国联邦最高法院一般直接使用一般人格权这一范畴本身，而是使用了人格尊严权这一概念。由于传统历史上中国并未存在与德国法律文化传统相类似的关于人之存在本身为法之首要目的的哲学思考和制度建设。❶ 因此，前述最高人民法院通过司法解释的形式直接确立人格尊严权作为一般人格权，显得颇为突兀。但实际上，该院在通过规范性法律文件明确承认人格尊严权作为一般人格权而适用于法律实践之前，实际上已经存在使用一般人格权规则保障现代社会背景下具体人之实现的理论思考与实践需要。

（一）现实基础

在最高人民法院确定人格尊严权作为一般人格权规则适用于法律实践之前，中国法律实践中实际上已经存在着应通过明确法律规则，赋予现代社会背景下具体人实现以充分法律保护的迫切需要。这主要表现在如下两个因素。

第一个因素是基于历史性的考虑。历史上，因为对人之为人的内在性因素本身的不够重视，使得中国传统法律制度乃至中华人民共和国成立后相当长的一段时间内对具体人的充分实现一直缺乏具体法律制度上的关怀和保障。1982 年《宪法》明确将人之尊严纳入法律关注的视野，该法第

---

❶ 依据中国当代宪法学主流理论，1982 年《宪法》第 38 条规定人格尊严应受法律保护，一方面是考虑到"文化大革命"期间关于人之尊严遭受侵犯的惨痛教训，另一方面是借鉴国外宪政主义的经验，因此该规定具有启蒙的意义。这也表明，我国法律实践中人格尊严的思想基础并非源自传统法律文化，其毋宁是因现代社会背景下实践的需要而借鉴和学习西方宪政主义的产物。参见许崇德：《宪法》，中国人民大学出版社 2007 年版，第 222 页。

38 条规定："中华人民共和国公民的人格尊严不受侵犯。禁止用任何方法对公民进行侮辱、诽谤和诬告陷害。"学理上认为，该条确立的人格尊严是对公民人身自由不受侵犯权的补充和扩展，是人基于内在规定性而在共同体中对自己人格利益所享有的不受非法侵害的利益，因此，实质上依然是一种防御性的权利。❶ 在中国的法律实践中，由于宪法规范属于原则性规定，欠缺裁判规范予以适用的"逻辑要件——法律效果"，因此法院在判决中不能直接依据该等缺乏法律效果的宪法规范作为裁判依据。❷鉴于宪法规范的这种宣誓性效果，对现实生活中具体人之尊严的实际法律保护，尚需通过根本法之外其他规范性法律文件的具体制度设计来实现。

第二个因素是基于现实需要的考虑。在现代社会背景下，时代剧变从两个方面对以具体人之实现为首要目的的法律提出严正挑战。一个是变化了的时代背景导致新型人格利益的不断涌现，典型的如隐私权、生命自主权❸等；另一个是愈加错综复杂的社会关系导致人格利益侵害之表现形式多样化，最为典型的如互联网时代到来所导致的人格利益侵害等。❹ 在中国，与这种迅速变化的社会背景不相适应的是，为民事权益的法律保护提供一般性裁判规范的《民法通则》在关于人格利益的规范构成上，欠缺一个类似于德国联邦最高法院经由司法续造而由《德国民法典》第 823 条第 1 款中的"其他权利"规则结合《德国基本法》第 1 条、第 2 条所发展出来的一般人格权规则。因为《民法通则》并不像德国的法律实践那样，对

---

❶ 参见周叶中主编：《宪法》，高等教育出版社 2005 年版，第 278 页。

❷ 参见梁慧星："最高法院关于侵犯受教育权案的法释〔2001〕25 号批复评析"，《民商法论丛》2002 年第 23 卷，第 332—342 页。童之伟教授也旗帜鲜明地反对宪法司法化，他认为，法院在判决中直接引用宪法规范作为判决依据属于典型的违宪违法行为，并不值得提倡。参见童之伟："宪法适用应依循宪法本身规定的路径"，《中国法学》2008 年第 6 期，第 22—48 页。宪法性规定能够直接在判决中加以引用以作为判决的依据，在我国法学理论中存在激烈的争议，这一争议在齐玉玲案中表现得尤为激烈。嗣后最高人民法院废除了对齐玉玲案所做的司法解释，似乎表明该院最后实际上承认了宪法规范不能作为判决依据而直接适用于个案的司法审判。

❸ 参见朱晓峰："人格立法之时代性与人格权的权利内质"，《河北法学》2012 年第 3 期，第 126 页。

❹ 参见周友军："论'人肉搜索'中的隐私权保护"，《信息网络安全》2009 年第 2 期，第 49 页。

于人格利益的民法保护采取列举加概括的模式，它采取了一种具体规定式的保护方式。❶ 除此之外，一些特别法也对人格利益的保护作了相应的规定，例如《残疾人保障法》《未成年人保护法》《妇女权益保障法》《消费者权益保护法》等。这种依靠《民法通则》典型权利规则和特别法的保护性规定给予那些存在确定内涵外延的人格利益以法律救济，固然可以满足法律规则适用时的确定性和可预见性规则，但试图通过这种既有法律体系关于典型权利类型的规定，来满足变化了的时代背景下的具体人的法律保障，毫无疑问是不现实的。这可以从最高人民法院确定人格尊严权作为一般人格权规则以补充既有规定法律漏洞之前的司法实践体现出来。

在钱缘诉上海市屈臣氏日用品有限公司名誉权上诉案❷、巫凤娣诉慈溪市庵东镇环境卫生管理站退休待遇纠纷案❸，以及齐玉玲诉陈晓琪等以侵犯姓名权的手段侵犯宪法保护的公民受教育的基本权利纠纷案❹等涉及人格利益侵害的法律纠纷中，因为涉案主体被侵害的人格利益并非既有法律体系内明确规定的典型权利类型，如果墨守人格权法定规则而依据典型权利类型之规定，以为涉案人格利益寻找法律救济之根据，则被侵害之人格利益最终可能无法获得有效的救济，而这无疑违背法律关于具体人之实现的承诺。❺ 从前述案例中被侵害之人格利益最终获得法律救济的请求权基础看，由于并未存在与之相适应的具体规则来涵摄涉案之人格利益，而依据法之目的，在这种情况下确应给予受害人以法律上的保护。鉴于此，审理法院通过引入宪法规范对非属于典型权利类型之人格利益遭受侵害的权利主体提供了法律救济。从结果上看，上述案例的判决符合法律关于为具体人之实现提供充分保障的承诺。但由于宪法规范并无直接适用于个案

---

❶ 参见谢怀栻："论民事权利体系"，《法学研究》1996 年第 2 期，第 67 页。

❷ 参见上海市第二中级人民法院（1998）民终字第 2300 号民事判决书。

❸ 参见浙江省慈溪市人民法院（2001）慈民初字第 1862 号民事判决书。

❹ 参见"齐玉苓诉陈晓琪等以侵犯姓名权的手段侵犯宪法保护的公民受教育的基本权利纠纷案"，《最高人民法院公报》2001 年第 5 期。

❺ 参见朱晓峰："人格立法之时代性与人格权的权利内质"，《河北法学》2012 年第 3 期，第 132 页。

判决的效力。因此前述判决本质上属于非法，并不值得提倡。❶

　　基于此，通过明确的法律规定，承认典型权利类型之外其他人格利益应受法律保护的地位，在权利主体此类人格利益遭受非法侵害的情形下，其有权据此寻求法律上的救济。这既是对关于历史上不尊重具体人之为人所经历之惨痛教训的明确回应，也是克服既有法律体系无法充分涵摄处理现实生活中法律首要目的即具体人之充分实现问题的有效途径。

（二）理论争议

　　对源于德国司法实践的一般人格权理论，中国学理上的反应主要集中于两点：一是该规则的本质为何，这一问题实质上是对德国理论界在该规则创制之初所产生之争论的延续；二是法律实践能否以及应否继受这一舶来品。

　　对于第一个问题，理论上主要存在两种观点，一种是视一般人格权为权益之一种，在该观点内部又可区分为权利论者❷、法益论者❸两种；另一种则认为其既非权利，亦非法益，而是法律对人格予以保护的框架性条款。❹ 支持权利论的学者并未如德国学者胡布曼教授等通过重新界定权利概念本身的内涵外延而另辟蹊径，以为一般人格权纳入权利范畴体系提供合理性论证，其通过确立一般人格权与具体人格权之间存在种属关系的方式回避了德国民法理论争议中所面临的实践困境，这方面较有代表性的观点如"一般人格权为人格关系的法律表现，其标的为受法律保护的人格利

---

❶　参见张红："民事裁判中的宪法适用"，《比较法研究》2009 年第 4 期，第 35 页。

❷　参见王利明：《人格权法研究》，中国人民大学出版社 2005 年版，第 160 页；梁慧星：《民法总论》，法律出版社 2017 年版，第 99 页；杨立新：《人格权法新论》，人民法院出版社 2006 年版，第 365 页；姚辉、周云涛："人格权：何以可能"，《法学杂志》2007 年第 5 期，第 12 页。

❸　参见龙俊："权益侵害之要件化"，《法学研究》2010 年第 4 期，第 24 页；薛军："揭开一般人格权的面纱"，《比较法研究》2008 年第 5 期，第 25 页；熊谞龙："权利，抑或法益：一般人格权本质的再讨论"，《比较法研究》2005 年第 2 期，第 51 页；谢怀栻："论民事权利体系"，《法学研究》1996 年第 2 期，第 67 页。

❹　参见马俊驹：《人格和人格权理论讲稿》，法律出版社 2009 年版，第 200 页；沈建峰：《一般人格权研究》，法律出版社 2013 年版，第 67 页。

益之总和，具体表现为自然人的自由、安全和人格尊严"❶；"一般人格权是法律采用高度概括的方式而赋予公民和法人享有的具有权利集合性特点的人格权"❷；"一般人格权与具体人格权是一种抽象与具体、一般与个别的关系"❸ 等。这种观点尽管构成中国理论界关于一般人格权本质争论的主流观点，但它实际上与德国理论争议中的权利观的创设初衷相去甚远。对后者而言，其并非想为《德国民法典》第 823 条第 1 款规定的典型权利类型创制一个上位概念。从实质上看，中国的权利论者所持之观点更类似于德国非权利论者的观点，即一般人格权是具有秩序功能的上位概念。❹在权利论者看来，既然一般人格权属人格权的范畴，那么一般人格权具有人格权的防御性内质，自是当然之理。❺

　　正因为如此，法益论者试图通过正本清源以校正权利论者在引入和说明德国一般人格权时的偏差，他们以当时德国学者反对权利论者所持之观点为论据，否定权利论者所持之观点。他们认为，权利是法律为主体所划定的确定的利益空间，通过权利的设定，法律能够在主体之间划定一个大致明晰的利益界限；因为一般人格权概念的内涵不能如典型权利类型一般具有确定性，行为主体无法据此预见行为在人格权法层面上的法律效果。亦即言，一般人格权规则无法指引行为，行为主体也不能据此规划相互间的关系。❻ 相较于权利而言，法益是特定社会背景下依据法的观念应予保护的利益，对它的保护是对违反法律基本理念之行为的制止，不需要如典型权利一般要具有确定性、可预期性等特征。尤为重要的是，主体可依据法律明确赋予的权利向特定或不特定主体主张为或不为特定行为，而法益则仅具有消极防御的性质，主体只能在法益被非法侵害的情形下，才可能

---

❶　参见梁慧星：《民法总论》，法律出版社 2017 年版，第 99 页。

❷　参见王利明：《人格权法研究》，中国人民大学出版社 2005 年版，第 160 页。

❸　参见姚辉、周云涛："人格权：何以可能"，《法学杂志》2007 年第 5 期，第 12 页；杨立新：《人格权法新论》，人民法院出版社 2006 年版，第 365 页。

❹　Vgl. Karl Larenz, Lehrbuch des Schuldrechts, Bersonderer Teil, C. H. Beck, 1956, S. 336.

❺　参见王利明：《人格权法研究》，中国人民大学出版社 2005 年版，第 160 页。

❻　参见薛军："揭开一般人格权的面纱"，《比较法研究》2008 年第 5 期，第 25 页。

主张法律上的救济。❶ 鉴于此，一般人格权非为权利，而是法益的性质即可证成。

对将一般人格权视为上位概念的权利论者而言，在中国法律实践中承认一般人格权的优点是显而易见的。在他们看来，由于一般人格权具有一般条款的性质，所以法律通过对一般人格权的规定确立人格权保护的兜底条款，由此提高抽象法律规则对现实生活的涵摄能力，使人格权制度成为向丰富社会生活开放的体系，从而为法院处理各种新的人格权纠纷提供法律依据，最终实现对现代社会背景下各种新型人格利益的充分法律保护。❷ 法益论者对应否在中国法律实践中确立一般人格权规则，在内部存在较大的争议。尽管他们如权利论者一般也承认一般人格权的主要功能在于对法律没有类型化为具体人格权的人格法益进行权衡救济，因此能够适应社会经济文化的发展并充分实现现代法律以人为本的价值。❸ 但是，针对中国社会的具体历史文化背景，部分学者对法律实践中引入一般人格权规则存在疑虑，这种疑虑主要表现为以下两点。

第一点从被引入之规则本身是否能与中国既有法律体系无缝对接出发，持反对意见者认为，德国法律语境下的一般人格权作为框架性权利通过侵权行为构成要件中的违法性要件的认定模式来实现与典型权利的区分，而在中国侵权行为构成要件中是否存在违法性要件本身存在争议，❹ 加之德国法上的行为不法与结果不法也是陌生概念，因此引入一般人格权概念会导致规范意义上其与典型权利区分的困难。❺

第二点是因为一般人格权内涵外延的不确定性对法官的影响，这里存在一对矛盾的观点：一种认为规则的不确定性可能导致司法裁判个案处理

❶ 参见易军："论人格权法定、一般人格权与侵权责任构成"，《法学》2011 年第 8 期，第 80 页。
❷ 参见王利明："试论人格权的新发展"，《法商研究》2006 年第 5 期，第 16 页。
❸ 参见熊谞龙："权利，抑或法益：一般人格权本质的再讨论"，《比较法研究》2005 年第 2 期，第 51 页。
❹ 依据中国最高人民法院的观点，违法性是侵权行为的构成要件。参见唐德华主编：《最高人民法院〈关于确定民事侵权精神损害赔偿责任若干问题的解释〉的理解与适用》，人民法院出版社 2015 年版，第 29 页。
❺ 参见薛军："揭开一般人格权的面纱"，《比较法研究》2008 年第 5 期，第 36 页。

时自由裁量权的扩张从而加剧司法的恣意，❶ 另一种则认为当前司法实践中的法官因为司法职业中强烈官僚等级制度色彩的存在，因此在具体个案裁判中出于职业活动安全性的考虑，在不存在相对明确具体规则的时候，如同德国法官一般灵活而积极地衡量这种利益并作出适当的判断，是不现实的。❷

据此，法益论者认为，中国法律实践中不宜直接引入一般人格权概念，同时鉴于现代社会背景下具体人之法律上充分实现的必要性，因此需以规范功能上类似于一般人格权规则的其他制度代替之。比较典型的如《瑞士民法典》第 28 条❸所确立的关于人格权的一般规定，或如中国台湾地区 1999 年修订后的"民法"第 195 条❹一般，在列举各种具体人格权后，使用保护"其他人格法益"之类的概括表述，以避免使用使人容易产生误解的"一般人格权"的概念。❺

三、一般人格权确立中存在的问题

从中国当前的法律实践来看，一般人格权的法律表达存在着三种方式：第一种是《精神损害赔偿司法解释》中确立的"人格尊严权"，将一般人格权规则典型权利化；第二种是《民法总则》第 109 条规定的以"人身自由、人格尊严"为价值基础的一般人格权规则；第三种是征求意见稿第 7 条规定的以人格尊严为唯一价值基础的一般人格权规则。事实上，这三种表达方式均存在问题。

---

❶　参见易军："论人格权法定、一般人格权与侵权责任构成"，《法学》2011 年第 8 期，第 90 页。

❷　参见薛军："人格权的两种基本理论模式与中国的人格权立法"，《法商研究》2004 年第 4 期，第 63 页。

❸　参见《瑞士民法典》第 28 条规定："任何人在其人格受到不法侵害时，可诉请排除侵害。"

❹　中国台湾地区"民法"第 195 条第 1 款："不法侵害他人身体、健康、名誉、自由、信用、隐私、贞操，或不法侵害其它人格法益而情节重大者，被害人虽非财产上之损害，亦得请求赔偿相当之金额。其名誉被侵害者，并得请求回复名誉之适当处分。"中国台湾地区"民法"第 195 条第 2 款："前项请求权，不得让与或继承。但以金额赔偿之请求权已依契约承诺，或已起诉者，不在此限。"

❺　参见易军："论人格权法定、一般人格权与侵权责任构成"，《法学》2011 年第 8 期，第 87 页。

（一） 以人格尊严权作为一般人格权

事实上，将人格尊严赋予权利的外观并使之担当起一般人格权的重任，❶ 是存在问题的，主要表现在下述两个方面。

1. 违反法律形式逻辑体系

从《精神损害赔偿司法解释》第 1 条第 1 款的外在表现形式看，最高人民法院实际上部分接受了权利论者的观点，即将作为一般人格权的人格尊严权界定为典型权利类型，这体现在两个方面：一是该款第 1 句将人格尊严权置于包含其他典型权利类型的"人格权利"的范畴之中，而在该条第 2 款又明确承认了权利之外的法益在特定情况下应予保护的内容，这显然有别于德国法上仅为修辞性的或曰描述性的一般人格权概念；❷ 二是该款规定将人格尊严权与其他典型权利类型置于平行的位置，这进一步说明人格尊严权如该款其他并列规定的具体人格权利类型一般，属于典型的权利类型。与权利论者所持观点不一致的地方是，该解释并未将人格尊严权规定为全部人格利益的上位概念，它是与其他具体人格权利并行的典型的权利类型，因此，其仅得在具体权利规定适用范围之外发挥作用。❸

从法律体系的内在逻辑构成观察，既然人格尊严权是具有补充适用效果的一般人格权规则，那么，法律就不宜再将其规定在典型权利类型当中，因为后者具备明确的内涵外延，在确定的内涵外延内，其具有当然的适用效力。亦即言，属于典型权利类型的人格尊严权就不再是一般人格权，其只能是如同其他具体的典型人格权利类型一般，为具体人格权。因此，最高人民法院将人格尊严权置于同其他具体典型人格权利类型并列的位置，并不符合法律形式逻辑的构成体系。《精神损害赔偿司法解释》第 1

---

❶ 参见王利明："人格权法的发展与完善——以人格尊严的保护为视角"，《法律科学》2012 年第 4 期，第 171 页。

❷ 参见易军："论人格权法定、一般人格权与侵权责任构成"，《法学》2011 年第 8 期，第 85 页。

❸ 参见唐德华：《最高人民法院〈关于确定民事侵权精神损害赔偿责任若干问题的解释〉的理解与适用》，人民法院出版社 2015 年版，第 27 页。

条第 1 款规定对于法律形式逻辑体系的违反，在该条第 2 款规定的映衬之下更为明显。尽管该款对权利主体在"其他人格利益"被侵害时主张法律救济的前提条件作了必要限制，但是，从"其他人格利益"这一概念的使用及最高人民法院的态度来看，"其他人格利益"更接近于一般人格权规则所具有的制度功能，而非前述第 1 款规定的人格尊严权。

最高人民法院在制定《精神损害赔偿司法解释》时认为，应受法律保护的既有权利，也有合法之利益，因为历史或者其他原因未纳入民事权利体系的合法利益，亦应受到法律保护。因为中国侵权行为的构成要件包括违法性，所以在确定违背纳入权利体系的合法利益被非法侵害时是否具备违法性要件，需要类似于"公序良俗"范畴的"社会公共利益"和"社会公德"标准的违反作为衡量是否存在违法性，以涵盖社会生活中层出不穷的对于未能纳入典型权利类型体系的其他人格利益的救济提供法律上的依据。❶ 这意味着，前述理论争议及实践需要中的鉴于具体人之实现而未被纳入典型权利类型的人格利益，可以经由该款的规定而纳入法律涵摄处理的范围。而且这里也不存在前述人格尊严权作为一般人格权规则时所面临的体系违反的尴尬。因为通过该范畴而得进入法律涵摄领域的人格利益，并不存在着如第 1 款规定的典型权利类型所具有的明确内涵和外延，对未能通过典型权利类型未能涵摄处理的人格利益，自无优先使用典型权利类型规则的余地，这种情形下恰是前述中国学理和法律实践上孜孜以求的兜底性条款发挥补充功能的地方。

2. 人格尊严权的涵摄能力难当一般人格权之大任

在中国的司法实践中，相当数量的审理法院在案件归入上，模糊了之前最高人民法院确定一般人格权规则时所坚持的具体人格权与一般人格权适用时的先后标准，而是径以一般人格权指称所有侵犯人格利益的案件，它并不区分涉案人格利益是否存在明确内涵外延而应适用具体人格权进行案件归类，这种实践做法显然如同前述权利论者一般，将一般人格权范畴

---

❶ 参见唐德华：《最高人民法院〈关于确定民事侵权精神损害赔偿责任若干问题的解释〉的理解与适用》，人民法院出版社 2015 年版，第 28—30 页。

视为所有人格权权益的上位概念。❶ 这与最高人民法院在创制作为一般人格权的人格尊严权时的初衷是相违背的。于此存在的问题是，作为一般人格权的人格尊严权实质上是否具备作为一般条款的广阔涵摄能力？

从比较法的角度观察，围绕《民法通则》发展起来的人格权规则，与德国法律实践中人格权规则的发展轨迹并不相同，它对人格权的保护初始并没有采取具体人格权规则与一般人格权规则相结合的模式，正如谢怀栻先生所讲述的那样，德国最高法院围绕《德国民法典》第 823 条第 1 款和《德国基本法》第 1 条和第 2 条所发展出来的一般人格权规则以及《德国民法典》中所具体保护的典型人格法益，并不能想当然地用来说明中国关于人格权法律保护的理论与实践。❷ 从《民法通则》第 98 条至第 103 条所确立的人格权保护规则来看，它将那些存在清晰界限的人格利益典型权利化并予以保护。因此，围绕《民法通则》发展出来的人格权保护规则自始就是具体且种类繁多的。事实上，前述最高人民法院颁布的确立人格尊严权为一般人格权的《精神损害赔偿司法解释》也遵循了这种模式，这从其第 1 条第 1 款将具有明确内涵外延的人格利益类型化为典型权利并加以列

---

❶ 司法实践中的此类案件比比皆是。例如，北大法律信息数据库中大多数案由冠以侵害一般人格权的民事侵权案件，依据现行法律制度，皆存在与之相适应的清晰可辨的具体人格权规则，以下选取各省地方法院的生效民事判决为例说明：（1）生命权纠纷案件，如"高广志等与李文科等一般人格权纠纷再审案"，江苏省徐州市中级人民法院（2011）徐民申字第 00032 号民事裁定书；"蒋甲某等与某园林文物名胜区管理处等一般人格权纠纷上诉案"，江苏省无锡市中级人民法院（2010）锡民终字第 1361 号民事判决书；（2）身体健康权纠纷案件，如"津中原百货滨海有限公司与高蕊一般人格权纠纷上诉案"，天津市第二中级人民法院（2011）二中民四终字第 519 号民事判决书；"徐州天龙房地产开发有限公司与李华昌一般人格权纠纷上诉案"，江苏省徐州市中级人民法院（2011）徐民终字第 776 号民事判决书；"陈仕龙与姜丹明等一般人格权纠纷上诉案"，重庆市第五中级人民法院（2010）渝五中法民终字第 3161 号民事判决书；"林正初与常德市武陵区蚂蚁清洁服务公司等一般人格权纠纷上诉案"，湖南常德市中级人民法院（2010）常民三终字第 90 号民事判决书；"范刚与李海龙等一般人格权纠纷上诉案"，河南省驻马店市中级人民法院（2011）驻民一终字第 5 号民事判决书；（3）将侵害婚姻关系中的身份权归入一般人格权范畴，典型的案例如"田某诉王某某一般人格权纠纷案"，重庆市沙坪坝区人民法院（2010）沙法民初字第 7148 号民事判决书；"王甲与董某一般人格权纠纷上诉案"，上海市第二中级人民法院（2010）沪二中民一（民）终字第 1730 号民事调解书；（4）侵害死者人格利益案件，如"李寿福等与徐爱芝等一般人格权纠纷上诉案"，山东省青岛市中级人民法院（2011）青民五终字第 476 号民事判决书；"邹顺英等诉广州市火葬场管理所一般人格权纠纷案"，广东省广州市天河区人民法院（2010）天法民一初字第 407 号民事判决书。

❷ 参见谢怀栻："论民事权利体系"，《法学研究》1996 年第 2 期，第 70 页。

举的基本方法中可以看出来。这意味着，在德国具有"源权利"或者具体人格权之"上位概念"的一般人格权规则，在中国法律实践中是作为具体人格权的补充适用规则而存在，由于它的适用范围受到具体人格权规则的抑制，所以它的涵摄能力无法和德国的一般人格权规则相比。

除此之外，将人格尊严这种具体法律规则背后的基础价值类型化为具有裁判功能的一般规则，还有两个极为显著的不足：一是基于对人之实现提供充分法律保护这一目的，一般人格权规则应向外延更广阔的法律价值开放，而不是仅仅限于人格尊严，将人格尊严类型化为一般规则，实质就限制了其他重要法律价值通过这种一般规则而满足现实中人的一般需求（对此下文中将有进一步阐述），由此导致一般人格权涵摄能力的降低；二是因为人格尊严这一范畴本身缺乏明确的内涵外延，在其作为一种法律应予保护和实现的基础价值时，范畴本身的不确定性并不会对法律规则的具体适用构成威胁，但一旦将之承认为权利类型，则这种范畴的不确定性即可导致权利规则适用时的不确定性，由此可能会影响法的安定性。因此，出于法之安定性的考虑，实践中对那些没有明确内涵外延之人格利益的法律归入就会极为严苛。这样，对现实生活中出现的新型人格利益，就无法通过以人格尊严权为框架构造起来的一般人格权规则进行有效调整。

在马雪丽诉崔东红一般人格权纠纷案当中，当事人双方因日常生活矛盾产生罅隙，被告在原告新婚之日横躺在其家门口大闹，阻拦原告亲朋好友进入其家，此后，被告又躺在街道中间，阻挡接亲婚车，使迎亲婚车空车而回等。审理法院认为：结婚仪式虽非法律规定的结婚必经程序，但仍作为一种由来已久的习俗，在中国传统文化中有着特殊意义，而租用婚车车队迎娶新娘是结婚仪式的重要内容。在男方迎娶原告的过程中，被告阻拦婚车车队的行为使得原告的婚礼未能按照预定方式举办，被告的行为确实对原告的婚礼造成一定影响云云。❶ 由于并不存在典型权利被侵犯，所以只能依据一般规则处理。但由于本案中被告的侵害行为在法律上很难被认定为侵害了原告的人格尊严，因此适用作为一般人格权的人格尊严权进

---

❶　参见河南省济源市人民法院（2011）济民一初字第 238 号民事判决书。

行处理，显然并不适当。

实际上，类似案件中因为典型权利之外的人格利益遭受非法侵害而主张法律救济的受害人，实质上都很难通过作为一般人格权的人格尊严权规则来获得法律的救济。[1] 由此导致的问题是，司法实践奢望通过一般性条款将侵害人格利益的疑难案件涵摄进一个可供分析和处理的既存规则框架内，以为相关法律纠纷的解决提供相对确定的法律途径，因此，便出现了大量以一般人格权为案由的实践做法；但是，由于以《民法通则》为核心确立和发展起来的人格权规则奉行类型多样化的具体保护模式，并且最高人民法院所确立的人格尊严权的价值基础仅是人之实现所需的一个方面，这导致作为一般条款的人格尊严权并不具备德国侵权法上一般人格权规则的涵摄功能，它的适用范围原则上就受到极大的限制。从这一方面来讲，人格尊严权并不具备作为一般条款之一般人格权规则的广阔涵摄能力。它与其说是对具体人格权拾遗补缺的一般补充规则，毋宁说是更接近具体人格权的一种法律规则。这既可以从前述《精神损害赔偿司法解释》中人格尊严权与其他具体人格权所处的逻辑关系看出来，也可以透过精神损害赔偿规则在这两种不同规则体系下的具体适用看出来。

（二）人格尊严作为一般人格权唯一价值基础

将人格尊严确定为民法上一般人格权的唯一价值基础，具备充分的合法性基础吗？对此，需要结合《宪法》中基本权利所内含的价值与《民法总则》所宣示的民法上的一般法律思想或基本价值予以判定。

1. 合法性基础不足

首先是宪法上的人格尊严与民法中人格尊严的关系。与《德国基本法》第 1 条第 1 款明确规定人的尊严为不可触摸的基本权利不同，中国《宪法》第 38 条明确规定："中华人民共和国公民的人格尊严不受侵犯。

---

[1] 参见重庆市沙坪坝区人民法院（2010）沙法民初字第 7148 号民事判决书；上海市第二中级人民法院（2010）沪二中民一民终字第 1730 号民事调解书；河南省洛阳市中级人民法院（2011）洛民终字第 421 号民事判决书。

禁止用任何方法对公民进行侮辱、诽谤和诬告陷害。"从文义解释方法进行分析，中国宪法文本中使用的概念是人格尊严，它有别于人的尊严、人性尊严，其核心在于保护名誉和荣誉；从体系解释角度看，该法中的人格尊严条款既没有规定在宪法文本的总纲当中以提纲挈领，也未规定在"公民的基本权利和义务"一章之首，无法像《德国基本法》一样推知人格尊严是基本权利价值体系的核心。❶ 即使将中国《宪法》第 38 条的人格尊严条款与第 33 条规定的"国家尊重和保障人权"条款结合起来理解，也无法推论出其在其他国家宪法上所具有的价值内涵与规范地位。在此意义上，中国宪法上的人格尊严条款属于具有具体法律内容的条款，在法律解释过程中可以作为基本规范与特定法律事实相涵摄，保障具体的人格尊严。❷ 其作为民法在内的一般法上的人格尊严的立法依据和解释依据时，❸通常是包括姓名权、名誉权、荣誉权、肖像权、隐私权等在内的民法上的具体人格权益的价值基础；❹ 至于人身自由等民法上的人格权益，则以中国《宪法》第 37 条等规定的基本权利为价值基础。亦即言，中国宪法中作为基本权利的人格尊严仅是民法上部分人格权益的价值基础，其在宪法中的地位及规范义旨表明，其并不能担当民法中一般人格权之唯一价值基础的大任。❺

其次是民事制定法中的人格尊严与一般人格权的价值基础。与《宪法》明确规定人格尊严为基本权利不同，长期以来，中国一般民事制定法如《民法通则》《侵权责任法》，均未明确规定人格尊严概念。当然，制定法上没有规定人格尊严概念并不意味着不为制定法所明确承认的人格利益无法获得法律上的保护。从长期以来的司法实践经验看，对于没有在被制定法上明确规定的人格利益，主要是由裁判者在具体案件中适用一般侵权条款如《民法通则》第 106 条第 2 款、《侵权责任法》第 6 条结合第 2 条

---

❶ 参见刘志刚："人格尊严的宪法意义"，《中国法学》2007 年第 1 期，第 37 页。

❷ 参见郑贤君："宪法人格尊严条款的规范地位之辨"，《中国法学》2012 年第 2 期，第 79 页。

❸ 参见上官丕亮："论宪法上的人格尊严"，《江苏社会科学》2008 年第 2 期，第 77 页。

❹ 参见周伟：《宪法基本权利司法救济研究》，中国人民公安大学出版社 2003 年版，第 66 页。

❺ 参见朱晓峰："作为一般人格权的人格尊严权"，《清华法学》2014 年第 1 期，第 61 页。

时，通过运用法律解释方法而引入宪法上的基本权利所内含的一般法律思想或基本价值来进行涵摄。经由裁判者以法律续造的方式来实现对于制定法漏洞的填补和对具体人之人格尊严的充分保护，亦为比较法上首创并保护一般人格权的德国等国家所普遍倡导。❶ 存在的问题是，此种通过法官自由裁量权的运用来确定个案中的人格利益是否受法律保护以及如何保护，可能存在自由裁量权滥用、威胁法的安定性的风险。❷

对此，最高人民法院通常以司法解释的方式将实践中发现的内涵外延已经较为清晰的人格利益类型典型权利化并固定下来，以在法的安定性与人格利益充分保护的现实需求之间寻得妥适的平衡。例如，《精神损害赔偿司法解释》即为这一努力的重要成果。问题是，该司法解释在第 1 条第 1 款第 3 项不恰当地将宪法上作为基本权利和价值基础的人格尊严直接类型化为典型权利。❸ 由于人格尊严概念本身内涵外延并不确定，❹ 相应的人格尊严权亦仅具有典型权利之名而无权利之实。尤为严重的是，此举使原本作为一般条款解释基础的一般法律思想实体化，严重削弱了一般人格权的涵摄能力，无助于人格利益保护所亟须的制定法的漏洞填补和现实生活中具体人之人格利益充分保护的需求满足。对于最高人民法院的此种做法，学说理论上亦普遍持反对态度。❺ 后来的《侵权责任法》亦未接受这种做法。

2017 年颁行的《民法总则》第 109 条规定："自然人的人身自由、人

---

❶ Vgl. OGH 18. 10. 1994，JBI，1995，S. 166.

❷ 参见朱晓峰："比较法视野下隐私保护机制的分歧与效果"，《兰州学刊》2016 年第 10 期，第 138 页。

❸ 参见唐德华：《最高人民法院〈关于确定民事侵权精神损害赔偿责任若干问题的解释〉的理解与适用》，人民法院出版社 2015 年版，第 26—27 页。

❹ 关于人格尊严的内涵的理解，学理上存在着激烈的争议。例如，在德国，对于《德国基本法》第 1 条第 1 款规定的人的尊严的思想来源和内涵外延，存在着基督教神学、人文主义—启蒙主义、康德主义、马克思主义、系统论及行为主义等思想理论的激烈争议。在中国，对于《宪法》上人格尊严的理解，亦存在来自启蒙主义、康德主义、马克思主义的人格尊严观和中国传统观念中的固有人格尊严观的分歧。中西方学理上对于人格尊严的不同理解，亦普遍存在于法学的其他领域。详细探讨参见黄涛："走向共同体的权利观"，《财经法学》2017 年第 3 期，第 112 页。

❺ 参见程啸：《侵权责任法》，法律出版社 2015 年版，第 176 页。

格尊严受法律保护。"该条被认为是中国民法上的一般人格权规定。❶ 从文义解释的角度来看,该条并不像《精神损害赔偿司法解释》第 1 条第 1 款第 3 项,直接规定人身自由权和人格尊严权,而是将人身自由、人格尊严并列规定,由此显现出来的图景是,作为宪法上的基本权利和一般法律思想的人身自由、人格尊严毋需再通过一般条款而直接进入了民事制定法,使一般人格权规则的价值基础不需要再由裁判者通过解释的方法来发现和论证,使之具有可反驳性且可能经受得住反驳。亦即言,法院在个案审理中通过一般侵权条款涵摄没有被法律明确规定的人格利益,可直接以该条作为论证的正当性与合法性基础。问题是,将一般人格权的价值基础直接宣示出来且限定为人身自由和人格尊严,是否妥适?这种质疑首先来自人格尊严、人身自由作为一般法律思想的功能预设。由于人格尊严的思想来源多元,内涵丰富,可以为一般人格权的广阔涵摄能力提供充分的价值基础和正当性论证,使以此为基础的一般人格权规则担当起填补具体人格权之漏洞的功能。而人身自由的内涵则较为确定,原则上仅指向行为自由,一般并不包括思想自由,也与政治性基本权利如信仰自由等无涉,以之作为一般人格权的价值基础或一般法律思想来源,存在困难。❷ 另外,一般人格权规则创制的初衷在于克服具体人格权涵摄能力不足所可能导致的现实生活中人的人格利益无法充分保护的问题,❸ 其内涵的价值基础或一般法律思想应是开放的、发展的,若其明确宣示价值基础或思想来源并将之封闭化,那么即使其宣示的某特定价值基础内涵丰富,亦违背一般人格权创制的初衷。

以此为出发点,征求意见稿第 7 条将一般人格权的价值基础限定为人格尊严并不妥当,违反了《宪法》以及《民法总则》所确立的民法上一般人格权价值基础多元化的基本立场,缺乏合法性基础。这种合法性基础不足的直接恶果就是,使原本价值多元而具有强大涵摄能力的一般人格权的

---

❶ 参见梁慧星:《民法总论》,法律出版社 2017 年版,第 92 页。

❷ 参见张新宝:《中华人民共和国民法总则释义》,中国人民大学出版社 2017 年版,第 215 页。

❸ 参见杨立新、扈艳:"中华人民共和国人格权法建议稿及立法理由书",《财经法学》2016 年第 4 期,第 41 页。

漏洞填补和法律救济功能大打折扣，不利于现实生活中具体人在法律上的实现。

2. 涵摄能力不足

一般人格权规则应向外延更广阔的法律基础价值开放，若将一般人格权的价值基础限定为人格尊严，实质上就是抑制其他重要基础价值通过一般人格权规则满足现实中人的一般需求。由此导致的直接后果是，其他并非基于人格尊严而生的人格利益无法被一般人格权所涵摄，导致创设一般人格权规则的立法初衷无法充分实现。

首先，无法涵摄以人身自由、人格自由发展为价值基础的人格利益。在生育纠纷案中，仅内含人格尊严的一般人格权规则即难以解决司法实践所遭遇的现实困境。如在婚姻存续期间，妻子未经丈夫同意而进行流产，❶妻子单方决定生育，❷甚至同居情形下女方欺骗男方其已采取避孕措施而事实上没有避孕并导致怀孕生子的情形中，❸均涉及生育权益行使的问题。依据《中华人民共和国人口与计划生育法》（以下简称《人口与计划生育法》）❹ 第 17 条第 1 句规定，男女均享有生育权；而《妇女权益保障法》第 51 条同时又规定女性享有生育的自由，也有不生育的自由。对此，法院应如何处理？事实上，由于民事制定法中并未规定生育权益，法院仅得透过民事制定法中的一般性条款而将于此的生育权益纳入法律的涵摄范畴。这里的一般性条款即为具有漏洞填补功能的一般人格权规则，其核心是个案中的利益权衡。

在女方擅自堕胎场合，法院通常会依据一般人格权适用中所普遍采用

---

❶ 参见浙江省宁波市余姚市人民法院（2006）余民一初字第 1633 号民事判决书。

❷ "李雪花、范洋诉苏祖业、滕颖继承纠纷案"，《最高人民法院公报》2006 年第 7 期；指导案例 50 号 "李某、郭某阳诉郭某和、童某某继承纠纷案"，最高人民法院审判委员会讨论通过，2015 年 4 月 15 日发布。

❸ "赵某诉许某抚养费纠纷案"，参见北京市海淀区人民法院（2013）海民初字第 23318 号民事判决书。

❹ 2001 年 12 月 29 日第九届全国人民代表大会常务委员会第二十五次会议通过，根据 2015 年 12 月 27 日第十二届全国人民代表大会常务委员会第十八次会议《关于修改〈中华人民共和国人口与计划生育法〉的决定》修正。

的利益权衡规则处理，对此的表述通常是："男性的生育权作为其他民事权利，需要自妻子怀孕起到胎儿出生这一段时间内的自觉自愿配合才能完全实现。但女方是否愿意继续孕育胎儿涉及其人身自由权和健康权，属公民基本权利，当其他民事权利和基本民事权利相冲突时，应根据法益均衡、法益价值的原则，倾向于保护公民的基本权利。"❶

在女方欺诈怀孕并生子场合，法院亦通过一般人格权来涵摄，对此的通常表述是："决定孩子是否出生属于生育决定权的范围。生育权具有明显的冲突性……但是男方的生育决定权与女性的人身自由权、生命健康权相比，处于下位阶。如果两种权利发生冲突，男性的生育权应当让步。从法经济学的角度出发，女性生育子女要历经受孕、怀孕、生产近十个月的时间，而男方生育子女仅发生性行为即可，女性的投入显然更多，因此生育决定权是女性独有的权利。"❷

通过实践中法院解决生育权纠纷所使用的修辞来看，于此场合用于涵摄事实的一般人格权规则，显然应当内含包括人格自由发展、人身自由等基本权利所具备的一般法律思想，才能完成对于相关事实的涵摄。若将一般人格权的价值基础仅限于人格尊严，那么在一般人格权的涵摄能力打折之后，很难实现对于相应事实的涵摄，无法满足现实生活的实践需求。

其次，无法涵摄以孝亲思想为价值基础的人格利益。在中国，传统的孝亲文化在当代法律实践中仍有重要价值，对于践行孝道而受阻的现实纠纷，司法实践亦予以关注和调整。

在司法实践中，法院普遍认为，孝敬老人是中国的传统美德。❸ 对老人的"生养死葬"是孝道的核心内容。对于"生养"，有法院在裁判文书

---

❶　参见"刘辉诉文静一般人格权纠纷案"，《人民法院报》2016 年 9 月 7 日第 7 版。

❷　参见孙欣：："女性单方面决定生育不构成对男性生育权的侵犯"，《人民法院报》2014 年 5 月 29 日第 6 版。

❸　参见北京市第二中级人民法院（2015）二中民终字第 06836 号民事判决书；安徽省池州市中级人民法院（2015）池民一终字第 00379 号民事判决书；江苏省常州市中级人民法院（2016）苏 04 民终 2425 号民事判决书；湖南省长沙市中级人民法院（2015）长中民一终字第 07437 号民事判决书；陕西省安康市中级人民法院（2013）安民终字第 00369 号民事判决书。

中表明，所谓"孝有三：大孝尊亲，其次不辱，其下能养"❶。所谓"死葬"，是指在老人去世后，老人的后人能及时体面地将之安葬。在法院看来，子女等近亲属按照习俗安葬老人是其人格利益的实现。依据该观点，近亲属按照习俗安葬老人是与其人身不能分离的固有人格利益，该人格利益为《精神损害赔偿司法解释》第 1 条第 2 款规定的"其他人格利益"，属于法律保护的民事权益，若他人违反社会公德侵犯这种人格利益，应承担相应法律责任。例如，刘某等人的父亲死亡后，其亲朋好友从各方到其家中参加葬礼，但村委会堵断公路不让治丧车辆通行，法院认为该行为有悖社会公德，侵犯了刘某等人按照习俗安葬老人所内含的"其他人格利益"，判决由其承担侵权责任。❷

同样的问题在祭奠权纠纷案中亦极为普遍。例如，崔某的祖父母一直与崔某姑母一起生活，由于家庭纠纷，姑母一直不让崔某探视其祖父母。2006 年，崔某得知其祖父母早已在 2001 年去世。崔某遂以姑母未在其祖父母去世后及时通知而侵犯其祭奠权为由，将姑母诉诸法院。❸ 对此，法院亦是以《精神损害赔偿司法解释》第 1 条第 2 款规定的"其他人格利益"为请求权基础支持了崔某的请求。

于此可以发现，基于孝亲思想，无论是及时妥善安葬老人、祭奠老人，还是照顾老人，实质上都表现为非基于人格尊严这一基本价值而生的人格利益受法律保护的现状。司法实践中法院之所以适用《精神损害赔偿司法解释》规定的"其他人格利益"概念而非"人格尊严权"概念来涵摄相关案件事实，核心在于这些场合并不涉及人格尊严被侵犯的事实，无法通过以人格尊严思想为价值基础的一般人格权规则来进行涵摄处理。

最后，无法涵摄以其他一般法律思想为基础的人格利益。事实上，在司法实践中，还存在着大量其他非以人格尊严为价值基础的人格利益受损情形。例如，旅游合同中因旅游经营者违约导致旅游者假期虚度而人身利

---

❶ 参见四川省梓潼县人民法院（2016）川 0725 民初 963 号民事判决书。
❷ 参见重庆市高级人民法院（2012）渝高法民提字第 218 号民事判决书。
❸ 参见"崔妍诉崔淑芳侵犯祭奠权案"，《人民法院案例选（总第 67 辑）》2009 年，第 120 页。

益受损，❶ 因婚庆服务行为不到位导致消费者精神痛苦，❷ 因法医错误鉴定导致受害人错失进入特定职业领域发展的机会，❸ 具有人格象征意义的特定纪念物品如结婚活动的照相胶卷、❹ 父母生前的仅存照片等因为照相馆过错而遗失并使受害人的人格利益受损，❺ 错误火化尸体或者丢失骨灰使死者近亲属人格利益受损，❻ 故意阻碍迎亲车队使受害人的婚礼无法按预定程序和方式举办，❼ 均是以人格尊严为唯一价值基础的一般人格权所无法处理的。

若未来民法典中人格权独立成编，并且一般人格权条款坚持如征求意见稿第 7 条一样将人格尊严作为一般人格权的唯一价值基础，那么就会出现前述司法实践中展现出来的无法通过一般人格权规则而被法律涵摄的尴尬情形。这显然有违一般人格权规则创设的初衷，并不适当。

四、一般人格权立法的域外法经验

事实上，首先创制出一般人格权规则的德国联邦最高法院是这样处理这个问题的：一方面，基于人的尊严思想来源多元导致内涵的不确定性和作为一般规则的一般人格权的涵摄能力的考虑，它没有径直将《德国基本法》宣示的特定价值基础赋予权利的外形；另一方面，其将《德国基本法》中第 1 条第 1 款的人的尊严与第 2 条第 1 款的人格自由发展，共同作为民法上一般人格权的价值基础加以论述。在此，人的尊严与人格自由发

---

❶　当然，于此究竟是人身利益受损，还是财产利益受损，学理上仍有争议。参见 Klaus Tonner，Entscheidungs rezensionen：Schadenersatz wegen vertaner Urlaubszeit，JuS 1982，S. 414 f.

❷　参见 "程鹏诉紫薇婚庆服务社婚庆服务不到位退还部分服务费和赔偿精神损失案"，《人民法院案例选（总第 40 辑）》，人民法院出版社 2002 年版。

❸　参见 "刘惜诉嘉信乒乓球俱乐部等以初诊但后被法医鉴定的结论为依据决定其离队影响其运动生涯赔偿纠纷案"，《人民法院案例选（总第 29 辑）》，时事出版社 2000 年版。

❹　参见 "肖青、刘华伟诉国营旭光彩色扩印服务部丢失交付冲印的结婚活动照胶卷赔偿纠纷案"，《人民法院案例选（总第 11 辑）》，人民法院出版社 1994 年版。

❺　参见 "王青云诉美洋达摄影有限公司丢失其送扩的父母生前照片赔偿案"，《人民法院案例选（总第 26 辑）》，人民法院出版社 1996 年版。

❻　参见 "艾新民诉青山殡仪馆丢失寄存的骨灰损害赔偿纠纷案"，《人民法院案例选（总第 5 辑）》，人民法院出版社 1993 年版。

❼　参见河南省济源市人民法院（2011）济民一初字第 238 号民事判决书。

展并不是权利本身，它是包括那些纳入典型权利类型在内的所有人格利益应受法律保护的正当性基础。

（一） 一般人格权的价值基础

对于德国民法上的一般人格权来讲，需要从人的尊严和人格自由发展两个方面来理解。

1. 人的尊严

在德国，尽管学理上对于人的尊严的思想来源存在争议，基督教神学、人文主义和启蒙主义、康德主义、马克思主义、系统理论以及行为主义等都对人的尊严表明了自身的立场。其中，为学理上普遍认同的首先是基督教神学对于《德国基本法》中人的尊严概念的重要影响。❶ 在基督教神学思想中，人本身是依据上帝的形象被创造出来的。❷ 人的形象与上帝之间的这种内在关系要求，必须对此岸世界的人以充分的尊重和保护。人与上帝之间存在着一种个人性的内在关系，这种关系以人的灵魂不灭和对上帝的责任为核心。这种关系也决定了人有选择的自由，并且此种自由的本质是以罪和救赎为前提的个人自由。在基督教神学体系中，人具有不完美性，但同时又具有可塑性。人的这些内在特性构成自由、平等、博爱的神学基础。因为每个人都和上帝形象相近，亦应被有尊严地对待。当然，被有尊严地对待，并不单纯地意味着每个人自我的自由，而是适用于所有人自我价值基础上的自由。这意味着，人的此种形象和内在规定性必然要求共同体尤其是国家，应当承认人的尊严并给予此种尊严以充分的法律保护。❸

德国学理上普遍承认，启蒙主义尤其是康德思想对于人的尊严的正当性论证以及对其内涵的丰富，亦是理解《德国基本法》中人的尊严概念的重要基础。康德思想不再从人与上帝的关系来论证人的尊严，而是从个人

---

❶ Vgl. Christian Starck, Bonner Grundgesetz Kommentar （Bd. 1）, Franz Vahlen, 1999, S. 34.

❷ Vgl. Gen. 1, 27; Eph. 4, 24.

❸ Vgl. Christian Starck, a. a. O., S. 34 – 35.

本身出发，通过对个体地位的强调，来论证现实世界中与共同体尤其是国家相对立的人应被法律承认且受其充分保护的法律地位。对此，康德的经典表述是：不能仅仅把人当作手段使用，人在任何时候都必须被同时当作目的，因为在该目的内存在着人的尊严。❶ 由此，把人当作目的而非手段的实践命令就是，"不能仅将自身作为供他人使用的手段，对任何人而言，你本身亦是一个目的"❷，亦须将"所有人都永远作为目的，而不能仅作为手段"❸。以康德的此种思想为出发点，德国民法学理上基本赞同：人正是因为不能作为其他人达成其目的的手段，所以其本身具有一种价值，此种价值即尊严。据此可以得出：每一个人都有权要求他人尊重其人格，不要侵害其生存及私人空间；与此相适应，每个人亦因此对他人承担同样地尊重其人格和勿侵害其权利的义务。此即相互尊重原则。❹ 黑格尔在此亦持同样见解，即人的尊严的核心应是"成为一个人，并尊敬他人为人"❺。

德国学理上有观点认为，无论是基督教神学中的人的尊严观，还是康德思想中的人的尊严观，都要求国家在个体被侵犯时，能为其提供充分救济。问题是，此种消极防御性的法律保障并不能保证人本身的充分实现。对此，人的尊严对于法的实践命令不应仅仅体现为要求国家赋予人因其内在规定性而享有防御性的权利，国家亦应为人的尊严的积极实现提供可能。❻ 这种要求实质性地指向了《德国基本法》第 1 条第 1 款以下的诸项基本权利，尤其是第 2 条第 1 款的人格自由发展，在人的尊严实现中的实践价值。

2. 人格自由发展

在德国，《德国基本法》第 1 条第 1 款人的尊严"为基本权利之基准

---

❶ Vgl. Immanuel Kant, Grundlegung zur Metaphysik der Sitten, Philipp Reclam Jun, 1984, S. 79.

❷ Vgl. Immanuel Kant, a. a. O., S. 80.

❸ Vgl. Immanuel Kant, a. a. O., S. 81.

❹ Vgl. Karl Larenz/Manfred Wolf, Allgemeiner Teil des Bürgerlichen Rechts, C. H. Beck, 2004, S. 22.

❺ 参见［德］黑格尔：《法哲学原理》，范扬、张企泰译，商务印书馆 1961 年版，第 46 页。

❻ 参见［德］埃曼："德国民法上的一般人格权制度"，邵建东译，《民商法论丛》2002 年第 23 卷，第 470 页。

点、为基本权利之出发点、为基本权利之概括条款、属宪法基本权利之价值体系"，甚至也是整个基本权利体系的基础。❶ 但即使如此，其也不是德国民法上一般人格权的唯一价值基础。通过司法实践续造出一般人格权的德国联邦最高法院认为，除了《德国基本法》第 1 条第 1 款规定的人的尊严外，《德国基本法》第 2 条第 1 款的人格自由发展亦是民法上一般人格权解释所要考量的价值基础。❷

德国学理上普遍认为，《德国基本法》第 2 条规定的人格自由发展具有主观权利的特征。只有尽最大可能地保障人格自由的充分发展，才能使人的尊严充分实现。当然，第 2 条第 1 款规定的人格自由不是毫无限制的荒岛之上的鲁滨孙式的自由。依据《德国基本法》第 1 条第 1 款的人的尊严所推导出来的相互尊重原则与当代经济社会发展的现状，人格自由发展是以社会共同体中各成员的和谐共存为目的，受宪法保护但在共同体中又多方受限的权利。这也就是说，人格自由发展既要求个体对自身负责，又要求个体对与其相对的共同体中的其他个体负责。❸

在德国联邦宪法法院看来，《德国基本法》第 2 条第 1 款的人格自由发展被引入民事司法实践而作为一般人格权的价值基础时，应从基本权利的事实构成和限制两个方面来理解：基本权利的事实构成所主要解决的问题是积极行使人格自由发展权的保护界限，亦即人格自由发展权作为主观权利在行使时需满足基本构成要件，违此则不是人格自由发展，不受法律保护；权利的限制则主要从消极限制的一面来确定人格自由发展。对于前者而言，人格自由发展究竟是仅保障一般性的人之行为自由，还是应扩展至精神性人格的自由发展？对此，德国学理上的主流意见认为，精神性人格自由的内部构造不能给相应的权利保护请求提供清晰的应受保护的界限，因此原则上无法通过具体的法律规则来实现；而行为自由的内涵外延相对比较明确清晰，可以满足法律规则适用的确定性、可预见性的基本要求。在此意义上，作为民法上一般人格权之价值基础的人格自由发展实质

---

❶ 参见李震山：《人性尊严与人权保障》，元照出版公司 2001 年版，第 3—4 页。

❷ Vgl. Hein Kötz/Gerhard Wagner, Deliktsrecht, Franz Vahlen, 2010, S. 152.

❸ Vgl. Christian Starck, Vom Grund des Grundgesetzes, Fromm Druckhaus, 1983, S. 35, 70.

上主要指向行为自由。❶

　　这样，作为民法上一般人格权之价值基础的《德国基本法》第 1 条第 1 款的人的尊严和第 2 条第 1 款的人格自由发展之间的规范关系就清楚了。人的尊严并非单纯的人格自由发展的审查标准，人之尊严背后的人的形象实质上是一般人格权引入第 2 条第 1 款人格自由发展的正当性说明。由于限制人格自由发展等基本权利必须符合比例原则，因此以第 2 条第 1 款人格自由发展为价值基础的一般人格权的涵摄能力被实质性提高了。由此，那些无法通过以第 1 条第 1 款人的尊严为价值基础的一般人格权进行涵摄的事实，即可以由以第 2 条第 1 款为价值基础的一般人格权涵摄。❷

　　尤须强调的是，人格自由发展并非封闭且固定不变的，而是向发展变化的社会现实完全开放的价值体系。这意味着，随着社会背景变化而出现的新的行为自由保护领域，亦会通过该条而被及时地纳入法所保护的范围。例如，自然人对个人数据的权利即"信息自决权"，即被认为是依据《德国基本法》第 2 条第 1 款的人格自由发展和第 1 条第 1 款的人的尊严而生的"一般人格权"的具体化。对此，中国学理上有学者亦持同样的见解，认为赋予自然人对个人数据以民事法律保护的正当性基础在于维护人格尊严和人格自由，更具有说服力。❸

（二）一般人格权的理论与实践

　　在德国，人格尊严与人格的自由发展皆属《德国基本法》所明确规定的公民基本权利，它们在现代德国基本权利体系中占有首要位置。❹ 对侵害人格尊严的侵权法救济，在德国主要是通过最高法院将《德国民法典》第 823 条第 1 款中的"其他权利"与《德国基本法》第 2 条第 1 款与第 1

---

❶ Vgl. Christian Starck, Bonner Grundgesetz Kommentar（Bd. 1），Franz Vahlen, 1999, S. 197.
❷ Vgl. Christian Starck, a. a. O., S. 197.
❸ 参见程啸："论大数据时代的个人权利"，《中国社会科学》2018 年第 3 期，第 113 页。
❹ 人的尊严与人格的自由发展两者之间的关系，德国公法学者史塔克（Starck）教授认为：前者在基本权利体系中居第一位（die erste Stelle in der Verfassung），后者则居于基本权利之巅（die Spitze der Grundrechte）。亦言之，两者在德国基本权利体系中皆具有头等重要的意义。Vgl. Christian Starck Hrsg. , Das Bonner Grundgesetz Kommentar（Bd. 1），Fran Valen, 1999, S. 32, 190.

条第 1 款的创造性结合所发展出来的一般人格权体系来完成。❶ 但是，从德国法律实践关于侵权法上一般人格权所保护的内容来看，它包含了极其多样的人格利益。❷ 典型的人格利益，如姓名、肖像、自由、名誉、隐私等，均涉及通过一般人格权寻求侵权法律救济的情形。❸ 由于纳入一般人格权保护的人格利益非常丰富，因此它所指向的客体未如其他传统权利类型一般具有明确性，德国最高法院在判决中曾使用十几种表达方式，如人格形象、人格权性的利益、人格的专属领域等，以说明一般人格权保护的客体，但整体效果并不理想。❹

1. 一般人格权的主要理论争议

德国侵权法理论界受这种法律实践的影响，在相当长的一段时间内也深陷一般人格权本质属性之争的泥淖。这场理论争论的焦点集中于：一般人格权究竟是否属于如《德国民法典》第 823 条第 1 款所明确列举的典型权利类型。

持肯定意见的学者认为：传统意义上的典型权利关于客体为确定及有形的基本要求，❺ 无法合理解释并兼容现代社会以尊重和保护人格为基本法律价值基础而发展出的一般人格权。因此，必须重新界定的是权利本身的内涵，而不是拒绝一般人格权的权利属性。在此前提下，持该观点的学者将权利概念定义为："属于特定主体以便其自主实现的合理利益。"❻ 这种以客观价值为导向的权利不再以是否存在确定和有形的客体为标准来界定某种应受法律保护的利益的权利归属。❼ 这样，即使一般人格权缺乏确

---

❶ Vgl. Helmut Köhler, BGB Allgemeiner Teil, 32. Aulf. , C. H. Beck, 2007, S. 256.

❷ Vgl. NJW 1959, S. 525 – 526.

❸ 德国学者克茨教授与瓦格纳教授认为，一般人格权的保护范围应当包括：姓名、肖像、侮辱与其他名誉侵害、扭曲他人社会形象、侵占商业性的人格标志、自主保护、隐私侵害、死者人格保护等。Vgl. H. Kötz/G. Wagner, Deliktsrecht, 11. Aufl. , Franz Vahlen 2010, S. 152 – 163.

❹ Vgl. Ernst Wolf, Allgemeiner Teil des BürgerlichenRechts, 2. Aulf. , Carl Heymanns, 1976, S. 110 – 111.

❺ Vgl. Andreas von Tuhr, Der Allgemeine Teil des Deutschen Bürgerlichen Rechts, Duncker und Humblot, 1957, S. 133.

❻ Vgl. Heinrich Hubman, Das Persönlichkeitsrecht, 2. Aulf. , Böhlau, 1967, S. 128.

❼ Vgl. Heinrich Hubman, a. a. O. , S. 120.

定明确的权利客体，也不影响其作为权利本身的存在性。

反对者则表示，作为绝对权的人格权只可以针对单个的客体而存在，因为从法律概念本身的逻辑出发，只有确定的客体和内容，才可以确定概念；只有人格概念被确定，才可以界定是否存在人格权和对该人格权的侵害，没有确定客体或者说一个针对多个客体的权利类型是不存在的。德国最高法院在未遵循这一逻辑体系的前提下所使用的一般人格权概念是空洞的。❶ 因此，一般人格权并非典型权利类型，它只不过是一个具有秩序功能的上位概念。❷

2. 司法实践的态度

这种理论上的争议尽管因为持续的司法实践而逐渐失去它的意义，❸ 因为一般人格权已因司法实践的努力而通过司法判例逐渐完成对制定法的法律续造并成为德国私法的重要构成。❹ 但这种教义学上的理论争议所反映出来的问题，在具体的法律实践中依然存在。在德国人格利益侵权法保护的个案适用上，会因主体利益保护的现实需要而区分两种情形。

一种是存在具体和特定人格利益的，典型的如前所述的肖像、姓名等，这种情形下的一般人格权被视为源权利或基本性的母权利，具体的人格利益为该源权利中产出的具体化的权利，属于从一般人格权中截取下来的权利片段，是一般人格权的特别表现形式；❺ 另一种是不存在明确的特定人格利益，无法通过前述类型化的涵摄而纳入具体的人格利益中去，这种情形下的权利主体亦可直接依据一般人格权被侵害而主张侵权法上的救济，无法归纳到具体的人格利益类型并不能排除权利主体通过一般人格权从而获得法律上的救济。❻

在第一种情况下，一般人格权的实质就是权利束，权利主体主张侵权

---

❶ Vgl. Ernst Wolf, Allgemeiner Teil des BürgerlichenRechts, 2. Aulf. , Carl Heymanns, 1976, S. 110, 111.

❷ Vgl. Karl Larenz, Lehrbuch des Schuldrechts, Bersonderer Teil, C. H. Beck, 1956, S. 336.

❸ Vgl. Josef Esser/Hans Leo Weyers, Schuldrecht: Band 2, 8. Aulf. , C. F. Müller, 2000, S. 157.

❹ Vgl. Jürgen Helle, Privatautonomie und Kommerzielles Persönlichkeitsrecht, JZ, 2007, S. 444 ff.

❺ Vgl. BGHZ 24, S. 72 ff.

❻ Vgl. BGH 2. 7. 1974, NJW 1974, S. 1947 ff.

法上的救济，实际上是通过确定且具体的人格利益以及相应的救济规则来实现，一般人格权仅是为这种具体人格利益的适用提供正当的说明基础；在第二种情况下，一般人格权所表现的就不仅仅是权利束，它是实实在在的权利类型，权利主体据此权利类型可以直接主张相应侵权法上的救济，亦即言，该情形下一般人格权的适用符合权利规则的基本构造，如果按照前述典型权利类型支持者的观点，在这种场合下一般人格权所指向的恰是因具体人的实现所必需的人格尊严和自由发展人格的客观价值，应该受到法律的充分保护。❶

这两种情形的存在，决定了德国侵权法上一般人格权范畴内部构造的双重性。一部分处于该范畴的核心领域，即已通过当代法律实践的论证与发展而被广泛认识并接纳的人格利益，因为有着较为明确的内涵与外延，因此相应的法律保护亦是通过特定的规则来实现。典型的如前述对肖像等人格利益的法律保护。❷ 另一部分是核心领域之外的其他人格利益，一方面为使具体人的实现这一法律首要目的不至于落空，❸ 一方面又得保证法典与实践之间的适当关系以防止实践的恣意对法本身的侵害，以及进而所可能导致危及具体人之实现这一目的本身的危险，所以对该部分人格利益的法律涵摄与保护毋宁是小心翼翼且通过个案利益衡量来实现，而这恰是作为抽象概括且具有一定弹性的一般人格权所具有的典型特征。❹

从这个意义上讲，当代德国侵权法律实践中一般人格权的本质，实质上包含了前述教义学争议中的两种典型观点：对处于一般人格权核心领域的人格利益而言，一般人格权是权利束而非为典型权利类型，在这种情形下一般人格权没有直接适用的功能，其须让位于特别规则；对处于一般人格权核心领域之外的人格利益而言，它实质上发挥的是典型权利类型的功能，这种情况下其具有直接适用的效力。就此而言，一般人格权被当作一

---

❶ Vgl. BGHZ 24, S. 72 ff.

❷ Vgl. H. Kötz/G. Wagner, Deliktsrecht, 11. Aufl., Franz Vahlen 2010, S. 155, 159 ff.

❸ Vgl. Christian Starck Hrsg., Das Bonner Grundgesetz Kommentar（Bd. 1）, Franz Valen, 1999, S. 37.

❹ Vgl. H. Kötz/G. Wagner, Deliktsrecht, 11. Aufl., Franz Vahlen 2010, S. 156.

般条款，以作为其他规范调整中之保护利益的补充。❶

借此，前述德国最高法院多次变换措辞而亟欲说明的一般人格权客体，也可以从该院持续性的司法续造而得发展出的一般人格权规则内部的双层构造结构中得到根本性的解决。尽管一般人格权规则内部因被保护对象内涵外延是否确定明晰而区分为核心领域与非核心领域两层，但是这种差异实质上是抽象法律本身内在缺陷所导致的法律技术上的安排，其并非应然的价值取向。对法律首要目的即具体人的实现来讲，人格利益在一般人格权规则内部结构中的区分，并不会构成其作为该规则所保护之客体的真正难题。只是在外在表现形式上，如果处于一般人格权规则内部的人格利益，存在较为明晰且成型的内涵外延，则可通过技术性处理，将之类型化为类似于《德国民法典》第823条第1款所明确规定的，存在明确表现形式的人格利益，如名誉、隐私等，❷ 以使其与典型的人格权利类型在法律概念构成的形式逻辑体系上保持一致。在这种情形下，一般人格权规则保护的客体即人格利益，即可能与类型化技术处理过程中所使用的人格要素概念重合。由于人格要素是从人格构成本身出发，而现代法治社会背景下的权利主体系具备法律人格者，因此，在形式逻辑上人格要素并不符合成为法律客体的构成要件。但抽象法律规范本身存在的缺陷以及语言本身的匮乏，却可能导致作为一般人格权所欲保护之客体与权利主体本身的构成在概念表现形式上重合，特别是在人格利益存在明确内涵外延而具备成为典型权利类型的场合尤其明显。处于一般人格权规则非核心领域的人格利益则较少存在这种因同一概念的使用而导致的认识上的混淆，因此相较于核心领域的一般人格权保护客体的认知，该部分可能更加一目了然。

---

❶　Vgl. BGHZ 80, S. 311, 319; BGHZ 60, S. 296 – 301.

❷　例如，隐私这种内涵外延并不清晰的人格利益，在德国侵权法当中，德国最高法院发展出来的空间界限标准将隐私的保护区分为三个层次，其中卧室中的隐私居于核心保护的位置，法官在个案利益衡量时，这一部分隐私所体现的人格利益无论如何都是需要加以保护而不是能被牺牲的。在这种情形下，此类居于一般人格权核心领域的内容，与《德国民法典》第823条第1款明确列举的绝对权性质的人格法益之间，区别并不突出。

（三）评析与启示

可以发现，德国法上通过司法实践的法律续造而发展出来的一般人格权并没有像中国《民法总则》第 109 条和征求意见稿第 7 条那样，将价值基础明确宣示出来，而是由法院在裁判书中通过援引《德国基本法》规定的基本权利所内含的一般法律思想进行说理时加以说明。这使一般人格权真正地成为发展性、开放性的框架性权利，能随着共同体文化和社会经济的发展而不断扩展其范围并丰富其内容。❶ 这种不明确宣示一般人格权价值基础的做法，亦被其他国家和地区认同。例如，《法国民法典》第 1382 条、《瑞士民法典》第 28 条、中国台湾地区"民法"第 18 条及 195 条第 1 款，均为概括承认一般人格权但未明确宣示其价值基础的典型。当然，制定法未明确宣示一般人格权的价值基础，并不会对司法实践和学说理论通过解释来填充和丰富其内涵产生不利影响。

德国法的实践经验表明，不在制定法中明确宣示或规定一般人格权的价值基础，在中国当代社会背景下尤为重要。从中国当代法律实践中人格利益的保护现状来看，现实生活中具体人的充分实现所需要的人格利益类型因人之需求的多样化而错综复杂，需要制定法在保护法的安定性的前提下为人格利益的保护提供一般性的条款。在人格利益保护的一般性条款涵摄下，法官得因为个案的具体需求而依据利益权衡规则进行处理，由此以实现法的安定性和对社会生活的开放性之间的动态平衡。在个案的利益权衡过程中，作为人格权益保护之一般性条款的一般人格权规则，并非是典型权利而是"一束受保护的地位"❷，或"框架性权利"❸。在这一权利框架之下，法官可以在个案中依据利益权衡规则自由裁量。由于人格尊严在中国现行法律体系下仅是具体的基本权利，亦仅是法律的价值基础之一，

---

❶ Vgl. Jörg Paul Müller, Die Grundrecht der Verfassung und der Persönlichkeitsschutz des Privatrechts, Staempfli und Cie, 1964, S. 54.

❷ Vgl. Josef Esser, Schuldrecht, Bersonderer Teil, C. F. Müller, 1969, S. 401.

❸ Vgl. Dieter Medicus/Stephan Lorenz, Schuldrecht Ⅱ: Besonderer Teil, C. H. Beck, 2010, S. 451.

而非如德国那样属于涉及人的基本权利的母权利，在价值基础位阶中居于首要位置。❶ 因此，法官在通过一般人格权进行利益权衡时得综合考虑涉案的各种价值，如人格尊严、人格自由发展甚至公序良俗等，以确保结论的正当性和合法性。借此，前述中国司法实践中仅以人格尊严为价值基础的一般人格权涵摄能力不足的困境，即可被克服。事实上，中国当前司法实践亦主要是遵循此种思路来解决具体案件中包括以人格尊严、人格自由发展以及其他基本价值为基础的人格权益涵摄甚至冲突的问题。

例如，在调取丈夫情人生子案中，妻子通过医院调查丈夫情人的病例，用来查明丈夫以夫妻共同财产支付其与情人所生之子的相关费用时，涉及丈夫情人以人格尊严为价值基础的隐私权和妻子以人格自由为价值基础的知情权的冲突。于此妻子的行为是否构成对他人隐私权的侵犯？在一般情形下，不具有法定资格的第三人向负有保密义务的医院查询他人病历资料，因医院过失导致病人私密信息泄露，符合《侵权责任法》第 12 条规定的情形，第三人与医院应按照过错大小承担侵权责任。但是在本案中，审理法院却认为："丈夫情人的病历资料不仅含有其身体隐私部位的相关信息，更有其不愿为外人所知的生理疾病信息，医院依法负有保密义务，不得随意对外泄露。但妻子对与丈夫夫妻关系存续期间的消费情况享有知情权，有权了解丈夫在医院的消费情况而申请调取材料，其为维权而自行收集证据的行为并不违反法律规定，亦不构成对丈夫情人隐私权的侵犯；而医院未尽法定审查义务，向不具备调取丈夫情人病历资料法定条件的妻子提供了病历资料，违法泄露了丈夫情人的隐私，构成对其隐私权的侵犯，应承担侵权责任。"❷ 法院于此通过权衡不同价值基础的人格权益而进行了区分处理，显然极大提高了一般人格权的涵摄能力，有别于德国司法实践依法律价值的位阶排序而进行的利益权衡方法。后者在隐私权和知情权发生冲突时，径直以人之尊严的优先性而认为以人之尊严为价值基础

---

❶ Vgl. Rolf Schmidt, Grundrechte, Dr. Rolf Schmidt, 2010, S. 94.

❷ 参见田野、丛林："调取前夫情人住院生娃病历是否构成侵权"，《民主与法制周刊》2018年第 20 期，第 33 页。

的隐私权应优先于以人格自由发展为基础的知情权的保护。❶

在生育权纠纷案中，审理法院明确表示："决定孩子是否出生属于生育决定权的范围。生育权具有明显的冲突性，……但是男方的生育决定权与女性的人身自由权、生命健康权相比，处于下位阶。如果两种权利发生冲突，男性的生育权应当让步。"❷ 法院于此即通过利益衡量规则而综合考量了处于通常所谓的一般人格权涵摄范围的各种人格利益和价值，并推出女性生育权优先保护的结论，论证的正当性和合法性基础更为充分。❸ 此外，在以孝亲为价值基础的人格利益被侵害的场合，当前司法实践亦通过引入公序良俗概念，将孝亲纳入公序良俗的涵摄范畴，认为违背公序良俗阻碍他人埋葬、祭奠、悼念先人的，构成对受害人人格利益的侵害，应承担侵权责任。此亦表明，不明确规定作为人格利益保护之一般性条款即一般人格权的价值基础，事实上更有利于该一般性条款之立法目的的实现。

五、一般人格权法典表达的应然选择

对于正在编纂中的民法典而言，究竟应当如何选择呢？对此，应在总结中国已有实践经验并结合比较法上有益经验的基础上，考虑如下表达方式。

（一）以"其他人格利益"作为一般人格权的规范表述

最高人民法院在其颁布的《精神损害赔偿司法解释》内，除明确规定为一般人格权的人格尊严权规则外，还规定了"其他人格利益"规则。依据法益论者所坚持的观点，对现实生活中具体人之实现的充分法律保障，除德国法上的一般人格权规则外，瑞士法中的关于人格保护的一般性规定以及中国台湾地区"民法"中的"其他人格法益"规则，也是可供借鉴的

---

❶ 参见朱晓峰：《侵权可赔损害类型论》，法律出版社 2017 年版，第 613 页。

❷ 参见孙欣："女性单方面决定生育不构成对男性生育权的侵犯"，《人民法院报》2014 年 5 月 29 日第 6 版。

❸ 参见朱晓峰："评最高人民法院指导案例 50 号——兼论生育权保护"，《西安电子科技大学学报（社会科学版）》2016 年第 5 期，第 73 页。

理想路径。● 但最高人民法院在确定"其他人格利益"规则时，并没有像这些典型立法例一样，将之作为涵摄典型人格权利类型外其他人格利益的一般条款。依据最高人民法院相关规则创制时的观点，以人之所以为人的尊严和价值为基础的人格利益，被法律确认为民事权利时即为人格权利，除此之外的则为其他人格利益。人格尊严权是作为人格权利的一般性规则而存在的，在法律确定的典型人格权利类型不足以涵摄人格权利时，以作为一般规则的人格尊严权补充使用之。"其他人格利益"规则是针对被纳入民事权利体系之外的应受保护的人格利益而言的，在应受法律保护之其他人格利益被非法侵害的情形下，这里主要是指行为人在违反社会公共利益和社会公德的情形下，受害人有权向法院主张损害救济。●

　　最高人民法院在这里的思路是，为给人格利益的实现提供充分的法律保障，需要区分两种情况：一种是在人格利益被纳入权利体系的情况下，如无典型人格权利类型，则适用作为一般规则的人格尊严权调整；另一种是人格利益未被纳入权利体系时，适用"其他人格利益"规则涵摄处理，如果侵害行为违反社会公共利益和社会公德，则受害人因人格利益遭受侵害所主张的法律救济，应获得法律上的支持。这种思路看似严谨，但隐含的问题是，被纳入权利体系的人格利益，显然存在明确的内涵外延，这种情形下，依据典型权利规则即可为相应权利主体提供法律救济，规定作为一般规则的人格尊严权于此实际上并无适用之余地。对那些未纳入权利体系的人格利益，因为最高人民法院将人格尊严权视为典型权利，因此亦无适用人格尊严权规则调整的余地。在这种情形下，作为一般人格权的人格尊严权规则实际上并没有发挥作用的空间。因此，后来的民事立法，最为典型的如《侵权责任法》，并未将人格尊严权置于其明确列举的典型人格权利类型中。

　　鉴于此，最高人民法院在《精神损害赔偿司法解释》中为充分保护人

● 参见易军："论人格权法定、一般人格权与侵权责任构成"，《法学》2011年第8期，第87页。

● 参见唐德华：《最高人民法院〈关于确定民事侵权精神损害赔偿责任若干问题的解释〉的理解与适用》，人民法院出版社2015年版，第33页。

格利益而事实上所确立的两条一般规则，在排除不合时宜的人格尊严权规则后，就是"其他人格利益"规则了。如前所述，在既存法律体系内在逻辑构成上，该规则并不会如人格尊严权规则一般存在逻辑体系的违反。对于人格利益的法律涵摄来讲，依据民事权利理论，被纳入权利体系的人格利益存在明确的内涵外延，这种情况下如果存在该等利益的侵害，直接适用相应的权利规则，毋需再通过一般规则的适用来寻求救济。对未纳入权利体系的人格利益，无论是存在明确内涵外延的，还是内涵外延并不十分明确的，皆可置于"其他人格利益"规则的涵摄范畴。因此，以该规则作为典型人格权利类型之外的一般规则，当主体人格利益遭受非法侵害而依据典型人格权利规则无法救济的时候，受害人即可依据该规则主张法律上的救济。在这一点上，"其他人格利益"规则与典型人格权利规则可以合理共存于既存法律体系内。

以"其他人格利益"规则作为一般规则适用于非属典型人格权利类型之人格利益的涵摄，也不会如人格尊严权规则一般，会构成一般规则涵摄能力的抑制。依据最高人民法院的观点，尽管该规则以人格尊严为其正当性基础，❶ 但由于人之尊严范畴本身的丰富性，因此，较之于仅从该范畴内截取一段而类型化为典型权利的人格尊严权，"其他人格利益"规则的涵摄能力实质上可以得到充分的保障。当然，较之于德国法上的一般人格权规则，"其他人格利益"规则的正当性价值基础显然存在不足，这可能削弱其涵摄能力。但较之于人格尊严权，该表述的涵摄能力却是被实质性地提高了。

另外，以"其他人格利益"规则作为人格利益法律保护的一般性规则和兜底条款，也不存在着法益论者所担心的，若中国法律实践中确立德国法上仅具备权利形式而无权利实质的一般人格权规则，所可能导致的权利概念混淆之现象的发生。❷ 因为人格权利与人格利益之间的区分是显而易

---

❶ 参见唐德华：《最高人民法院〈关于确定民事侵权精神损害赔偿责任若干问题的解释〉的理解与适用》，人民法院出版社 2015 年版，第 8 页。
❷ 参见薛军："揭开一般人格权的面纱"，《比较法研究》2008 年第 5 期，第 37 页。

见的。❶ 同时，理论上为学者所诟病的承认一般人格权所可能导致的司法
自由裁量权的扩张，❷ 也可以通过非法性构成要件的适用而得以适当控制。
在外在表现形式上，尽管最高人民法院所确立的"其他人格利益"规则，
与中国台湾地区的"其他人格法益"规则存在显著差别，因为前者认为构
成典型人格权利之外人格利益的侵害，非法性构成要件的认定上必须满足
社会公共利益和社会公德的违反，而后者则规定侵害典型人格权利与侵害
"其他人格法益"适用同样的非法性认定标准。但是在实质上，正如最高
人民法院在起草理由中所阐述的，对于非属典型权利类型的人格利益，适
用不同于典型权利类型的非法性认定标准，主要是考虑到未被纳入权利体
系的人格利益贸然适用与纳入权利体系的人格利益同一非法性认定标准，
存在归入上的困难。❸ 这种考虑是适当的。区分人格利益法律保护之违法
性要件的标准，类似于德国法上区分结果不法与行为不法的理论一样，对
于未纳入权利体系的其他人格利益，适用行为不法的标准，有助于控制个
案判定中司法自由裁量权的恣意。

　　事实上，中国司法实践中通过"其他人格利益"规则涵摄处理典型人
格权利类型之外其他人格利益遭受侵害的案件，也远较依据人格尊严权规
则妥适可行。对于前述依据人格尊严权规则调整存在问题的一般人格权纠
纷案件，适用"其他人格利益"规则，可能更具说服力。

（二）一般人格权条款的具体设计

　　一般人格权创设的初衷就是因应社会变迁及层出不穷的侵害方式，扩
大人格权的保护范围而发展形成的法律规则。❹ 所以在民法典中明确承认

---

　　❶　关于权利与利益的区分界限，详见于飞教授所著之《权利与利益区分保护的侵权法体系
之研究》一书，法律出版社 2012 年版。

　　❷　参见易军："论人格权法定、一般人格权与侵权责任构成"，《法学》2011 年第 8 期，第
90 页。

　　❸　参见唐德华：《最高人民法院〈关于确定民事侵权精神损害赔偿责任若干问题的解释〉的
理解与适用》，人民法院出版社 2015 年版，第 30—31 页。

　　❹　参见王泽鉴：《人格权法：法释义学、比较法、案例研究》，北京大学出版社 2013 年版，
第 251 页。

一般人格权确有必要，这也是制定法对现实生活中人之现实需求的及时回应，亦符合比较法上人格权保护的普遍经验。而在民法典中明确宣示一般人格权的价值基础并将之特定化或唯一化，不但合法性基础付诸阙如，正当性基础也不充分，违反了该规则创设的初衷，并不妥适。以此为基点，结合征求意见稿第 7 条与第 1 条的规定，可以考虑将第 1 条修改为："民事主体的生命权、身体权、健康权、姓名权、肖像权、名誉权、隐私权等人格权利和其他人格利益受法律保护，任何组织和个人不得侵犯。"同时删去征求意见稿第 7 条。若民法典不设立人格权编，那么应修改《民法总则》第 109 条的表述为："自然人的人格尊严、人格自由受法律保护。"这样，从体系解释的角度来看，《民法总则》第 109 条宣示的基本价值应该是该章规定的所有民事权益的价值基础，并且该条从功能上讲属于授权性条款，并不排除法律上的其他基本价值作为本章规定的民事权益所内含的一般法律思想。这就意味着，法院在通过一般侵权条款保护不被法律明确规定的人格利益时，也可以以法律的其他基本价值作为论证的正当性与合法性基础。由此表明民法典承认和保护包括一般人格权在内的民事权益的一般法律思想来源的重心与多元化并举的基本立场，并以此作为司法实践通过侵权法上一般侵权条款续造一般人格权的价值基础。之所以如此考虑的核心在于，人格权的保护必须与侵权法规定结合起来，才能确定人格权被侵害时受害人的完整请求权基础。无论民法典中的一般人格权规定在何处，采取哪种表达方式，都要和侵权责任编的一般侵权条款结合起来涵摄现实纠纷。经由一般侵权条款将一般人格权纳入民法典的保护范围意味着，被民法典明确宣示出来的"人格尊严、人格自由发展"并不排除法院在个案审理时引入其他一般法律思想来确定应受法律保护的人格利益类型与范围，其能够通过利益权衡而综合考量作为结论之正当性与合法性基础的诸要素，并且充分发挥一般侵权条款的空白填补功能。❶ 据此，民法典的安定性和对现实生活的开放性之间的紧张关系即可经由这种立法技术安

---

❶ 参见［德］赖希："何谓欧洲民法的一般原则"，金晶译，《财经法学》2015 年第 6 期，第 113 页。

排而获得缓解。借此，立法者所明确宣示的立法目的即"对已经不适应现实情况的规定进行修改完善，对经济社会生活中出现的新情况、新问题作出针对性的新规定。……保证人民依法享有广泛的权利和自由、承担应尽的义务，实现好、维护好、发展好最广大人民根本利益"❶，亦可得以实现。

六、本章结论

将人格尊严权视为一般人格权或者将人格尊严视为一般人格权唯一的价值基础，都是不妥当的，因为两者均存在明显的缺陷，不符合既有法律体系关于形式逻辑体系内在统一性的要求。尤为重要的是，在实践适用中，这样的一般人格权规则无法担负起一般条款所具有的广阔涵摄能力。在关于人格权立法的理论观点中，有学者认为，人格尊严不宜被类型化为典型权利，适当的做法是将之视为人格权的价值基础，并将其通过一般条款的方式转化为一般人格权规则。❷ 这种观点颇值得赞同。由此，《精神损害赔偿司法解释》中人格尊严权被废止，《民法总则》第 109 条"人身自由、人格尊严"与征求意见稿第 7 条将人格尊严视为一般人格权唯一的价值基础的不规范表述在将来被适当修改，就成了一种必然选择。而初始未被最高人民法院明定为一般人格权规则的"其他人格利益"规则，却可以避免人格尊严权所具有的大多数不足，从而担当起德国法上一般人格权规则实际担负的功能，尽管两者在表现形式上存在较大的差异。这可能也是立法者所始料不及的。但正如德国法学者所讲的："法律一旦开始适用，就会发展出固有的实效性，其将逾越立法者当初的预期。"❸ 而法学的任务则是，将这种逾越立法者预期的法律的真实面目，正确地呈现出来。

---

❶　参见民法总则立法背景与观点全集编写组：《民法总则立法背景与观点全集》，法律出版社 2017 年版，第 3 页。

❷　参见王利明："人格权法中的人格尊严价值及其实现"，《清华法学》2013 年第 5 期，第 5—19 页。

❸　参见［德］拉伦茨：《法学方法论》，陈爱娥译，商务印书馆 2004 年版，第 198 页。

第五章　中国民法中人格尊严的
消极向度和积极向度[*]

> 每个人都必须一直被作为他或她自身的目的而对待，每个人的最原初尊严包括认知和实现作为有独立人格的人。❶
>
> ——Eduward J. Eberle

一、问题的提出

中国民法典人格权编在制定中虽然存在众多的理论争议，但其中也存在众多的亮点和有价值的创新。其中一个尤其值得关注的点是，对于人格权属性由消极防御性向支配与特定条件下权利人向特定主体积极主张以实现权利内容转变的观点，草案二审稿持一种开放性的立场。因为草案二审稿一方面规定了人格权的防御性属性，事实上，这也是人格权的主要属性，草案二审稿用大量条款来对此予以规定。例如草案二审稿第774条规定："民事主体的人格权受法律保护，任何组织或者个人不得侵害。除本编规定的人格权外，自然人享有基于人身自由、人格尊严产生的其他人格权益。"第783条规定："自然人享有生命权，有权维护自己的生命安全和生命尊严。任何组织或者个人不得侵害他人的生命权。"第784条规定：

＊ 本章主要内容参见朱晓峰："人格立法之时代性与人格权的权利内质"，《河北法学》2012年第3期，第126—134页。

❶ See Eduward J. Eberle, Diginity and Liberty: Constitutional Visionsin Germany and the United States, Praeger Publishers, 2002, p. 7.

"自然人享有身体权，有权维护自己的身体完整和行动自由。任何组织或者个人不得侵害他人的身体权。"第785条规定："自然人享有健康权，有权维护自己的身心健康。任何组织或者个人不得侵害他人的健康权。"第793条规定："任何组织或者个人不得以干涉、盗用、假冒等方式侵害他人的姓名权或者名称权。"第799条规定："任何组织或者个人不得以丑化、污损，或者利用信息技术手段伪造等方式侵害他人的肖像权。未经肖像权人同意，不得制作、使用、公开肖像权人的肖像，但是法律另有规定的除外。未经肖像权人同意肖像作品权利人不得以发表、复制、发行、出租、展览等方式使用或者公开肖像权人的肖像。"第804条规定："民事主体享有名誉权。任何组织或者个人不得以侮辱、诽谤等方式侵害他人的名誉权。本法所称名誉是对民事主体的品德、声望、才能、信用等的社会评价。"第810条规定："民事主体享有荣誉权。任何组织或者个人不得非法剥夺他人的荣誉称号，不得诋毁、贬损他人的荣誉。获得的荣誉称号应当记载而没有记载或者记载错误的，民事主体可以要求记载或者更正。"第811条规定："自然人享有隐私权。任何组织或者个人不得以刺探、侵扰、泄露、公开等方式侵害他人的隐私权。"对于这种防御性的权利的保护，主要是通过侵权法的保护来实现。对此，草案二审稿第798条规定："人格权受到侵害的，受害人有权依照本法和其他法律的规定请求行为人承担民事责任。依照前款规定提出停止侵害、排除妨碍、消除危险、消除影响、恢复名誉请求权的，不适用诉讼时效的规定。"另一方面，草案二审稿也规定了人格权具有积极行使的支配权的属性。例如，草案审稿第776条规定："民事主体可以许可他人使用姓名、名称、肖像等，但是依照法律规定或者根据其性质不得许可的除外。"第792条规定："自然人享有姓名权，有权依法决定、使用、变更或者许可他人使用自己的姓名。"第792条之一规定："法人、非法人组织享有名称权，有权依法使用、变更、转让或者许可他人使用自己的名称。"第798条规定："自然人享有肖像权，有权依法制作、使用、公开或者许可他人使用自己的肖像。"尤其重要的是，草案二审稿规定了人格权主体基于人格权更为充分的实现，在条件具备时有权向特定的义务主体主张为特定行为的请求权，典型的如第786条规定的紧急救助权。依据该条规定，"自然人的生命权、身体权、健康权受到侵害或者处于其他危难情形的，负有法定救助义务的组织或者个人应当及时施救"，这实质上就根本性地突破了传统理论所坚守的人格权防御权属性，是人格权实践与理论的重要转向。

事实上，在中国民法典人格权编编纂之前，就人类历史上已经发生并存在过的法律人格制度所表现出来的特征看，它所关注的对象实际上经历了两个历史阶段的蜕变。第一阶段是以罗马法为代表的技术性人格立法阶段，它通过拟制的法律人格赋予无生命但对社会整体存续意义重大的家庭以参加法律关系的主体资格。❶ 个人在这种立法模式下仅表现为家庭这一人格体的构成部分，他完全被家庭所吞没，没有作为独立存在的价值而被法律所关注。❷ 第二阶段是以《法国民法典》和《德国民法典》为代表的伦理性人格立法阶段，这一阶段立法所表现出来的时代特征为个人本位。❸ 因为人之为人的人格要素在这一阶段被发现并且得到自然法主义者和启蒙思想家的极力鼓吹，法律所关注的对象随着社会的剧变实现了由家庭到个人的转变；个人在法律上应该享有平等法律人格的理论也得到了立法的承认；法律人格制度实现了由技术型向传统伦理型的成功过渡；个人因为生命、自由等人格要素而在法律上所享有的权利也实现了由自然权利到法定权利的发展。因此，这一时期所表现出来的立法趋势整体上可以归纳为：承认人之为人并尊重他人为人。❹ 这种以个人人格尊严的实现为目的的法律观，正是近现代文明最可宝贵的地方。也正是这种以人之实现为目的的法律上之伦理关怀，因为现代科技文明与由此引发的整个时代背景的变

---

❶ 学者关于罗马法中的家庭具有人格的观点，见诸于梅因、黑格尔等人的论述，详细内容可参考梅因在《古代法》一书第六章"遗嘱继承的早期史"以及黑格尔的《法哲学原理》中第三篇第一章"家庭"关于罗马法的阐释。格罗索教授在《罗马法史》中谈到罗马法早期，家父作为家庭的主权者以及家庭在罗马社会作为一个政治单位和政治组织的时候，亦在一定程度上承认家庭的拥有人格这一观点。这里要注意的是，梅因和黑格尔的观点之所以一致，可能是前者受到后者学说的启发。参见［爱尔兰］凯利：《西方法律思想简史》，王笑红译，法律出版社2002年版，第311页。

❷ 参见［英］梅因：《古代法》，沈景一译，商务印书馆1959年版，第105页。

❸ Vgl. Gustav Radbruch, Einführung in die Rechtswissenschaft, Quelle & Meher, 1929, p. 80.

❹ Vgl. Friedrich Hegel, Grundlinien der Philosophie des Rechts, Berlin, 1821, §36.

化，对传统的人格立法以及与之相适应的人格权特质，提出了严正的挑战。这也是民法典人格权编草案承认内涵积极请求权属性的紧急救助权并有必要承认生命自主权的正当性基础之所在。亦正因为如此，下面拟通过法律上人格制度的两次重要转向，来论证民法典人格权编承认人格权积极请求权属性的正当性基础并提出草案二审稿需要进一步完善的地方。

二、人格尊严民法保护的消极向度

对传统社会背景下的人而言，他们之所以陷入对于死亡本身的恐惧，其中最重要的因素就是人对死后世界的无知，而免于物质匮乏则是逃避死亡威胁的最为基础的保障。因此，实现财产权的有效控制和利用，无疑是在资源相对不足的情况下接近这一目的的最为合理的措施。"凡是让人的生命延长和幸福的，都应当去做，而凡是让生命不幸福的、加速死亡的，就应当避免。"❶ 所以无论是技术性人格立法阶段还是传统伦理性法律人格立法阶段，立法者都极端重视财产权的流转与取得。罗马法时期法律之所以无视个人的存在，是因为当时生产力水平相当低下，个人的力量尚不足以独立应对随时都有可能发生的自然或社会灾害，个人必须结群才能自保。对于个人而言，其唯有在共同体中才能够获得较大的生存几率。因此，注重实践的罗马法将家庭视为其调整的核心对象就再合理不过。在这种情况下，法律牺牲个人利益甚至是个别生命的行为，看似与逃避死亡、保全生命这一主题相矛盾，但这恰恰是反映了问题的实质。家庭本位的立法最终要实现的是个人在共同体存续下的生存，共同体的生存是个人存续的前提，两者之间的冲突以共同体的利益保护为重，牺牲个人以实现共同体利益在家庭本位立法环境下具有正当价值。但是社会并不是静止不变的存在，个人对于世界的能动性也不会永远使社会无动于衷。社会发展与日渐凸显的个人力量之间的交互作用必然导致个人主体地位的增强，这要求法律承认并保障个人在实践中所获得的主体地位。另外，个人获得法律承

---

❶ 参见［德］罗门：《自然法的观念史和哲学》，姚中秋译，上海三联书店 2007 年版，第 89 页。

认的一个重要原因就是人之理性的发现。人因为理性发现所获得的自信促使他思考自身以及其所处的环境，这种思考的成果有助于推动人类文明的发展，而文明的发展反过来嘉惠于理性之个人。文明与理性的发展使得两者呈良性互动态势，这种互动在导致社会获得大发展的同时，也促使个人获得独立的法律人格。

因为个人对他在获得法律上独立人格之前所曾经历的痛苦记忆，包括法律给人以非人的待遇，特别是对于个人生命的任意践踏和剥夺，使他们在制定法律时尤其强调对生命本身的法律保障。个人的这一要求反映在法典编纂上，首先就表现为他们对于财产权的坚决态度，即所有权神圣和契约自由，前者是出于对财产权"静"的安全的考虑，后者则是从"动"的方面考虑财产权的自由实现。当然仅仅通过财产权的保障以保护个人的生命安全还远远不够，如何实现在财产权以外给予生命以更为充分的保障也被审慎考虑，这种考虑的结果因为法典编纂者所处历史环境的变迁而有所不同。

在《法国民法典》的主要编纂者看来，生命等人格要素具有自然权利的神圣性，因此不得将它们降格为法定权利而规定在民法典中，法典所需要做的工作仅是对于侵犯生命等人格要素的行为予以法律上的规制。《德国民法典》秉承了启蒙主义以来关于人之尊严的思想，同时它受到康德伦理思想的深刻影响。康德思想斩断了人格要素同自然法以及自然权利的哲学纽带。[1] 他一方面认为以人为目的的法律应该对人之为人的人格要素以法律保障；另一方面他又坚持人在任何情形下都是目的，以人的尊严的实现这一绝对前提为基点，他坚决否认人在任何情况下有权支配自己身体的组成部分，[2] 尤其反对自杀。[3] 继承康德思想而对《德国民法典》的制定有直接影响的萨维尼，也担心在制定法中规定关于个人对其人格要素的一般性权利，将会导致自杀权的产生，因此他也仅支持在制定法中对人格要

---

[1] Vgl. Franz Wieacker, Privatrechtsgeschichte der Neuzeit: Unter besonderer Berücksichtigung der deutschen Entwicklung, Vandenhoeck & Ruprecht, 1996, §351.

[2] 参见［德］康德：《法的形而上学原理》，沈叔平译，商务印书馆1991年版，第86页。

[3] 参见［德］康德：《道德形而上学原理》，苗力田译，上海人民出版社2012年版，第37页。

素需通过具体的保护性条款予以保护。❶ 但不管是哪种形式的立法模式，都在给予"生"以特别关注的同时竭力避免"死"，所以就这一点而言，它们在实质上并无多大差别。

因此，这一时期的人格立法，在本质上都是以生命的维系和保全作为共同追求，只是实现的手段大相径庭罢了。之所以出现这种情形，是因为任何人类历史都是以有生命的个人存在为前提，关注生存本身就是人类社会所要面对的头等大事，前述法律实践只不过是这一现实情形的真实反映而已。但是，任何存在都会因为时间的流逝而逐渐消亡，人作为历史性的存在，自然也无法摆脱这一自然规律。人类很早以来就意识到死亡的威胁，并且他无从知晓死后世界的危险程度，这种不确定性所造成的安全感的缺失，促使人力图延缓并尽量避免死亡的到来。对于大多数人而言，他们可以通过运用自身的理性在现世实现美好生活。即使现世生活无法兑现美好生活的预期，但如果现世生活的苦难可以减轻或消除未来在彼岸世界的痛苦，则个人宁愿承受现世的苦难而不愿将自己交由死后未知命运的审判。这一方面固然是因为此岸世界的相对确定性所带给人以心理上的安全感，另一方面也反映了个人对于可能存在的彼岸世界的无知和恐惧。❷ 因此，伦理性法律人格立法将生命等人格要素奉为圭臬，也可能是理性之人为避免死亡所做的努力，而不仅仅是因为人自身的不可侵犯的人格要素自身的要求。

三、时代背景变迁与人格尊严民法保护的困境

传统人格立法将生命的保全和促进置于关注的焦点，实质上是具体时代背景下的历史性产物。因此，如果这种制度赖以存在的时代背景发生了变化，则与之相适应的制度亦应及时调整，以体现变化了的时代背景与生活在新时代背景下之主体的权利要求。也就是说，分析现代社会中个人因为自身的完满实现而应当享有之人格权利的内容，应当与其所处的时代背

---

❶　Vgl. Savigny, System des heutigen römischen Rechts（Bd. 1），Berlin, 1840, §53.

❷　Vgl. Die Bibel, Der Brief an die Hebräer, 2：14, 15.

景联系起来。因为个人的法律人格本身是其所处之时代背景的一个结果，如果未能清晰确定时代已经实现和将要面临的变化，则必然无法确定个人的相应法律人格，由此个人也必然无从向法律主张相应的人格权利。这样，问题的重心将转移到关于个人所处现代社会背景的历史考察之中，借此审查传统伦理性法律人格相较现在所发生的变化，以检讨当下法律关于人格立法的得失，并重新确立个人对人格要素所享有的权利。那么，我们时代所发生的对人格内涵的变更有重要意义的变化是什么情形呢？

在 21 世纪的现代人看来，影响当代生活的最为重要的因素莫如第三次科技革命浪潮的来袭。发端于 20 世纪四五十年代的以原子能技术、生物技术、高技术材料等为代表的高科技席卷全球并且一直持续到现在，它对人类社会已经产生并继续产生一系列深远的影响。❶ 这些影响总的来说可以概括为两个方面。一方面，科技的深入发展及其所取得的成就，包括它在微观世界与宏观世界所达到的深度与广度，使人生活的外在环境比以往任何时代都优越。现在我们虽然不能断言人类已经免于物质资源匮乏所带来的恐慌，但是，现代社会确实在更大程度上满足了人对物质资源的需求，它为人的生存和活动提供了更为坚定的确定性。另一方面，科技革命因人类活动所发生的链式反应反作用于人本身，它在影响人所处的物理环境进而作用于其物质需求的同时，还深刻改变了人的精神世界：就人的思维方式来看，因为自然科学，它借以成功的思维方式必然同时影响人在精神层面的思维方式；就人的思维内容来看，人精神活动的内容必然以外在世界的活动成果为基础，或者以之作为反思对象，或者以之作为进一步推理的基础所在。

上述现象在生命科技的实践领域可能更加典型，而生命科技对于个体人格要素的影响尤为明显。关于生命科技的实践，可借用克尼佩尔的观点，即"人集中全力研究自己的身体、让别人研究自己的身体、去完善身体，在客观意义上，如同一部功能良好的机器，使得自己的身体富有成

---

❶ 参见［美］斯塔夫里阿诺斯：《全球通史》，董书慧译，北京大学出版社 2005 年版，第 760—762 页。

效，在认识到'工具匮乏'时，就其生殖能力以人造工具强化自己的身体❶。现代生命科技在实践科技征服世界、造福人类这一使命的同时，也突入了传统伦理道德的禁区。一方面，生命科技改变了人的生存状态，因为它的介入使得个体生命的保障比以往任何时代都更为充分，人关于"生"的欲求在更大程度上得到了实践更有力的支持。另一方面，由于科技本身与价值无涉，因此个人仅仅是生命科技观察及作用的对象。生命科技的思维逻辑是：作为对象的身体健康运行是生命科技的目的，生命科技以身体本身为研究和实践对象，通过不断深化其对身体的认识来确保发生故障的对象能获得最大的修复。如果截肢断臂、移心造肺在某种程度上可以实现这一目的，那么，它会通过这些行为去实现自己的目的。因此当生命科技将身体本身的健康运行与个人生命无原则地尽可能延长相混淆的时候，生命科技本身的价值无涉立场却导致了它的实践在理论界引发了激烈的伦理道德争论。

在康德、萨维尼的时代，器官移植等现代生命科技所带来维系生命的手段可能无法想象。❷出于维护人的尊严以及保证人格利益在最大程度上实现的考虑，康德思想拒绝了将个人本身视为可予处置的对象的任何行为，即使个人自身，他也仅仅是自身的主人而不是自己的所有者。❸ 在这种情况下，个人自愿处置身体的构成部分以及任何自杀行为，在康德看来违反了人所应承担的道德义务。❹受康德思想影响的《德国民法典》等，据此也在某种程度上明确界定了人对其各人格要素所享有的法益及行使尺度。❺ 但是，在生命科技的发展已使器官移植等成为可能的情形下，这种视人格要素在任何情况下都不得因任何原因而被处分的理论愈来愈受到批评和质疑。

事实上，个人在特定情形下积极行为以实现其人格利益的理论与实

---

❶　参见［德］克尼佩尔：《法律与历史》，朱岩译，法律出版社2003年版，第91页。

❷　Vgl. Horst Ehmann, Das Allgemeine Persönlichkeitsrecht, Im 50 Jahre Bundesgerichtshof: Festgabe aus der Wissensschaft, C. H. Beck, 2000, S. 53.

❸　参见［德］康德：《法的形而上学原理》，沈叔平译，商务印书馆1991年版，第86页。

❹　参见［德］康德：《实践理性批判》，韩水法译，商务印书馆1999年版，第95—96页。

❺　参见赵俊劳："自然人人格的伦理解读"，《河北法学》2009年第5期，第30页。

践，已经突入了康德以来将生命等人格要素视为绝对不容依个人自由意志以积极行为来实现的理论阵地，器官移植等直接关系人格要素的行为已经获得法律上的支持。例如，草案二审稿第 787 条规定："完全民事行为能力人有权依法自主决定无偿捐献其人体细胞、人体组织、人体器官、遗体。任何组织或者个人不得欺诈、利诱、胁迫其捐献。"但即便如此，近代以来的人格理论传统以及受其影响的法律实践，仍然坚守个人在任何情况下都不得请求他人协助以结束自己的生命。典型的如法国关于受害人同意作为免责条款的规定，法律在不作任何区分的条件下，认定个人任何关于生命和身体完好性的自由处分皆属无效，除非其系基于主体病理学上的需要；[1] 德国对实施积极安乐死的行为，依然适用《德国刑法》第 216 条关于应要求杀害罪的规定；[2] 美国联邦最高法院也在犹豫不决中拒绝了被告所主张的宪法第十四修正案所赋予人的自由利益内涵这样的权利，即神志清醒的晚期成年患者享有在内科医生帮助下实施怜悯死亡的选择权；[3] 英国上议院医疗伦理委员会亦拒绝改变英国的禁止帮助自杀令。[4]

科技对现代人的深刻影响，除反映在生命科技领域外，亦反映在人关于彼岸世界的认知。事实上，因为科技的进步，愈来愈多的人相信，人死亡后其实并不存在另一个神秘世界，因此关于对死后未知世界的恐惧也就不复存在。这一思想上的转变对于人类社会长久以来所形成的传统产生了剧烈的冲击。[5] 对于大多数现代人而言，现在更多的恐惧可能源自于现实生活本身的不确定性以及死亡本身。由于现代人承受痛苦的能力较之以往大为减弱，因此，他们对特定情形下的痛苦经历的恐惧，如前述由于生命

---

[1] Vgl. Christian v. Bar, Gemeineuropäisches Deliktsrecht（Bd. 2）, C. H. Beck, 1999, S. 538.

[2] Vgl. Christian Starck, Kommentar zum Bonner Grundgesetz（Bd. 1）, Franz Vahlen, 1999, S. 287.

[3] See Robert G. McCloskey, The American Supreme Court, University of Chicago Press, 2000, p. 178.

[4] 参见［美］布莱斯特、列文森、巴尔金等编著：《宪法决策的过程：案例与材料（第四版·下册）》，陆符嘉等译，中国政法大学出版社 2002 年版，第 1319 页。

[5] 参见［德］马克思："《黑格尔法哲学批判》导言"，《马克思恩格斯选集（第 1 卷）》，人民出版社 1972 年版，第 2 页。

科技的进步使得生命无原则地延长等，又甚于死亡本身。❶ 因此，要避免人在这种情况下所遭受的痛苦感受，特定情形下需要通过死亡才能实现。现代社会背景下的个人向法律提出了这样的问题，即现实生活中的个人，如果生存不再会给他带来一丝一毫的幸福感受，在个人对继续如此生存的恐惧程度甚至比死亡本身还要强烈的情形下，他是否有权利选择死亡以避免痛苦的煎熬呢？

正如黑格尔所讲的，人格是一切法的基础。个人特定情形下是否有权选择死亡，在现代法律体制下实质上意味着：人格权是否内涵积极请求权的权利属性？回答该问题，首先必须明确个人与其所处的社会之间的关系。一方面，个人并不是一个孤独的独立存在，准确地说，个人是生活在关系中的独立存在，因此个人的行为必须在一定程度上与其所在的共同体相协调。其中，个人与共同体之间的利害冲突应在何种程度上实现动态平衡是这一前提得以适用的必要条件。

罗马法时期的法律人格制度忽略了个人独立存在的价值，强调生活于共同体之中的个人为共同体所承担的义务，即他应该为一个群体完成其所负担的义务。❷ 而自杀在绝大多数情况下恰恰被视为是逃避履行共同体赋予个人任务的不负责任的行为。在罗马法看来，自杀必须有充分理由且经国家允许，无理由的自杀是对共同体共同福祉的违背，它甚至意味着对共同体的背叛，是一种极端不负责任的行为，因为"一个不爱惜自己的人更不会爱惜他人"。❸ 而近代以来的伦理性法律人格制度则采取了与之截然相反的个人主义态度，它着重强调个人依自由意志为行为。但无论是《法国民法典》所内含的自然法印痕，还是《德国民法典》内在的康德哲学影响，都在强调对个人内在的诸如生命等人格要素不得侵犯的绝对律令的同时，也踏入了传统伦理性法律人格理论自身所形成的泥淖而不得自拔。也就是说，这两种走向绝对化的立法模式都无法回答这里的问题。因为，法

---

❶　参见［德］瓦瑟尔曼："评德国安乐死立法"，樊丽君译，《民商法论丛》2004 年第 29 卷，第 383 页。

❷　参见［德］雅科布斯：《规范·人格体·社会》，冯军译，法律出版社 2001 年版，第 117 页。

❸　参见［法］迪尔凯姆：《自杀论》，冯韵文译，商务印书馆 2007 年版，第 359 页。

律必须在兼顾社会公共利益的同时，深切关怀个人的真实感受并给予其充分的保护。也就是说，"国家必须追求'最大量的纷繁各异的目标'，必须尽可能少地'为了别人或整体而牺牲他们中的任何一个人'。它必须关注'个性'，或者对'个人情感和个人利益'给予最大可能限度的考虑。"❶那么，现代的人格立法应当如何对待个人的这种权利要求呢？

四、人格尊严民法保护的消极向度与新人格权益

通过前文的分析我们知道，受传统伦理性法律人格制度的约束，个人不能通过选择死亡的方式来避免痛苦。一方面，传统伦理性法律人格立法以实现人作为它的目的，另一方面它又无法为处于极端痛苦之中的人提供现实的摆脱痛苦的有效方法。这种理想与现实之间的矛盾，实际上是因为变化了的时代背景与法律固守传统理念造成的，而这种矛盾最终却是以个人真实感受的牺牲为代价。当今时代，生命等人格要素所要实现的不仅仅是生存这种简单的状态，其毋宁是要求一种有着幸福体验的生存状态。在这种生存状态下，死亡不应仅仅被视为生命的终点，也就是说不能简单地将死亡与有着幸福体验的生存状态相对立，它被理解为生命的完成或者更为合理。❷ 因此，以存在主义者海德格尔所谓的"向死而生"的角度去理解生与死的关系，应该更符合个人这一历史性存在的生存要求。❸

这就要求法律突破以生命的保全和促进为绝对目的的传统人格制度，在坚持对个人生命、自由等人格要素尊重和保护的基础上，不再将生命等人格要素视为绝对不允许个人在任何情形下对其予以处分的禁区。享有权利承担义务而具有主体资格的个人为其美好生活的实现，不必再受限于康德关于理性人的道德律约束。对于其人格要素，个人应当享有更为充分的权利以保证其中所体现之利益的实现，并最终保证作为法律的目的的人之

---

❶ See Leo Strauss, Natural Right and History, The University of Chicago Press, 1953, pp. 322–323.

❷ 参见［美］布莱斯特、列文森、巴尔金等编著：《宪法决策的过程：案例与材料（第四版·下册）》，陆符嘉等译，中国政法大学出版社2002年版，第1312页。

❸ See Robin May Schott, Birth, Death, and Femininity: Philosophies of Embodiment, Indiana University Press, 2010, p. 98.

本身的实现。个人要求法律重新界定法律人格以及人格权利，他向法律提出了新的要求，即要求法律承认特定情形下个人对生命等人格要素享有充分的自决权。

该自决权意味着作为权利主体的个人在不违背法律与社会公共利益的前提下，对于其人格要素可以依据自主意志为或不为一定行为。在特定情形下，个人有权请求特定的主体为一定积极行为以协助其自主意志预设之目的的顺利完成，由此以保证个人美好生活的实现。在该项权利体系下，个人不但可因其独立自主之意思为行为以确保主体外在性要素的实现进而为主体内在性要素的保障和实现提供可能，亦可于特定情形下，如在不损伤其内在性要素的实质性内容的基础上可捐献血液、精子、提供皮肤组织等；或者会对其自身内在性要素造成一定的损害但不致于直接危及其生命这一首要性人格要素的前提下可对其身体的某一构成在不违背善良风俗的情形下依自主之意思予以处分，如肾脏等器官捐献等；又或是对于那些深受剧烈病痛折磨的绝症患者在确定该病于当下之医疗技术没有救治可能的前提下，为减轻其难以忍受的剧烈痛苦，患者得主张结束其生命并有权要求特定医疗机构辅助之。个人的这种权利主张意味着法律对个人人格要素的保护所赋予的权利，不应再仅仅限定为防御性的权利。传统人格理论关于一般人格权为防御性权利，仅在权利被侵犯或有被侵犯之虞时才可向法律主张救济，即反对通过一般人格权创设独立的积极请求权的观点，❶ 应当适时地予以变革。

当代法学理论及法律实践承认一般性人格权利是一种开放的框架性权利体系，该体系框架内所包含的权利内容会随着时代的发展而呈现出与时俱进的特点。❷ 该特点所反映的实质就是：人关于自身人格要素的发现和重新界定，应该紧随时代的变化而使之获得新的生命力。因此，个人在新的时代背景下所主张的自决权，恰恰是个人因为时代发展所导致生活背景的深刻变化，要求不同于传统伦理性法律人格制度下的具有新的时代特点

---

❶　Vgl. Weitnauer, NJW 1959, 313, 316.

❷　Vgl. Dieter Medicus, Schuldrecht（2），C. H. Beck, 2007, p. 284.

的权利。依据传统民法基本理论，请求权可以区分为独立请求权和非独立请求权：前者如债权或亲属法上的抚养请求权等，这种类型的请求权不依赖于其他权利而具有独立存在的意义和价值，该种权利可独立要求他人为一定行为或不行为；后者则是为其他权利（如绝对权、人格权等）的完满实现而提供服务的，亦言之，这种权利类型仅有辅助性作用而不能作为独立的权利要求他人为或不为一定行为。❶ 这也就是说，对于个人就其人格利益所得主张的人格权益而言，非独立性请求权的从属意义在于，它能够作为人为完满实现其人格利益的辅助性权利而存在。为人格权的完满实现，个人不仅可在其人格利益受他人侵害或有受损之虞享有请求法律救济的权利，亦可于特定情形下，即，即使不存在第三者的侵犯也可向法律主张以积极实现自身之人格利益的权利。易言之，不能因人格权的防御性权利特征而拒绝其内涵的积极请求权的权利属性。❷

　　但如果法律承认一般人格权内涵积极请求权的特征，即推翻传统侵权法上关于人格要素保护的禁止性事实构成这一一般要件，那么，在现有的法律体系框架下，法律将要面对层出不穷、五花八门的权利主张。因为这种要求积极作为的请求权，将可能包括：雇员要求就业的权利，或遭解雇后要求再就业的权利；非婚生子女要求其母亲告知生父姓名或母亲怀孕期间与其发生过性行为的男子们的姓名的权利等。如果承认个人对人格要素的实现以全面的自决权，甚至还可能导致个人在民法上获得关于劳动权、居住权、健康权等权利诉求的法律依据。❸ 这些基于一般人格权内涵之积极请求权的法律诉求可能会摧毁现有的法律制度体系。这是否就构成了现有法律制度拒绝承认，个人享有自决权并于特定情形下基于人之完满实现而向法律主张积极请求权的正当性理由呢？

　　法律作为规制人类社会生活的实践性科学，必然应当随着实践的发展

---

❶ Vgl. Larenz/Wolf, Allgemeiner Teil des Bürgerlichen Rechts, C. H. Beck, 2004, S. 265.

❷ Vgl. Egon Lorenz/Hans Christoph Matthes Hrsg. Festschrift für Günther Wiese zum 70. Geburtstag, Luchterhand, 1998, S. 99.

❸ Vgl. Horst Ehmann. Das Allgemeine Persönlichkeitsrecht, Im 50 Jahre Bundesgerichtshof: Festgabe aus der Wissensschaft, C. H. Beck, 2000, S. 53.

而为主体追求幸福提供最大程度的制度支持。如果法律因为畏惧变革所可能带来的负面效应，就拒绝主体因为时代发展所主张的正当性权利要求，其无疑是将自己置于作为目的本身即人的对立面。这样的法律的命运正如贝卡利亚所说的那样，"一切违背人的自然情感的法律的命运，就同一座直接横断河流的堤坝一样，或者被立即冲毁，或者被自己造成的漩涡所侵蚀，并逐渐地溃灭"❶。《德国民法典》相关制度本身的命运及其历史变革即为贝卡利亚预言的最好注解。该法典以康德及萨维尼的理论体系为思想基础，而康德和萨维尼的理论因囿于时代的缘故，使得人格权因立法者有惧于自杀的合法化问题而在法律上无法获得一般性的承认。❷ 该法典关于人格权利的这种保守立法成果显然无法适应剧烈变化的社会现实，它不能为主体权利的实现提供保障，并且它也无助于促进个人幸福生活的实现。因此，该法典自生效起就受到理论界严厉的批评，在俾斯麦案以及尤特－普吕施案等司法实践中即受到挑战，❸ 当时的帝国法院为此不得不以例外的形式承认了肖像权以及营业权属于《德国民法典》第 823 条第 1 款的"其他权利"类型而受法律保护。鉴于民法典在这方面的不足，第二次世界大战后德国联邦最高法院通过引入《德国基本法》第 1 条第 1 款、第 2 条第 1 款而对民法典第 823 条第 1 款予以适当的扩展，由此确立的一般人格权制度才在一定程度上将法典被世人诟病的局面以部分的改变。❹ 这些实践表明，若法律将上述困难视为拒绝承认个人对其人格要素在特定情形下享有自决权的理由，无疑将会导致我们的理论研究及立法走上歧路。

事实上，德国关于一般人格权的当代司法实践正愈来愈多地表明：承认民事司法领域内一般人格权内含积极请求权的内容是可行的，尽管这在理论上颇有争议。德国联邦宪法法院早在联邦最高法院之前，即已通过《德国基本法》第 2 条第 1 款和第 1 条第 1 款发展出了宪法上的一般人格

❶　参见［意］贝卡利亚：《论犯罪与刑罚》，黄风译，中国大百科全书出版社 1993 年版，第 30 页。

❷　Vgl. Horst Ehmann. Das Allgemeine Persönlichkeitsrecht, Im 50 Jahre Bundesgerichtshof: Festgabe aus der Wissensschaft, C. H. Beck, 2000, S. 2 – 3.

❸　Vgl. RG 28. 12. 1899, RGZ 45, 170; RG 27. 02. 1904, RGZ 58, 24.

❹　Vgl. Fuchs, Deliktsrecht, Springer, 2009, S. 37 – 38.

权。在此后的宪法实践当中，该项权利被进一步深入解读并逐渐发展出包括自我定义权、性自决权、信息决定权、个性自决权以及其他自决权等权利类型。对该权利的宪法保护，依据德国宪法理论与相应的司法实践，主要是通过以下方式以确定所谓的"保护领域"来实现的：一是保护免受干扰的权利，即实现个人的同一性；二是确保个人积极发展人格的权利，即实现社会的同一性，这与民法领域一般人格权的防御性保护是相对的。❶这种由德国联邦宪法法院发展出的权利类型的范围，比德国联邦最高法院基于《德国民法典》第 823 条第 1 款以及《德国基本法》第 2 条第 1 款以及第 2 条第 1 款发展出来的民法上的一般人格权的适用范围要广阔。❷

在德国的宪法理论与实践当中，对于前述保护领域内的权利，除非是基于对基本权利的限制，否则不得侵犯。并且对于基本权利的限制，也有严格的限制，即所谓的对限制的限制。这种限制所考量的核心要素是，国家只能在同时满足下述条件时才能侵犯公民的一般人格基本权（公民的自决权），即依据符合规范明确性原则的法律（议会保留）；为重大的公共利益所必须且严格遵守行为适度原则。❸依据《德国基本法》第 1 条第 3 款规定，法院在审理民事和劳动案件时，也要受一般人格基本权规则的约束。❹因此，尽管宪法上的一般人格基本权与民法领域的一般人格权存在前述区分，但在实践中，这种区分已经逐渐开始变得模糊了。这也就意味着，德国民法领域内的一般人格权司法实践，正由于法院的创造性努力而避开了立法的局限，逐渐纳入了为一般人格基本权所承认的，确保个人积极发展人格的权利内容。❺

---

❶ Vgl. Horst Ehmann. Das Allgemeine Persönlichkeitsrecht，Im 50 Jahre Bundesgerichtshof：Festgabe aus der Wissensschaft，C. H. Beck，2000，S. 53 – 54.

❷ Vgl. Hans D. Jarras，Das Allgemeine Persönlichkeitsrecht im Grundgesetz，NJW 1989，S. 858.

❸ Vgl. Horst Ehmann. Das Allgemeine Persönlichkeitsrecht，Im 50 Jahre Bundesgerichtshof：Festgabe aus der Wissensschaft，C. H. Beck，2000，S. 54 – 55.

❹ Vgl. Canaris，Grundrechtswirkungen und Verhältnismäßigkeitsprinzip in der richterlichen Anwendung und Fortbildung des Privatrechts，JuS 1989，S. 161 ff.

❺ Vgl. Horst Ehmann. Das Allgemeine Persönlichkeitsrecht，Im 50 Jahre Bundesgerichtshof：Festgabe aus der Wissensschaft，C. H. Beck，2000，S. 55.

五、人格尊严民法保护的积极向度

生命作为自然人存在的首要前提，无论是在康德时代，还是在目前状态的绝大多数情况下，都具有不得侵犯的崇高价值。但是，在现在看来，强调生命等人格要素不得侵犯的最终目的，应当使每一个个人的幸福亦即美好生活得以实现。生命科技发展所带来的不仅仅是垂危之生命可以获得及时救治而展现给人以"生"的希望曙光，它同时也给某些个人因为生命的不必要延长而带来了无尽的痛苦。对于某些身患绝症的个人，一方面生命科技可以使他的生命在一定时间段内得以维持，这在以前时代可能无法想象。另一方面，个人生命的这种维持在某些情况下却是以尊严的丧失，甚至是难以承受的身体痛苦为代价。前文言及，由于现代性的祛魅功能，使得现代人所面临的恐惧来源除了现世生活的不确定性外，最主要的可能就是死亡本身。但是，由于现代人承受痛苦的能力较之以往又大为减弱，对于部分绝症患者来说，其对继续生存并承受难以忍受的痛苦的恐惧往往要比死亡本身更加强烈。在这种情况下，以人本身为目的的法律应当考虑承认处于这种情况下的个人有权选择死亡以避免痛苦所导致的恐惧。

现代人的生活历程本身就是关于幸福的体悟过程，当然对于幸福的界定标准因人而异，但我们总能找出一个大致可以反映这一概念的标准。事实上，判定一个人是否幸福，德沃金教授的下述两项标准可资借鉴。这两项判断标准具体包括：体验权益和关键权益，前者重在过程给个人以快的感受，后者重在一种关键性判断从而断定其生活是否会因此而更加快或不快。❶ 一般情况下，幸福可能是这两项权益合力的结果，但是不排除两者在某些情况下的激烈冲突。当这两者发生冲突的时候，应当承认个人于此的自主选择权以确保个人幸福的实现。对于身患绝症而备受病痛折磨的患者，不排除某些情形下选择关键性权益。在这些个人看来，紧扣命运的咽喉以战斗到生命的最后一刻更能体现生命的价值或者说更加幸福。但是对于绝症患者中的绝大多数来说，与其在病痛折磨中耗尽生命，倒不如尊严

---

❶　参见［美］德沃金：《自由的法》，刘丽君译，上海人民出版社 2001 年版，第 228—229 页。

地死去。对这部分患者而言，体验权益更为真实和实在。在体验权益已经没有实现可能的前提下，活着对他们来说已经成为比死亡本身更为恐惧的事情。所以，在这种情形下，法律应当承认个人对自己生命的自决权，亦即"延续一个人的生命与结束一个人的生命之间的选择与这种自我决定的权利紧密相关。所有的人都必须被允许自我决定自己的生与死，应当有成文的法律规定保证和保护人们对自己生命作决定的权利"❶。

康德思想区分了理性之人的两种价值取向，也就是前文所说的关于幸福的追求和对道德义务的保持，当两者发生冲突时，康德赋予了道德义务以更高的价值位阶，他将道德律奉为理性之人更应当坚守的操行。受康德思想直接影响的《德国民法典》以及康德思想流风所及之处，致使原始本性的人在民法中并未出现。❷ 事实上，康德思想在强调理性之人坚守道德义务的同时，牺牲了个人关于生存的真实幸福感受。德沃金在区分体验权益和关键权益的同时，赋予了个人在两者冲突时自由选择的权利而不强调哪种权益具有更高的价值位阶，该思想实质上是对康德思想因时代变迁而做出的必要的修正。因此，这种思想的转变要求，应当在适当的情形下，使真实的个人在法律上实现复归，以保证个人幸福的充分实现。

法律上承认个人对于人格要素在特定情形下的自决权，实质上意味着传统伦理性法律人格所主张的防御性权利向积极的请求权转变。传统伦理型法律人格的权利要求以生命的保全和促进为依归，以此为基调建立起来的传统权利体系，无论是财产权或是人身权的目的都是为了使"生命"更为美好。传统伦理性法律人格所扎根的个人主义立法思想，在矫正以家庭本位立法思想为基础的技术性法律人格不尊重人之为人的错误的同时，也埋下了由真理迈向谬误的潜在危险。这种潜在危险因为生命科技的发展，逐渐演化为阻碍个人自主实现人格要素所能主张利益的现实桎梏。近代以来形成的传统民法理论关于"使之成其为人并尊重人之为人"的人文关怀在现在看来，不应仅仅被理解为：生命等人格要素在任何情形下都不允许

---

❶ 参见［美］库尔兹：《21世纪的人道主义》，肖峰等译，东方出版社1998年版，第267页。
❷ 参见［德］克尼佩尔：《法律与历史》，朱岩译，法律出版社2003年版，第71页。

任何人予以任何形式的侵凌，即使个人可以证明其的确是因为绝症的折磨而苟延残喘，他明确希望自己或借他人之手早日摆脱痛苦；在这一绝对前提下，个人才可以自由行为实现自身作为独立存在的价值。其毋宁应当理解为：尊重人并使之成为人并不是目的本身，这仅是实现个人幸福生活的保障手段之一，诸如生命等人格要素也不过是实现幸福的前置性条件，唯有个人的幸福生活本身才是目的。因此"使之成其为人"要求法律承认个人追求幸福的自决权，这包括法律保障个人对人格要素在不损害他人利益及公序良俗的前提下可以自由支配，并且在一定条件下个人有权利要求特定人或组织为其自决权的行使提供条件。

当个人在生活中无法再体验到幸福，并且他赖以判断幸福的标准所需的条件在现实中无法再现的时候，个人有权利选择以一种体面的方式死亡，因为对于这里的个人而言，这种选择对他来说本身就意味着一种关键权益。这样的思想转变，实际上是承认了生存与死亡都是作为实现个人幸福生活这一最终目的的手段而存在。生命是生存的载体，而死亡则是对载体的离弃，理想状态的个人幸福生活或许是"生如夏花之绚烂，死如秋叶之静美"的实现，这种状态或者确实仅仅是一种理想，但是这也说明对于个人幸福生活的实现而言，体面的生存和死亡缺一不可。个人的生命以及因此而衍生的其他人格要素作为目的的理论外衣一旦褪去，它们表现在法律上的就不仅仅是防御性的权利要求，也就是说个人可以在一定条件下积极行使生命等人格要素所体现出来的权利。因此个人对幸福的追求要求法律承认他关于人格要素的自决权。当然，个人主张关于人格要素的自决权并不意味着其可任意行为，这必然因社会的发展而被限制在一定的范围内。

事实上，前述德国宪法司法实践发展出来的一般人格基本权，实质上就是传统人格理论关于人格权是防御性权利这一观点的突破。尽管个人在特定情况下是否享有关于生命的自决权，德国的相关司法实践依然犹疑不定。❶ 另外，美国最高法院在 Washington v. Glucksberg 案的判决中所表现出来的颇可玩味的态度，实际上也表明该院正面临与德国同行们同样的困境，该院一方面拒绝了被告所主张的宪法第十四修正案所赋予个人的自由利益内含这样的权利，即神志清醒的晚期成年病人享有在内科医生帮助下实施怜悯死亡的选择权，另一方面又认为各州在事实上不允许某人自杀而置其于极端痛苦的境地也是违宪的。❷ 这种看似矛盾的观点，其实反映的问题却是一致的，即对于因为时代背景变化所导致的个人新的权利诉求，一方面存在着予以承认的正当性基础，另一方面却囿于传统理念，使得司法实践难以在个人与社会整体利益的处理之中寻找到恰当的平衡支点。

六、本章结论

现代社会背景下的个人因时代背景的变化而主张其享有的以人格尊严的实现为基础的人格权应当内含积极请求权的特质，实质上是对近现代以来关于法之目的，即"成为一个人，并尊敬他人为人"的进一步延伸和发展。正如学者所主张的：民法在人格权冲突面前确立利益和价值选择基准，首先就要确立人的价值，确立以人为本的基准。从前述法律实践来看，在制度上确立内含积极请求权的人格制度，遭遇的并不是理论上的正当性论证难题，而是实践中如何平衡因这一制度确立所可能引致的个人与社会整体之间的利益冲突问题。因此，我们将来工作的起点应该是：以人格尊严的充分实现为基本目的，在现有法律实践的基础之上探索解决前述问题的方法，而不是陷于人格权应墨守防御性权利，还是应具备积极请求权权利特质的理论泥淖中去。

---

❶ Vgl. Christian Starck, *Kommentar zum Bonner Grundgesetz* (Bd. 1), Franz Vahlen, 1999, S. 284, 287.

❷ See Robert G. McCloskey, *The American Supreme Court*, University of Chicago Press, 2000, p. 178.

第六章 人格尊严民法保护的示例（一）：
生命自主权问题[*]

> 尊严是道德所固有的，就它的内容而言，尊严一定要以人对自己本能的支配为前提。❶
>
> —— ［德］席勒

理性尊严论者认为享有尊严的主体应限于具有道德人格的道德主体，该标准实质上就把共同体中的那些并不具备理性能力或者说道德人格的成员如精神病患者、智障者、植物人等排除出了尊严的涵摄范畴。事实上，正如学理上已有观点正确指出："任何一个有着道德能力和理性能力的社会成员，从生命历程上看，都有可能成为身体残疾或无能者；并且，任何一个有着成熟道德能力的道德主体，都有着一个从摇篮到成人的过程，而其在婴幼儿时期，都是一个理性不成熟和无道德能力的人。因此，对每个健全身体或健全理智的人类存在者来说，并非是必然为之，对每个人来说，都是概率的或然性，而不具有必然性。尊重任意的偶然性，并非是一种道德合理的观点。因此，从规范意义上看，平等人格尊严的普遍性在于全体社会成员的尊严得到尊重。为了把这一部分社会成员、已故社会成员和潜在社会成员都看成尊严主体，那么尊严的外延就不仅仅是成熟健在的社会成员，而是基于其成员资格的理解，将所有人类的成员，包括过去和

---

* 本章主要内容参见朱晓峰："人格权中内涵积极请求权的实践争议与发展——以生命自主权的实践争议为例"，《贵州警官职业学院学报》2011 年第 5 期，第 67—74 页。

❶ 参见 ［德］席勒：《秀美与尊严》，张玉能译，文化艺术出版社 1996 年版，第 146 页。

143

即将降生的成员，只要生而为人，都看成是这一尊严共同体的成员。"❶ 这也就是说，对于那些因为疾病而变得孱弱的人，特别是对于那些因生命科技进步而深陷于活着比死亡本身更痛苦的泥淖中的患有极端痛苦但又无法治愈的病人来讲，承认其平等地享有人格尊严，尤其是承认其基于人格尊严而享有的对于生命的自主权，有着更充分的现实意义。传统民法理论关于人格权仅具有防御性权利性质的界定，实际上已经与变化了的时代背景不相适应。因为生命科技的飞速发展，人体基因编辑、器官移植、试管婴儿等已经突入了传统的理论禁区，但相应的法律制度却显得犹豫不决。基于人格尊严更能够充分实现的考虑，是否应当承认那些因所患疾病而处于极端痛苦但又没有治愈希望的病人享有生命的自主权，是当代社会背景下的一个亟须深入讨论的议题。

一、问题的提出

因为人格尊严的缘故，承认自然人对其人格要素的自主权，以及在特定情形下赋予自然人对其人格利益的实现享有积极请求权，应当说是现代法律人格立法的必然趋势。目前，就各国的一般法律实践观察，一方面是人之尊严、自由等基本权利被法律广泛承认，且该基本权利的内核因为实践的需要而被继续深入解读，如德国联邦最高法院通过一系列判例确立了一般人格权，❷ 美国最高法院则以判例的形式深入挖掘宪法第十四修正案中自由的本质等；❸ 另一方面，在涉及人格尊严的核心问题——生命权时，各国法律实践的态度则大相径庭，即使承认自然人就其生命等人格要素享有一般自主权的国家，对于自然人能否在特定情形下享有请求第三人协助以结束其生命的权利亦讳莫如深，立法上明确承认这一权利的国家更是寥寥可数。因为生命本身是法律人格的核心要素，对于生命的立法态度可以反映出法律实践对于自然人人格利益的关注态度。因此，在编纂民法典人

---

❶ 参见龚群："论人的尊严"，《天津社会科学》2011 年第 2 期，第 20 页。

❷ Vgl. H. Kötz/G. Wagner, Deliktsrecht, Franz Vahlen, 2010, S. 151.

❸ See Robert G. McCloskey, The American Supreme Court, University of Chicago Press, 2000, pp. 177 – 178.

格权编的背景下，尤其是草案三审稿中已经部分承认自然人享有特定情形下有权向特定义务主体主张基于特定人格利益实现的积极请求权，考察比较法上关于积极自杀即安乐死的一般立法态度及其未来的立法趋势，有助于进一步完善人格权编草案的规定。

二、生命自主权在典型立法例的主要表现形式

虽然关于安乐死立法的动议在 20 世纪 30 年代就已经在英国发生。但是在接下来的若干年中，各国有关安乐死的法律实践以及与之相关的理论争议等种种迹象似乎表明：自然人在特定情形下可以请求特定人或组织辅助其以结束生命的权利要获得法律上的承认还需要时间。[1] 但无论如何，我们应当承认这样一种趋势，即承认安乐死，赋予自然人就其人格要素所享有的该项自主权仍是大势所趋，虽然这中间的道路不免坎坷。该种趋势也可以从当下有关国家关于安乐死或暧昧或明朗的立法态度中略窥一二。

《德国民法典》因秉持康德以来的哲学传统而否认自然人就其人格要素所享有的权利具有所有权的属性，该法典仅通过第 823 条关于侵权行为及其所应承担责任的认定，赋予生命等若干人格要素以防御性的救济权利。[2] 但事实证明，在该法典颁布后的司法实践中，无论原来的德国帝国法院，还是后来的德国联邦最高法院，都积极寻求解决自然人因时代发展而逐渐增强的对于人的全面实现而反映在法律上的权利要求。特别是后者通过引入《德国基本法》前两条关于人之尊严和自由的规定，在第 823 条第 1 款确定的关于认定侵权构成的结果不法与该条第 2 款所确立的另一条关于侵权的判定标准即行为不法之间设置一个中间产物，巧妙地承认了自然人对其人格要素所享有的一般性权利。[3] 这样一来，康德、萨维尼等坚

---

[1]　参见倪正茂、李惠、杨彤丹：《安乐死法研究》，法律出版社 2005 年版，第 51 页。

[2]　Vgl. Horst Ehmann, Das Allgemeine Persönlichkeitsrecht: Zur Transformation unmoralischer in unerlaubte Handlungen, Im 50 Jahre Bundesgerichtshof: Festgabe aus der Wissensschaft, C. H. Beck, 2000, S. 3.

[3]　Vgl. Horst Ehmann, a. a. O., S. 3 – 4.

决否认自然人对其人格享有原始权利的理论被法律实践否弃，一般性人格权利在司法实践中获得了一般性的承认。

当然，该"原始权利"即学者通常所谓的"框架性权利"的行使须遵循一定的限制，德国联邦最高法院所遵循的策略是：尽可能结合具体个案进行利益的评价与权衡，以区分主体自由之行为与违法侵害他人人格之行为。❶ 依据《德国基本法》第 2 条第 1 款规定，自然人自由发展其人格的权利以不侵害他人权利或不违犯宪政秩序或道德规范者为限。但即使存在着这些对于自然人自由发展其人格要素的原始权利的限制，该种限制也仅是一种外部的强制，无法反驳内在于人的原始权利存在的正当性。这种外部的限制之所以存在并在特定的时空具有其存在的合理性，一方面是因为自然人行使自由的同时可能损害他人的自由，甚至伤害其自身的利益；另一方面是因为人囿于特定历史时期而无法发现其自身人格要素所得主张的部分权利，并且该意识受到社会长久以来的风俗习惯、伦理道德等的浸染而使得这种外部限制符合当时的传统。因此，当这种外部限制的某些方面因为时代的发展而显得不合时宜的情形下，其或迟或早都会在某种程度上发生变化。

但是，德国司法实践发展出来的一般人格权，是否内含一般的生命自主权的内容？依德国理论界的普遍观点，《德国基本法》第 2 条第 2 款所确立的生命权一再被视为西方世界长久以来所形成的这样一种宗教观念的表达：生命乃是造物主给予人类而非人类自身所能够享有的财富。基于此，除造物主之外任何自然人都不享有生命的自主权，自然人不得自主决定自身的生死问题。❷ 洛克认为：人的生命并不是个人的财产，而是上帝的财产，人只是借居者而已，因此，自杀与偷窃或侵占上帝的财产无异。❸ 这种严格的一元宗教伦理观，随着宗教权威在西方世界的丧失及西方多元

---

❶ Vgl. Horst Ehmann, a. a. O., S. 4.

❷ 参见［德］瓦瑟尔曼："评德国安乐死立法"，樊丽君译，《民商法论丛》2004 年第 29 卷，第 383 页。

❸ 参见［美］德沃金：《生命的自主权》，郭贞伶、陈雅汝译，商周出版社 2002 年版，第 221 页。

社会迅速成长，已经与时代特征背道而驰了。❶ 现行法律制度从一元宗教伦理的生命神圣命题中，推导出生命权绝对保护的极端伦理标准，就显得与当下的多元化社会背景格格不入。同时，《德国基本法》在规定生命权的同时，还在该法第 2 条第 1 款规定了人的自由权，并且在第 1 条第 1 款确立了人之尊严应受法律保护的基本原则。自然人就其自身发展所享有的自由权所内含的、在特定情形下决定死亡的权利以及因人之尊严所派生出来的"美好生活"的要求，不可避免地与前述关于生命权的绝对保护的伦理观相矛盾。正是基于这种考虑，德国联邦最高法院不顾《德国基本法》第 2 段第 2 条的规定，部分地承认了人对自己生命的自主权，法律实践对于特定情形下参与自杀的行为不予追究刑事责任。❷ 当然，自然人所享有的该项在司法判例中确立起来的权利也属于历史性的存在，自然人在行使该项权利的同时，必须受制于特定的历史环境。就目前该项权利的行使范围来看，其大致包括下述几个方面。

首先，对于是否接受医疗，自然人有自由的决定权，即使具有专业知识背景的医生对此具有更为理性的认识，但其判断不能替代特定自然人在此种情形下作出的决定。这里借用自由主义者密尔的一段著名论断，或可以说明这种情况下法律赋予自然人这种决定权的合理性，即"人们不能强迫一个人去做一件事或者不去做一件事，说因为这对他比较好，因为这会使他比较愉快，因为这在别人的意见认为是聪明的或者甚至是正当的；这样不能算是正当"。❸ 或者说这里判定自然人"美好生活"的标准是自然人依自己意志在"关键性权益"与"体验性权益"间作出的抉择，而非别人

---

❶　参见［美］伯尔曼：《法律与宗教》，中国政法大学出版社 2003 年版，第 8—9 页、第180—187 页。

❷　参见［德］瓦瑟尔曼："评德国安乐死立法"，樊丽君译，《民商法论丛》2004 年第 29卷，第 382 页。

❸　参见［英］密尔：《论自由》，许宝骙译，商务印书馆 1959 年版，第 11 页。

依据一个客观标准所得出的结果。❶ 当然，如果自然人所患之病属于那种影响社会公共安全的传染病等特殊情形，则其自由的行使当让步于公共利益的保全。

其次，对于那些身患重病且处于病痛极度折磨之下的自然人，即使其服用的镇痛药物必然伴随着生命缩短这一极端的不良反应，这种行为依然具有相当程度的正当性。对于提供镇痛药物的医生，如果他仅仅是依据患者自主决定之行为以减轻患者的痛苦，现行法律就不会追究他的刑事责任，除非医生以此牟利或具有其他不正当目的。❷ 这里需要说明的是，医生此行为的法律依据包括《德国刑法典》中关于紧急避险的规定。依据《德国刑法典》第 34 条关于紧急避险的规定，行为人在紧急情况下为较大的法益而损害较小法益时，他的行为并不构成违法。这一规定同样适用我们这里所说的情形，病人在身体极端痛苦的情形下，请求医生给予一定量的镇痛药物以减轻痛苦，那么，医生为缓解病痛这一法益而牺牲部分生命利益并不构成违法。因为，生命在这里所体现的法益并不比缓解痛苦这一法益更具有价值。对于具有自由意志的自然人来说，他有权利自主选择自己幸福的判断标准，并且他可以依据该选择而向医生主张实现这种法益。对医生而言，他所面对的是自然人依其自主判断而主张的法益与法律规定的关于生命的一般性保护的法益之间的矛盾，但如何适用这两种法益，并不具有一般的判断标准。因此，承认紧急避险适用于这种情形，实际上是赋予医生的豁免权利，在紧急情况下自由选择两种法益中的一种。这种借助于紧急避险的做法见诸于日本关于此类案件的司法判例。如 1950 年 4 月 14 日，东京地方法院在一个安乐死案件判决中指出，为了解除患者躯体上

---

❶ 英国伦敦高等法院（The Supreme Court of the United Kingdom）伊丽莎白·巴勒斯·斯洛斯（Elizabeth Butler Sloss）法官认为，作"为自己或关于自身的决定"的权利是英国普通法的基本原则，所有医生都知道，未经完全行为能力人同意不得为其手术。自决原则在反对医疗专家的更富理性的判断时具有压倒性的优势地位。唐纳德逊勋爵（Lord Donaldson）为此经常引用的话语是：无论病人所作出的选择是理性的、非理性的，甚至是不为人所知的，他的选择权都是存在的。See Elizabeth Butler–Sloss, Legal Aspects of Medical Ethics, http://webjcli. ncl. ac. uk/2006/issue2/butlersloss2a. html, 最后访问日期：2011 年 5 月 17 日。

❷ 参见［德］瓦瑟尔曼："评德国安乐死立法"，樊丽君译，《民商法论丛》2004 年第 29卷，第 383 页。

的剧烈痛苦不得已侵害其生命的行为，属于刑法中的紧急避险行为，不应受到惩罚。这样，法院通过对刑法中"正当行为和紧急避险行为"的司法解释，有条件承认了医生此种行为的正当性。❶

再次，如果说自然人对于是否接受医疗具有自主权，是一般意义上的关于自然人人格要素所主张权利的行使，那么，对于那些因为绝症折磨而无康复希望的自然人而言，他们放弃延长生命的医疗选择将直接危及这些自然人生命的存续时间，这种行为在某些情形下甚至将直接导致死亡——如全赖维生设备维持自然人生命运行的情形。对此，法律究竟应当如何处理？在这种情形下，有意思能力的自然人，在被告知其所患疾病的真实情况下所作出的意思表示具有约束力：如果他希望继续治疗，则治疗将会继续；如果他表示不想因为延长无谓的生命而满身插着各种维生设备以苟延残喘，这种单方的意思表示亦具有相应的效力——如果医疗尚未进行就不允许开始着手医疗，已经进行的医疗亦需被终止。如果医生无视自然人的单方意思表示而作出与之相反的行为，这种情况下医生需要承担相应的法律责任。对于全赖维生设备维持生命的自然人，他若具备意思能力而据此作出撤去维生设备以尊严地死去的意思表示，医护人员据此行为不构成《德国刑法典》第216条的应要求杀害罪，其毋须承担法律责任。

因此，有学者在评介德国在这方面的立法时强调：从德国就本章前述几个方面所取得的成果观察，自然人对其生命在特定情况下所享有的自主权已经在实践中得到圆满的解决，德国以后的立法仅需在诸如使法律更加明确安定以促进自然人在这方面的意思表示更为充分地行使，以及使自主权得到更多的尊重。❷ 其实，德国于此做出的成就在诸如法、美、英等国亦同样存在。在美国，对人是否存在拒绝维系生命的治疗的基本权利的论证中，联邦最高院通过 Jacobson v. Massachusetts 案❸、Washington v. Har-

---

❶　参见陈东方、黄玮："关于安乐死的经典案例"，《医药世界》2007 年第 9 期，第 59 页。

❷　参见［德］瓦瑟尔曼："评德国安乐死立法"，樊丽君译，《民商法论丛》2004 年第 29 卷，第 391 页。

❸　See 197 U. S. 11（1905）.

per 案❶、Cruzan v. Director，Missouri Department Of Health 案❷等，最终确立了宪法赋予一个有行为能力的人以拒绝维持生命的输液和营养的宪法保障的权利。另外，美国联邦政府于 1990 年制定的《美国患者自主决定法》，亦如德国一般尊重有意思能力的患者的自主权，该法不仅赋予患者在知情情况下的决定权，同时它还要求医生必须告知病人享有拒绝医药或手术治疗的权利。❸ 法国亦于 1994 年 7 月 29 日第 94 - 653 号法律通过了对《法国民法典》的修正，新修订的法典第 16 条赋予了自然人在患病时的自主权。该法第 16 - 3 条规定：损害人身体的完整性，仅以对该人的治疗有必要之情形为限。损害人之身体的完整性，除因当事人的健康状况有进行手术治疗之必要并且本人不能表示同意之情形外，实现均应征得当事人本人的同意。❹ 英国伦敦高等法院在 2002 年 3 月 22 日所做出的一份判决，甚至表明了其对全赖维生设备维系生命的自然人关于自主权行使进行保护的这样一种决心，即承认自然人有向医疗机构主张撤去维生设备的请求权，医疗机构有义务根据患者的要求来行为。如果医疗机构拒绝这样行为，这种拒绝意味着义务的违反，其除应撤去维生设备外，还须承担相应的损害赔偿责任。❺

三、生命自主权核心领域遭遇的实践困境

在现代社会中的自然人，由于生命科技等因素的介入，要想在更广阔

---

❶ See 494 U. S. 210（1990）.

❷ See 497 U. S. 261（1990）.

❸ See Federal Patient Self Determination Act 1990，42 U. S. C. 1395 cc（a）.

❹ Vgl. Christian v. Bar，Gemeineuropäisches Deliktsrecht（Bd. 2），C. H. Beck，1999，S. 538.

❺ 英国伦敦高等法院判决所涉案情梗概如下：患者贝因颈部动脉血管爆裂致使颈部以下全部瘫痪，无法自主呼吸，只能依靠生命维持系统以维持生命，并且经确诊其康复率不足 1%。患者认为与其这样无尊严地活着，不如有尊严地死去。因此其要求医院关闭其生命维持系统以结束其生命，医院以该行为违反其医德并希望能够争取时间通过康复治疗改善生活质量为由拒绝了患者的请求。患者认为医院此举涉嫌强迫其通过生命维持系统来维持其生命，违背其自主权，因此向伦敦高等法院提起诉讼，要求法院允许她结束生命，并由医院赔偿其相应损失。高等法院受理了此案，负责审理此案的伊丽莎白·巴勒斯·斯洛斯法官认为：该患者完全有行为能力决定平静地而且是有尊严地结束自己的生命，因此其要求医院关闭其生命维持系统是正当的并应当予以满足，同时法官以"违法侵权"为由判决医院赔偿患者 100 英镑的损失。See B v. NHS Hospital Trust［2002］2 All E R. 449.

的范围内实现其人格利益，实质上意味着法律实践中传统伦理型法律人格所表现的防御性权利在特定情形下向积极的请求权转变。西方典型立法例就生命自主权的前述司法实践，正是该时代背景中自然人人格要素全面发展的实践反映。但法律仅在前述特定情形下承认自然人对生命所享有的自主权，尚不足以保障自然人人格利益的充分实现。因为法律的这种规定或许在一定程度上可以满足那些身体健康、意志清醒的自然人的某些实践性需要；若是病人处于神志清醒但因绝症缠身而不能自由行为以实现自己意思，或他压根儿就无法表达自己的真实意思，在这种情况下，法律所赋予自然人的上述权利就如同镜中花、水中月一样，仅仅具有象征意义而无任何实际价值。❶ 在这种情形下，承认自然人就其人格利益的实现而享有向某特定组织请求其为一定行为的权利实属正当。而恰恰在这里，诸如法国、德国、美国、英国等国家的法律实践都拒绝承认自然人这一权利要求。

1982 年 10 月 22 日，法国宪法法院通过它的一份判决，在《法国民法典》第 1382 条和 1789 年大革命时代颁布的《法国人权宣言》第 4 条之间创设了一个直接的联系，即自然人可以在不损害他人利益的前提下享有充分权利而自由行为且毋须承担责任。这一举动极大地扩展了自然人自由权的空间，有学者甚至认为《法国民法典》第 1382 条因为是宪法上个人自由权利的体现而几乎成为一组人权规定。❷ 尽管如此，自然人的自由行为在很大程度上依然受制于法律和传统公序良俗的约束，即使自然人的行为对于他人的权利无甚影响，甚至在某些情况下，自然人的这些行为更符合"法的感情"。如关于受害人同意作为免责条款的规定，法律在不作任何区分的条件下，认定自然人任何关于生命和身体完好性的自由处分皆属无

---

❶ 伊丽莎白·巴勒斯·斯洛斯法官坚持，仅有完全行为能力人才享有完整的自决权，孩童、青少年及失去意思表达能力的完全行为能力人是没有权利决定是否接受治疗。See Elizabeth Butler - Sloss, Legal Aspects of Medical Ethics, http：//webjcli. ncl. ac. uk/2006/issue2/butlersloss2a. html，最后访问日期：2011 年 5 月 17 日。

❷ Vgl. Christian v. Bar, Gemeineuropäisches Deliktsrecht（Bd. 1），C. H. Beck，1996，S. 550 - 551.

效，除非其系基于主体病理学上的需要。❶ 这样，事实上就限制了自然人在身体因重病折磨下向他人寻求帮助以摆脱痛苦的可能。即使对那些因为病危者请求而出自善意帮助患者摆脱痛苦的人，他们也会受到谋杀罪的指控并因此承担相应的法律责任。典型的如 2003 年在法国引起轩然大波的安贝尔案：患者安贝尔于 2000 年因一场车祸而全身瘫痪且口不能言，全身唯一可以活动的仅有左手拇指，这种情形没有治愈的希望。患者委托其母亲写信给总统希拉克希望其破例允许对自己实施安乐死，在遭到拒绝的情况下，患者的母亲不愿看到儿子继续忍受无尽的痛苦折磨，其应患者的要求在为患者滴注的药物中加入了过量的镇静剂，患者遂陷入深度昏迷，医院对此亦未坚持抢救，患者遂于两天后死去。患者的母亲与医院面临着相应的司法诉讼。❷

在德国，尽管应重症患者郑重要求而杀死患者的行为符合《德国刑法典》第 216 条的应要求杀害罪，但其同该法第 212 条所规定的故意杀害罪相比较，第 216 条实际上给予实施帮助之人一定的豁免。而对于第 216 条的具体适用，德国联邦最高法院又在 1963 年 4 月 16 日的判决中对于自杀和怜悯死亡二者之间作了详细区分：前者因为属于患者依自主意志主宰自己的行为而使痛苦终结，即所谓的自然人处于自我的行为控制之下，因此在这种情形下为患者提供帮助的行为不属于法律评价的事实范畴，故相应的行为人不受刑事处罚；后者则是患者将自己的生死交于他人，虽然该他人终结患者生命的行为是依据患者的自主决定，但是对于患者本人而言其是从该他人那里受领死亡，于此情形下实际上控制事态发展的乃是他人而不是患者本人，因此这种行为不属于自杀行为，其因符合第 216 条的犯罪构成而应被定性为应要求杀害罪，即通常所谓的怜悯死亡，因此应当承担相应的刑事责任。根据这种区分，如果他人依据患者的要求而将足以致死的药片放置于该患者伸手可及的地方，患者服药自杀，那么该第三人的行为属于前者而毋须承担责任；若该第三者应患者的要求而为患者注射或帮

---

❶ Vgl. Christian v. Bar, Gemeineuropäisches Deliktsrecht（Bd. 2），C. H. Beck，1999，S. 538.

❷ 参见［法］肖索依：《我不是杀人犯》，孟晖译，生活·读书·新知三联书店 2008 年版，第 1—120 页。

助其服用足以致死的药物，则其行为属于后者，应当承担相应的责任。❶
德国联邦最高法院的这种区分为以后的司法裁判提供了依据。❷ 但是，就
实践操作层面来看，德国联邦最高法院的这种区分实在是理论意义大于实
践作用。对此有学者评论道：应承担刑事责任的积极的安乐死即应要求杀
害行为，同不承担刑事责任的自杀的界限只是在理论上被精确界分，而它
们在实践中的区分则薄如蝉翼；另外这种区分亦未能顾及那些无法形成或
表达自己意志的患者等诸多实践中的难题。❸

　　相比较于德国而言，美国相应的司法实践则要复杂得多。一方面，美
国多数州的立法实践在这一方面较之德国要严厉得多，如纽约州的刑法典
禁止帮助自杀，特别是禁止在明知这个人会使用这种武器或药品结束其生
命的情况下而给他配备致命的武器或药品。在美国宪法第十四修正案通过
前，绝大多数州都将帮助自杀定义为犯罪，当然其亦未对帮助自杀的行为
做出如德国联邦最高院般所做的区分。❹ 其中具有代表性的是 1997 年 4 月
30 日通过的《美国联邦帮助自杀基金限制法案》，其明确禁止使用美国联
邦基金来支持内科医生帮助下的自杀。美国联邦最高法院在 Washington v.
Glucksberg 案的判决中，尽管拒绝了被告所主张的美国宪法第十四修正案
所赋予自然人的自由利益内含这样的权利，即神志清醒的晚期成年病人享
有在内科医生帮助下实施怜悯死亡的选择权。❺ 但其同时也认为，各州在
事实上不允许某人自杀而置其于极端痛苦的境地也是违宪的。❻ 美国联邦
最高法院这种模棱两可的态度在学界遭到广泛批评，如美国当代六位著名
学者德沃金、内格尔、洛齐克、罗尔斯、斯堪能和汤姆逊共同签署了一份
通报书，论证美国联邦最高法院应维持上诉法院的判决，使积极安乐死在

---

❶　Vgl. BGH 16. 4. 1963, BGHSt 19, S. 135.

❷　参见［德］瓦瑟尔曼："评德国安乐死立法"，樊丽君译，《民商法论丛》2004 年第 29
卷，第 389 页。

❸　同上注，第 390 页。

❹　参见［美］布莱斯特、列文森、巴尔金等：《宪法决策的过程：案例与材料（第四版·
下册）》，陆符嘉等译，中国政法大学出版社 2002 年版，第 1319—1320 页。

❺　See Washington v. Glucksberg, 117 S. Ct. 2258, 138 L. Ed. 2d 772 (1997).

❻　See Robert G. McCloskey, The American Supreme Court, University of Chicago Press, 2000,
p. 178.

美国合法化。❶ 另一方面，亦有个别州在某种程度上采取与德国联邦最高院相类似的做法，如密歇根州法院对这样一例案件的被告作出无罪判决：艾德金斯为老年痴呆症患者，其在确知自己的病情后认为与其坐等晚期该病发作时无尊严地苟活于世，倒不如早做安排尊严死去。她联系到凯弗基昂医生，该医生以其自制的自杀装置及帮助他人自杀而被时人称为"自杀医生"。医生对其与患者的长达四十分钟的谈话予以录像以证明患者选择自杀乃是出于意识清醒状态下的自愿行为。随后患者躺在医生自制的自杀机器上，医生将一根针管插入其静脉并告知其按哪个按钮注入致命的注射液。患者据此成功自杀，州检察官指控医生谋杀。法官审理案件事实经过后判决被告无罪开释。❷

是否应承认自然人就其人格要素在特定情形下所主张的请求权亦即所谓的生命自主权的行使范围予以适当扩展，卷入此论争的其他国家的绝大多数，亦明确拒绝了自然人的这一权利要求，如加拿大最高法院亦在 Rodriguez v. British Columbia（Attorney General）案的判决中拒绝了关于《加拿大权利与自由宪章》中基本权利内含帮助自杀权利的诉求。❸ 英国上议院医疗伦理委员会亦拒绝改变英国的禁止帮助自杀令。❹ 欧盟各国关于个人权利保护极具影响力的欧洲人权法院，对于此类问题的处理也采取基本相同的立场。❺ 这种情形表明，各国法律实践普遍承认自然人就其生命在法律上所主张的积极请求权似乎尚需时日。但是，这并不意味着这种权利主张的荒诞不经，至少当下的荷兰以及比利时等国家的立法实践表明，承认这种请求权在法律实践中是行得通的。

---

❶ See Dworkin et al, Assisted Suicide: The Philosophers' Brief, The New York Review of Books, 44（1997），pp. 1–22.

❷ 参见［美］德沃金：《自由的法》，刘丽君译，上海人民出版社2001年版，第206—207页。

❸ See［1993］3 S. C. R.

❹ 参见［美］布莱斯特、列文森、巴尔金等：《宪法决策的过程：案例与材料（第四版·下册）》，陆符嘉等译，中国政法大学出版社2002年版，第1319页。

❺ Vgl. Martin Durm, Deutscher Witwer klagt gegen Sterbehilfe – Verbot, http://www. tagesschau. de/ausland/sterbehilfe122. html，最后访问日期：2011年5月17日。

四、生命自主权在法律实践中的突破

荷兰议会于 1995 年即通过了《荷兰安乐死法案》，且该法案在 2001 年被修正后得到进一步完善。该法以法律形式明确承认了自然人在特定情形下，享有依据自由意志请求特定机构结束其生命的权利。同时，鉴于生命这一人格要素的重要性，法律还通过一系列严格的程序控制这一权利的行使，以防止权利无原则的滥用进而危及权利行使者本人及社会的利益。依据新修订的法案的规定，主要涉及如下法律问题。

（一）请求权行使的主体限制

依据该法第 2 条规定，行为主体必须具备行为能力且于意识清醒状态下可自由表达自己意思。对于年满 16 周岁但不能表达自己意思的自然人，若其在意识清醒状态下对其自身所处之情形有合理认知并且曾书面请求终止其生命，其亦满足该法关于主体条件的要求；对于 16 周岁至 18 周岁的未成年人，若其对自己的利益有合理的认知且其父母行使其职责并且/或者其监护人参与了其作出请求权的决策，则其亦符合主体的资质；对于 12 周岁至 16 周岁之间的未成年人，法律视其为对自己利益有合理认知者，若其父母行使其权利并且/或者其监护人赞同终止病人生命或协助自杀，则其亦符合主体资质。

（二）请求权行使的其他条件限制

根据该法第 2 条规定，首先，必须保证自然人所提出的，由医生终止其生命或协助其自杀的请求，必须是其自愿且经其慎重考虑过的意思表示；其次，提出请求者的痛苦必须是持续性的、无法忍受的；最后，必须将病人所处的困境及其以后所要面临的问题告知病人，并且病人也确信没有其他合理方案以解决其所处的困境。

（三）应他人要求终止他人生命或协助他人自杀的医生应履行的职责

依据该法，应他人要求以终止其生命或协助自杀的医生经过上述（一）（二）所涉及问题的适当关心，在至少已经和一名独立医生会诊并且该医生诊断过病人，并且书面签署有关适当关心要求即上述（一）（二）所涉及的问题后，其可以将病人的申请及与之相关的详情呈送地方审查委员会，由其审查应请求终止生命和协助自杀的事件。

（四）审查委员会的构成及主要职责限制

审查委员会由至少一名法律专家、一名医生和一个伦理或哲学问题的专家构成，且其数目必须是奇数。委员会主席由法律专家出任。它的主要职责包括对相关请求以及医生是否履行职责的审查等。

该法案通过这些严格的程序控制，其目的在于：一方面承认自然人对生命这一人格要素所体现的人格利益享有法律上的请求权；另一方面，又将该权利的行使限制于特定的情形之下。自然人享有生命的自主权，但有生命的自然人的存在是人类社会得以存在和发展的首要前提，他的存在具有双重属性。[1] 法律作为组织社会运行并保障自然人权利的有力措施，必须顾及这两个方面。因此该法案赋予自然人的自主权所内含的积极请求权仅能在特定情形下适用，并且其适用的前提条件是否具备，还需要特定的组织予以审查。这样，自然人对其生命自主权所体现出来的自然人利益与作为共同体而存在的社会所需要的公共利益于此在一定程度上衔接起来，技术型法律人格的团体主义立法与传统伦理型法律人格的个人主义立法在这里亦得到了较好的处理。

五、承认生命自主权的正当性及启示

自然人就其人格要素特别是生命的一般自主权问题实际上已经获得各

---

[1] Vgl. K. Zweigert/H. Kötz, Einführung in Die Rechtsvergleichung（Bd. 1），J. C. B. Mohr, 1984, S. 161.

国立法普遍的承认，即自然人可以在不违反法律及公序良俗的前提下无需他人意思或行为的介入而行使其人格要素在特定情形下所要求的利益。仅从这一法律实践成就看，将人格要素于任何情形下皆不得以任何行为予以处分来保证人这一目的实现，视为理论基础的传统伦理型法律人格已被否定。但人的诸人格要素所体现的权利主张并不是静止不变的，它事实上是随着时代背景的变化而与时俱进的。具体来说，如果法律实践墨守康德以来的伦理型法律人格关于人格要素绝对不容处分的理论，就无法使器官移植等最为一般的生命科技成果在社会实践中得到法律的保障；即使通过特别法解决这种生命科技成果应用于实践的合法性问题，但由于这种特别立法未能同传统的法律理念相适应，既然传统的法律理念未曾变化，那么这种特别立法就属于对一般法律理念的背反，这种行为将会对法律体系内部的和谐造成伤害并最终影响社会对于法的一般信念。因此承认自然人对其人格要素的自主权的现实意义即在于，满足社会生活的历史性变迁以维护法律体系内部的和谐并真正践行法律关于人之关怀的承诺。

一方面，法律承认自然人对其人格要素的一般自主权，并且该自主权的行使范围在特定情形下甚至扩张至生命这一最重要的人格要素，如患者可拒绝医疗或可撤去维生设备，虽然该行为可导致生命的克减。另一方面，为各国所普遍承认的自然人就其人格要素所享有的自主权依其作用而言亦局限在传统民法理论关于支配权的理解范围之内。自然人对其人格要素所享有的权利的行使，在一般情形下并不需要他人意思或行为的介入，仅需依自主之意志为或不为一定行为并排除他人不当干涉即可实现权利内容。依据传统私法理论，支配权的作用有别于请求权，如果将自主权界定为支配权，这自然就排除了其同时具备请求权权能的可能。根据这种理解，前述司法实践中的自主权依然未能摆脱传统伦理型法律人格立法模式下人格权利所具有的防御性权利特点。虽然这种法律实践在一定程度上回应了人因时代背景的变迁反映在法律上的权利要求，但它同时又陷入了传统理论的窠臼而无法自拔。承认自然人对其人格要素以一般自主权的同时，又不赋予自然人在特定情形下的请求权，实际上是切断了那些为病痛折磨苦不堪言但行动不便的绝症患者寻求摆脱的途径。在这种法律实践当中，即使暂且将那些不具备行为能力的患者不予考虑，仅就那些具备行为能力且可为意思表示的绝症患者而言，或者是其自行结束生命，或者是以寂静的不作为默默忍受病痛的煎熬直至生命之灯熄灭。虽然这种法律实践承认自然人依其自由意志放弃治疗或撤去维生设备，但是它拒绝了在患者确需他人协助以实现解脱的情景下赋予患者相应的请求权，其不但违背了现代以来的人道主义理念，同时亦违背了个人基本权利关于自由、尊严的基本要求。因此，正如德沃金所评述的，这种法律实践是暴戾和非公正的。❶

事实上，自然人依自由意志而在特定情形下不作为的行为，行使关于生命的自主权以达到终止生命的目的，与那些同样是依自然人自由意志决定但仅是假借他人之手以积极的行为终止其生命的行为之间，并没有本质性的区分。如前文德国联邦最高法院于 1963 年 4 月 16 日的判决中已说明的一样，该区分的象征意义在于前者自始至终控制于权利人之手，而后者则某种程度上由他人决定患者的生命。这一象征性区分的代价却是昂贵的，其建立在绝症患者的巨大痛苦以及自然人自由和尊严等基本权利的牺牲之上。❷ 当然，拒绝承认自然人于此情形下享有请求权其实亦暗含着立法者这样的担心，即"濒临死亡的病人可能仅仅因负疚于昂贵的花费和负担提出自杀，或者家庭成员可能试图哄骗或羞辱病人以至他们被迫作出自杀决定"，此亦即通常所谓的"滑坡理论"。❸ 该理论坚持，如果承认自然人就其生命等人格要素在特定情形下享有请求权，有可能导致更为严重的侵犯自然人权益甚至进而危及社会整体安全的危险。应当承认这种担忧的合理性。但是，我们必须面对这样的一个事实，即没有一项制度设计是完美的。如果担心某种制度可能存在的负面作用而在实践中全然拒绝新生的制度设计，则既无助于现实问题的解决，还有可能诱发新的社会问题。

因此，与其简单地拒绝承认自然人的这项权利要求，倒不如在实践中

---

❶ 参见［美］德沃金：《自由的法》，刘丽君译，上海人民出版社 2001 年版，第 206 页。

❷ See Robert G. McCloskey, The American Supreme Court, University of Chicago Press, 2000, p. 178.

❸ 参见［美］德沃金：《自由的法》，刘丽君译，上海人民出版社 2001 年版，第 204 页。

承认该项权利的同时对其适用予以严格的程序控制，并随实践的发展而随时改进这一制度以使其逐渐完善。在这一方面，荷兰关于安乐死的立法为我们提供了可资借鉴的宝贵经验。荷兰关于安乐死的法律实践表明：一方面承认自然人在特定情形下有权请求他人协助以终结生命；另一方面通过严格的制度设计以控制自然人这项权利的行使并防止他人对自然人权利的侵犯，完全是行得通的。荷兰在这方面法律实践的成功，使得"一些国家的医生和病人，特别是来自欧洲其他国家、美国以及加拿大的患者也会考虑前往荷兰接受安乐死"。❶ 其实，这也意味着承认自然人自主权并将之适用范围适当扩张，尤其是承认自然人对其人格要素所体现的人格利益在特定情形下的实现而能够享有请求权，在法律实践中并无不妥。

六、本章结论

关于人格权的立法政策应当承认这样的现实：一方面，法律人格制度因其发生的社会历史条件不同，而体现着不同的思想价值内涵，这种思想价值内涵的变化决定了特定人格制度下人格要素的变化；另一方面，法之健康发展的根本在于与变化了的社会生活相协适，其中私法的核心精神在于对人的关怀，不应囿于传统理论而拘泥于所谓的"社会福祉"或"公共感情"，进而背离社会现实生活并牺牲自然人的幸福。因为人格是个人的事情，而人道才是社会的事情，不能用社会的事情干预完全是自己的、不关涉他人的个人的事情。在这一现实基础上，人格尊严的核心就应紧随时代的变化而对人之所以为人的人格要素予以确认和保护，当人之所以为人的根本人格要素得不到保障或实现时，人可以为其自我的实现而行使兼具防御性权利特性和特定情形下请求权特性的自主权。

---

❶　参见倪正茂、李惠、杨彤丹：《安乐死法研究》，法律出版社 2005 年版，第 62 页。

第七章　人格尊严民法保护的示例（二）：
胎儿利益保护问题*

> 只有那些能和我们进行直接的、对称交流的人才应拥有人类尊严。据此，所有出生前的人类生命（胚胎、三个月以上的胎儿）都应排除在外。只有当一个人依靠社会性的个体化进程成为一个人，他才享有人类尊严。❶
>
> ——［德］哈贝马斯

　　传统民法的基本理念是，受民法关注的原则上只能是活着的人。对于未曾出生的胎儿而言，由于其并不具备权利能力，因此原则上其并不在传统民法关注的视野里。然而由于当代法的最终目的是具体的人在法律上的充分实现，为了具体人的人格尊严和人格自由发展，当代民法视域中的人就不能仅囿于活着的人，其在时间轴上应向前后延伸：对于胎儿利益的法律保护而言，德国联邦宪法法院认为："人类的尊严已经是未出生人类生命的性质，而不仅仅是已出生者或已经具有发展完全的人格的人的性质……（在）其母体怀孕期间，未出生者是某种个体性的事物，已经建立其基因性的身份，因此有独一无二性和不可替代性。它是不可分离的生命体，正处于成长和表达的阶段，还没有发展成人，但是正在作为人发展。然而未出生生命的不同阶段可以从生物学的、哲学的和神学的角度来得到解释，问题是，这

---

　　* 本章主要内容参见朱晓峰："民法典编纂视野下胎儿利益的民法规范 ——兼评五部民法典建议稿胎儿利益保护条款"，《法学评论》2016 年第 1 期，第 179—190 页。

　　❶ 参见［德］哈贝马斯："人的本性的未来：在通向自由的优生学的路上吗？"，转引自［德］布鲁诺奇："人类尊严的道路"，《社会科学战线》2013 年第 5 期，第 252 页。

是在一个个体人类的发展中不可去除的阶段。只要生命存在于此，人类尊严就属于它。"基于此，"在母体内正在发育的胎儿，作为独立的法律主体受到《德国基本法》的保护"。❶ 对此，中国法律实践究竟持何种立场？应持何种立场？以下拟就此展开分析。

一、问题的提出

自然人的民法保护原则上以生命的存在为前提。❷ 但是，法律意义上的生命在什么状态下是存在着的呢？对于扎根并生成于生命科技并不十分发达的社会背景下的传统民法来说，自然人的生命始于出生，终于死亡，这似乎是不言自明的道理。❸ 然而随着时代背景的急剧变化，特别是生命科技的飞速发展，使得传统意义上的生命概念在 20 世纪以后有了显著变化。❹ 其中最突出的是，生命科技从时间维度上拉长了生与死的跨度。❺ 这种因生命科技的发展所导致的生命概念从生物学到社会学再到法学意义上的链式反应，势必对传统民法理论及相应的实践构成挑战。这种挑战主要有如下表现。

（1）民法对人的保护应始终以具备权利能力为前提条件吗？❻

（2）胎儿得享有何种应受民法保护的利益？或者说，在胎儿利益的民法保护上，是否需要承认胎儿与自然人之间的现实差异，区分对胎儿至关重要而应优先得到承认的利益类型和与此相比并不十分迫切而仅需留待其

---

❶　参见［英］罗森：《尊严》，石可译，法律出版社 2015 年版，第 83—84 页。

❷　或者说，民法中的人是活着的人，除此之外的则不是民法所关注的。参见［日］星野英一：《民法中的人》，张丽娟译，北京大学出版社 2005 年版，第 23 页。

❸　参见王泽鉴：《人格权法》，北京大学出版社 2013 年版，第 100 页。

❹　参见周详："胎儿'生命权'的确认与刑法保护"，《法学》2012 年第 8 期。

❺　当然，在传统民法领域内，生命科技领域内的生死概念标准并未普遍被民法所接受。具体参见 F. J. Säcker/R. Rixecker Hrsg., Münchener Kommentar zum Bürgerliches Gesetzbuch：Schuldrecht Besonderer Teil Ⅲ, Band 5, C. H. Beck, 2009, § 823, RdNr. 66; J. Hager, J. von Staudingers Kommentar zum Bürgerliches Gesetzbuch mit Einführungsgesetz und Nebengesetzen, Buch 2. Recht der Schuldverhältnisse § § 823 – 825, Sellier de Gruyter, 1999, § 823, RdNr. B 1.

❻　在德国，民法学界在 20 世纪 60 年代就此问题提出了质疑，参见 Selb, Schädigung des Menschen vor Geburt – ein Problem der Rechtsfähigkeit?, AcP 166（1966）, S. 76. 我国学理上也有观点认为，是否享有权利或具备权利能力，并不是法律保护胎儿利益的必要前提。参见李海昕："胎儿权益的民法保护"，《人民司法》2009 年第 24 期。

活着出生后再行保护的利益类型，并以此为基础确立相应的法律规则？❶

（3）对于生育过程中因医院的过错或者父母的坚持而出生的具有先天性严重残疾的人，是否可以因此主张不被出生的权利，或基于物质性人格利益受损而主张如医疗费等财产损害赔偿请求权以及相应的精神损害赔偿请求权？

（4）因他人侵犯母亲身体致胎儿身体健康受损，胎儿是否有权就此向行为人独立主张民法上的相关请求权？胎儿之外的与其有特定法律关系的人，例如父母，是否可以据此向行为人主张相应的损害赔偿请求权？这些请求权与胎儿得主张的请求权之间的规范关系为何？

（5）胎儿因他人的过错行为未能活着出生，其可否主张民法上因生命被侵犯而得主张法律上的救济？与其有特定法律关系的主体如父母可否因此主张相应损害赔偿请求权？这些请求权之间是否存在规范关系？

（6）胎儿父母可否构成对胎儿利益的侵犯？何种情形下须对胎儿承担法律责任？当第三人怂恿父母一方侵害胎儿利益的，谁有权就此向行为人主张侵权责任？行为人之间在责任承担上的规范关系是什么？

对此，在《民法总则》生效之前，除了《中华人民共和国继承法》（下文简称《继承法》）❷ 第 28 条承认胎儿在活着出生时得对特定财产享有利益外，现行制定法在整体层面并未就此提供明确的解决方案。这导致了实践的极大困惑，不利于民法所欲保护的人在法律上的实现。❸ 2017 年的《民法总则》第 16 条规定："涉及遗产继承、接受赠与等胎儿利益保护的，胎儿视为具有民事权利能力。但是胎儿娩出时为死体的，其民事权利能力自始不存在。"这就部分回应并解决了现实生活中存在的问题，较之

---

❶ 对胎儿与已出生的自然人是否应在法律上区别对待，法学理论和相应法律实践存在不同观点。例如，有观点基于生命平等的视角而坚持胎儿在法律上应与自然人具有同等地位，还有观点认为胎儿民事地位的享有应通过活着出生这一解除条件而确定，等等。相关评述参见瞿灵敏："体源者身故后遗留胚胎的法律属性及处置规则：宜兴冷冻胚胎继承纠纷案评释"，《财经法学》2015 年第 2 期。

❷ 1985 年 4 月 10 日第六届全国人民代表大会第三次会议通过，1985 年 4 月 10 日中华人民共和国主席令第二十四号公布，自 1985 年 10 月 1 日起施行。

❸ 参见朱晓峰："作为一般人格权的人格尊严权：以德国侵权法上的一般人格权为参照"，《清华法学》2014 年第 1 期。

于之前的立法，有了明显的进步。❶ 但问题依然存在。对此，在编纂民法典的大历史背景下，为更充分地解决胎儿利益保护问题，有必要回溯至《民法总则》制定以前，全面观察和检讨学说理论上对于胎儿利益保护的讨论和司法实践中胎儿利益的保护方案，并以此为基础回应现实生活对于民法典编纂提出的挑战。

在《民法总则》通过之前，由学者们负责起草的几部民法典草案专家建议稿都明确规定了涉及胎儿利益保护的条款。

中国法学会起草的《中华人民共和国民法典·民法总则专家建议稿（征求意见稿）》（以下简称法学会版草案建议稿）第 17 条规定："涉及胎儿利益保护的，视为已出生。"

梁慧星教授负责起草的《中国民法典建议稿》（以下简称梁慧星版草案建议稿）第 14 条规定："凡涉及胎儿利益保护的，胎儿视为具有民事权利能力。涉及胎儿利益保护的事项，准用本法有关监护的规定。胎儿出生时为死体的，其民事权利能力视为自始不存在。"❷

王利明教授负责起草的《中国民法典·人格权法编（草案）建议稿》（以下简称王利明版草案建议稿）第 59 条规定："胎儿的身体健康受到损害的，在其出生后，享有损害赔偿请求权。"❸

杨立新教授负责起草的《中华人民共和国民法总则（草案）建议稿》（以下简称杨立新版草案建议稿）第 24 条规定："胎儿以将来非死产者为限，关于其个人利益的保护，视为已出生。在出生前的第三百天，推定胎儿已经受孕。"❹

徐国栋教授起草的《绿色民法典草案》（以下简称徐国栋版草案建议稿）第 5 条规定："出生以胎儿分离母体为准；死于母腹中的胎儿、未完全脱离母体前死亡的胎儿或分离后四十八小时内即死亡的胎儿视为未生

❶ 参见张新宝：《〈中华人民共和国民法总则〉释义》，法律出版社 2017 年版，第 34 页。
❷ 参见梁慧星主编：《中国民法典草案建议稿》，法律出版社 2013 年版，第 18 页。
❸ 参见王利明主编：《中国民法典·人格权编（草案）建议稿》，法律出版社 2004 年版，第 78 页。
❹ 参见杨立新："中华人民共和国民法总则（草案）建议稿"，《河南财经政法大学学报》2015 年第 2 期。

存；胎儿出生后生存逾四十八小时的，视为生存；法律以胎儿出生为条件，承认其具有继承、接受遗赠和赠与的权利能力。"❶

这五部草案建议稿都明确承认胎儿得享有民法上受保护的法律地位，为胎儿利益的保护提供了相应基础。然而草案建议稿之间的差异也非常明显，主要表现在如下方面。

（1）胎儿在何种条件下得具备权利能力？其中，法学会版草案建议稿的规定最宽松，只要涉及胎儿利益保护的，均承认胎儿的权利能力；其次为梁慧星版草案建议稿、王利明版草案建议稿和杨立新版草案建议稿，其为胎儿利益提供保护，以胎儿活着出生为前提；条件限制最严格的是徐国栋版草案建议稿，其给胎儿利益提供保护的前提要求是，胎儿出生后须生存逾 48 小时。

（2）胎儿得享有何种应受法律保护的利益？王利明版草案建议稿的规定最狭窄，仅承认胎儿得就身体健康享有应受法律保护的利益；其次为徐国栋版草案建议稿，其未就胎儿得享有的人身利益进行特别限制，但在财产利益上，规定胎儿仅在继承、接受遗赠和赠予等纯获利益场合具备权利能力；其余三部草案建议稿都未就胎儿可得享有利益的范围进行限制。

（3）谁须就侵害胎儿利益承担相应法律责任？这与问题（2）是一体两面。法学会版草案建议稿的规定最为宽松，因为其规定，凡涉胎儿利益保护的都承认胎儿的主体地位，所以理论上，胎儿父母于此也可能需要就侵害胎儿利益而承担相应法律责任；其次为梁慧星版草案建议稿、王利明版草案建议稿和杨立新版草案建议稿，由于以胎儿活着出生为承认主体地位的前提，因此在胎儿未活着出生的场合，无论是父母之外的第三人，还是父母双方或其中任意一方，都毋须就其侵害行为向胎儿承担责任；徐国栋版草案建议稿限制的最为严格，依其规定所确定的责任人范围理论上也窄于前者。

（4）胎儿得请求何种损害救济？王利明版草案建议稿仅承认活着出生的胎儿得就自己遭受的身体健康损害主张赔偿请求权；其余四部草案均未

---

❶ 参见徐国栋主编：《绿色民法典草案》，社会科学文献出版社 2004 年版，第 5 页。

限定胎儿主张损害救济的方式与范围，这意味着规定于《侵权责任法》第15条的责任承担方式，作为受害人的胎儿在理论上都有权向责任人主张。

（5）谁得在胎儿利益受损时为胎儿利益主张相应的法律救济？除梁慧星版草案建议稿明确规定于此场合类推适用监护制度外，其余四部草案建议稿均未明确规定。当然，在承认胎儿有权利能力的场合下，其利益的保护自然可以类推适用监护制度。但由于法学会版草案建议稿理论上也承认父母对于胎儿利益的侵害属于应受法律调整的范畴，父母等与胎儿存在特定法律关系的主体并不必然会为胎儿利益而为特定行为，那么于此由谁来主张此种情形下胎儿所有权主张的法律救济，并不确定。

《民法总则》第16条并未完全采纳上述学者草案建议稿中的任何一种立场。从第16条所使用的措辞来看，其存在如下特点。

第一，在纯获财产利益场合，胎儿视为有权利能力；对于财产利益之外的人身利益如生命身体健康等，因为法律并未拟制其于此场合具有权利能力，所以并不受法律保护。

第二，若胎儿出生时为死体的，其自始即不具有权利能力，这意味着之前其因拟制的权利能力而享有的财产利益亦不存在。

显然，该条对胎儿利益的民法保护设置的条件较为严格，保护的范围亦比较狭窄。那么，该规则能否有效应对当前法律实践中现实问题呢？下文拟在整理中国当前社会生活中侵害胎儿利益之典型情形的基础上，分析当前司法实践解决相应问题的主要依据与方案，探寻其中存在的问题与可能的改进措施，并就如何在未来的民法典中规定更为合适的相关规则提出建议。

二、胎儿得享有的应受法律保护的利益范围

中国现行法律体系下的制定法原则上不承认胎儿利益而仅在极例外情形下予以承认的体例，在新的社会背景下已显得极不合时宜。❶ 因此，五部民法典草案建议稿均承认胎儿利益应受法律保护，具有积极意义。同时

---

❶　参见王利明等："民法典应从中国土壤中生长"，《人民日报》2015年5月6日第17版。

需要注意的是，民法典的制定必须与现实生活的实践需求相适应，对胎儿利益的保护，也应当以现实生活为镜鉴。因此，在确定民法典就胎儿利益保护究竟应采取哪些措施前，需要明确现实生活中胎儿利益侵害的类型以及由此导致的主要问题。

（一）胎儿利益侵害的主要类型

涉及胎儿利益保护的法律纠纷，依据侵害主体不同，大致可以类型化为如下三种。

1. 第三人致胎儿利益受损

可以依据侵害是否直接作用于胎儿本身而区分为两种。

（1）侵害行为直接作用于胎儿本身。这可以进一步区分为：因第三人过错致胎儿利益受损，如侵害胎儿物质性人格致其死亡；[1] 计生部门为计划生育政策而强行终止妊娠。[2]

（2）侵害行为虽未直接作用于胎儿本身，但其行为对胎儿利益产生事实上的影响。例如：第三人过错致有严重先天缺陷的胎儿活着出生；[3] 他人侵害行为致胎儿父亲死亡的场合，胎儿遭受的纯粹经济损失。[4]

2. 父母致胎儿利益受损

对此，具体可以区分为两种。

（1）因父母共同决定致胎儿利益受损。例如，双方决定终止妊娠，对此可以进一步区分为：合法终止符合计划生育政策的妊娠、[5] 不法终止符合计划生育政策的妊娠、[6] 合法终止不符合计划生育政策的妊娠。[7]

---

[1] 参见《检察日报》法律组："孕妇受惊吓流产能否索要胎儿死亡赔偿金"，《检察日报》2012 年 4 月 7 日第 3 版。

[2] 参见张千帆："非人道计生是谋杀"，《中国经济时报》2012 年 6 月 28 日第 7 版。

[3] 参见云南省昆明市五华区人民法院（2006）五法西民初字第 487 号民事判决书。

[4] 参见"王某钦诉杨某胜、泸州市汽车二队交通事故损害赔偿纠纷案"，《中华人民共和国最高人民法院公报》2006 年第 3 期。

[5] 参见《中华人民共和国母婴保健法》第 18 条。

[6] 参见《中华人民共和国人口与计划生育法》第 35 条。

[7] 参见《中华人民共和国人口与计划生育法》第 20 条。

（2）因父母一方原因致胎儿利益受损。例如，父亲要求母亲终止妊娠而母亲坚持生育的，父亲将自己所有财产通过遗嘱全部处分给胎儿之外的其他继承人；❶ 父亲坚持生育而母亲擅自终止妊娠；❷ 母亲明知吸毒可能致胎儿畸形但依然坚持吸毒并致胎儿畸形。❸

3. 第三人与父母一方或双方共同致胎儿利益受损

于此场合的典型情形如下。

（1）第三人恶意教唆、怂恿母亲擅自终止妊娠。例如，为达到感情破裂而离婚的目的，妻子在情人怂恿下，未经因伤丧失生育能力的丈夫同意而擅自终止妊娠。❹

（2）父母一方或双方违反法律或公序良俗，在第三人帮助下终止妊娠，例如，想生男孩儿而将腹中经鉴定为女孩的胎儿通过不法医疗机构之手流产。❺

（3）因第三人侵害母亲身体健康致其不得不终止妊娠，例如，第三人过错侵害母亲身体健康，母亲因治疗需要而须为特定医疗行为，该行为会导致胎儿身体健康受损，于此场合被迫终止妊娠。❻

对于胎儿而言，上述情形均涉及对其或人身利益或财产利益的侵害，但是不是所有情形下皆应且皆可规定涉及胎儿的利益均为受民法所受保护的对象呢？是不是这些利益在民法上均应且均能被一体承认和保护呢？对此，首先应明确现实生活中与胎儿相关的利益类型与内在区分，并就此界定其与胎儿保护之间的权重比例，从而为胎儿利益的民法保护提供一个清晰的利益图谱。

---

❶　参见"李某华、范某诉范某业、滕某继承纠纷案"，《中华人民共和国最高人民法院公报》2006 年第 7 期。

❷　参见浙江省余姚市人民法院（2006）余民一初字第 1633 号民事判决书；江苏省无锡市北塘区人民法院（2014）北民初字第 0704 号民事判决书。

❸　参见朱俊阳："怀孕女子仍吸食毒品，致腹中胎儿畸形"，《内蒙古晨报》2014 年 6 月 13 日。

❹　参见王晨、艾连北："再论生育权"，《当代法学》2003 年第 1 期。

❺　参见刘彦："孕妇疑怀女私自在酒店引产被抓，法院不准再生"，《楚天时报》2014 年 7 月 29 日第 7 版。

❻　参见四川省华蓥市人民法院（2014）华蓥民初字第 966 号民事判决书。

（二）胎儿得享有的利益的主要类型

在民法所保护的权益领域内，并非所有民事权益皆会与胎儿利益保护相关，相反，对于胎儿而言，也并非所有民事权益皆为其所必需。民法承认并赋予胎儿得享有的利益，应以必要性为原则，甄别和界分哪些是胎儿所必须的，并给予重点关注和规范，对此之外的则有必要通过一般条款而留待将来的法律实践去解决，保证民法典本身的相对确定性与面对丰富社会生活的适度开放性之间的动态平衡。❶ 事实上，就民法视野内胎儿的保护而言，需要重点强调的是与胎儿能否健康平安活着出生这一最佳利益密切相关的利益保护问题。因此，围绕该最佳利益的法律保障与实现，可以将胎儿利益保护区分为一个前提与三个层次。

1. 一个前提：人是否就不被出生而享有应受法律保护的利益

生命居于自然人所享有的所有法益的最核心，对自然人而言，生命的保全与维系是居于头等地位的大事。❷ 给予生命，对于任何人来讲，都是最大的利益。任何人都无权主张自己不被生下来；反之，即使父母知道胎儿严重残疾但仍坚持将之生下来，也不会对其生命利益构成侵犯。❸ 在中国的司法实践中，法院亦明确坚持这一观点，例如，在刘某妹、张某峰与深圳市龙华新区龙华人民医院医疗损害责任纠纷案的判决书当中，审理法院认为，尽管被出生者患有先天性心脏病，但从尊重生命本身的价值而言，其存在价值仍胜于无，不能认定其生命属于应予赔偿的损失。❹ 另外，从法律形式逻辑的角度出发，也同样可以推导出，在错误出生的场合，不得因生命的给予而主张相应的损害赔偿请求权，因为主张生命权被侵犯以存在或至少存在过生命为前提，对于提起权利主张的人而言，其所要否定的生命恰是其所提起之权利主张的前提，若否定了前者，则后者自然也就

---

❶ 关于一般条款功能的讨论，参见蒋舸："反不正当竞争法一般条款的形式功能与实质功能"，《法商研究》2014 年第 6 期。

❷ 参见《马克思恩格斯选集（第 1 卷）》，人民出版社 1972 年版，第 4 页。

❸ Vgl. Christian v. Bar, Gemeineuropäisches Deliktsrecht, Bd. 2, C. H. Beck, 1999, S. 63.

❹ 参见广东深圳市中级人民法院（2014）深中法民终字第 1851 号民事判决书。

不会存在。

但否定自然人就出生本身所主张的权利请求，并不意味着存在过错的行为人可予免责。在医院因过错未发现胎儿存在严重生理缺陷并致严重残疾的孩子出生时，医院需要对自己的过错行为承担法律责任。存在问题的是，谁有权向行为人主张承担民法上的责任？在比较法的视野中，对此存在不同做法：在德国，司法实践承认错误出生者的父母对行为人有权主张损害赔偿请求权；❶ 而在法国，司法实践则同时赋予父母和错误出生者本人向行为人主张损害赔偿的权利。❷ 在中国现行民事法律体系中，父母依《中华人民共和国合同法》（下文简称《合同法》）❸ 向医院主张违约责任中的损害赔偿请求权，应无疑问，因为其与医院之间存在医疗服务合同关系，医院因过错未能完成约定的服务内容，构成瑕疵履行，需承担违约责任。❹ 对于其是否可以向行为人主张侵权法上的损害赔偿请求权，司法实践和法学理论上存在不同观点：在司法实践中，部分法院依据《中华人民共和国母婴保健法》（以下简称《母婴保健法》）❺ 以及《人口和计划生育法》等规定，推导出父母享有应受民法保护的优生优育选择权，认为行为人的过错行为侵犯了父母所享有的该项权利，并据此支持了父母所主张的侵权法上的损害赔偿请求权；❻ 但也有法院认为，优生优育权是由作为基本权利的生育权所衍生出来的权利，其在本质上依然是基本权利，尽管《母婴保健法》以及《人口和计划生育法》等也有相关规定，但这并不能改变优生优育权的本质属性，因此其不受侵权法保护，并据此驳回了父母

---

❶　在德国，胎儿父母得主张损害赔偿的请求权基础较为多元，合同、身体侵害以及抚养费的支出等都可以成为受害人主张损害赔偿请求权的依据，但胎儿出生即孩子本身并不产生损害。相关讨论参见 D. Medicus/S. Lorenz, Schuldrecht Ⅰ – Allgemeiner Teil, 19. Aufl., C. H. Beck, 2010, S. 342.

❷　Vgl. Christian v. Bar, Gemeineuropäisches Deliktsrecht, Bd. 2, C. H. Beck, 1999, S. 63.

❸　第九届全国人民代表大会第二次会议于 1999 年 3 月 15 日通过，自 1999 年 10 月 1 日起施行。

❹　参见丁春艳："'错误出生案件'之损害赔偿责任研究"，《中外法学》2007 第 6 期。

❺　1994 年 10 月 27 日第八届全国人民代表大会常务委员会第十次会议通过，根据 2009 年 8 月 27 日第十一届全国人民代表大会常务委员会第十次会议《关于修改部分法律的决定》第一次修正，根据 2017 年 11 月 4 日第十二届全国人民代表大会常务委员会第三十次会议《关于修改〈中华人民共和国会计法〉等十一部法律的决定》第二次修正。

❻　参见云南省昆明市中级人民法院（2007）昆民三终字第 854 号民事判决书。

所主张的侵权法上的损害赔偿请求权。❶ 对此，学说理论尽管在具体的论据和论证过程方面存在分歧，但都支持父母于此有权主张侵权法上的损害赔偿请求权。❷ 事实上，作为基本权利的生育权内涵优生优育权，所反映的是国家和个人之间权利义务关系的一种基本权利，将之作为裁判依据而直接在判决书中加以引用，是不恰当的，其仅能通过与民法上概括条款相结合的方式进入民事规范领域。

胎儿本身是否有权因此主张侵权法上的救济，中国司法实践中部分法院给予了否定性的回答，理由主要有二：一种认为，该种情形下的受害人一方应是胎儿父母，而不是已出生的胎儿，因为已出生者在产检时无权利能力，其不能决定自己是否出生，在其出生之后也不能对自己出生与否进行选择；❸ 另一种则认为，因为先天残疾婴儿的残疾一般是基于遗传因素及其他因素所造成的，并不是医院的行为所导致，所以婴儿所存在的严重先天性肢体残疾与医疗机构的过错行为不存在法律上的因果关系。❹ 当然，也有法院支持因医院过错导致出生存有残疾孩子的损害赔偿请求权，例如，在福建省漳州市文某等与漳州市医院医疗事故损害赔偿纠纷案中，二审法院漳州市中级人民法院在判决书中即明确指出，由于医院在发现或者怀疑胎儿有异常后没有作进一步的产前诊断并提出终止妊娠的医学意见，最终导致出生的婴儿肢体残缺，使原告未能生出一个肢体健全的婴儿，并且过错行为与损害结果之间存在因果关系，故支持了原告所主张的医疗费以及女婴的残疾者生活补助费、残疾用具费、精神损害赔偿费等诉讼请求。❺

---

❶　参见四川省成都市中级人民法院（2008）成民终字第 296 号民事判决书。

❷　参见张红："错误出生的损害赔偿责任"，《法学家》2011 年第 6 期；丁春艳："'错误出生案件'之损害赔偿责任研究"，《中外法学》2007 第 6 期。

❸　参见四川省南充市顺庆区人民法院（2013）顺庆民初字第 828 号民事判决书。

❹　参见辽宁省大连市中级人民法院（2014）大审民再终字第 73 号民事判决书。有法院拒绝支持残疾婴儿所主张的关于残疾赔偿金的损害赔偿请求权，相关判决参见内蒙古自治区扎兰屯市人民法院（2013）扎民初字第 137 号民事判决书。

❺　案情详见福建省漳州市中级人民法院二审判决书，判决时间为 2004 年 9 月 30 日（该案的评述见梅贤明："生下肢残儿，医院该不该赔偿"，《人民法院报》2004 年 11 月 16 日 B4 版）。相关判决参见四川省南充市顺庆区人民法院（2013）顺庆民初字第 828 号民事判决书；辽宁省沈阳市中级人民法院（2015）沈中少民终字第 00030 号民事判决书；广东省深圳市中级人民法院（2014）深中法民终字第 1244 号民事判决书。

于此存在的争议本质是，司法实践中法律的适用究竟应否以法本身内在的逻辑自洽为第一要务？若坚持法律适用逻辑自洽性的优先考量，那么，于此场合否定已出生之胎儿的独立损害赔偿请求权是合法的。因为对已出生的胎儿而言，行为人的过错行为确未给其造成任何损害，或者说，已出生的胎儿所存在的严重残疾的事实，与行为人的过错行为之间并没有任何法律上的联系；❶ 行为人因过错而未能发现胎儿严重残疾，侵害的仅是父母受民法保护的知情权与生育选择权等民事权益，在现行民事法律体系下，民事实体法和相应程序法中的适格主体只能是父母，而不能是已出生之胎儿。但若以霍姆斯所倡导的经验法则为基点，将时代需要的感知、流行的道德和政治理论等考虑进来，❷ 特别是将现代民法所坚持的基本伦理价值即人的尊严的充分实现考虑进来，❸ 那么承认已出生之胎儿于此场合的独立损害赔偿请求权，就不会在正当性问题上产生疑问。

2. 三个层次：物质性人格利益、精神性人格利益与财产利益

（1）物质性人格利益

生命的存续与保全，是民法上活着的人的最核心的利益。❹ 对于那些尚未出生的胎儿而言，最终能够活着出生，能够健康平安地活着出生并成为民法上的主体，则是头等重要的大事，因此，与之相关的诸如生命、身

---

❶ 事实上，司法实践中很多法院都是依据出生的婴儿所存在的严重先天性肢体残疾与医疗机构的过错行为不存在法律上的因果关系，从而拒绝给予已出生的胎儿以侵权法上的救济，相关判决参见福建省漳州市文女士和肖先生诉漳州市医院医疗事故损害赔偿纠纷案一审法院芗城区人民法院判决意见，《人民法院报》2004 年 11 月 16 日 B4 版。另外，在前述陈某甲案中，一审法院顺庆区初级法院与二审南充市中级人民法院也都承认先天残疾婴儿的残疾一般是基于遗传因素以及其他因素所造成的，并不是医院的行为所导致。

❷ 即霍姆斯的名言"法律的生命不在于逻辑，而在于经验"，霍姆斯认为："对时代需要的感知，流行的道德和政治理论，对公共政策的直觉，不管你承认与否，甚至法官和他的同胞所共有的偏见对人们决定是否遵守规则所起的作用都远远大于三段论。……它不能被当作公理和推论组成的数字书。"参见 O. W. Holmes, The Common Law, London Macmillan & Co, 1882, p. 1.

❸ 需要注意的是，人的尊严范畴与权利能力之间在法律上并无特定的规范关系。德国联邦宪法法院所表达的尚未出生的人的生命也具有人的生命并且自身享有生命权（BverfGE 88, 203, 296.），并不意味着《德国民法典》对于权利能力的规定，在于表达对母亲腹中的胎儿的保护及对这种保护价值的肯定。对此参见［德］迪特尔·施瓦布：《民法导论》，郑冲译，法律出版社 2006 年版，第 89 页。

❹ Vgl. Christian v. Bar, Gemeineuropäisches Deliktsrecht, Bd. 2, C. H. Beck, 1999, S. 62.

体、健康等物质性人格要素等所体现出来的人格利益，就位于胎儿利益的核心位置，理应受到法律的重点关注和保护，例如，在侵害行为致胎儿生命、身体、健康损害或有受损之虞，胎儿应被视为具有权利能力而有权就此独立主张法律上的救济。❶ 在比较法的视野下，典型立法例如德国、奥地利、法国、英国等对此尽管态度不一，但承认胎儿特定情形下就自己的物质性人格所遭受的损害有权主张侵权法上的救济却获得了普遍性的支持。❷ 相比较而言，在中国当前司法实践中，以胎儿物质性人格利益受损为由主张胎儿本身的损害赔偿请求权，原则上并不会被支持，因为于此场合胎儿并不具备《民法总则》第 13 条所规定的权利能力，不是民事主体，并且第 16 条所拟制的胎儿享有受法律保护的利益为纯获财产性利益，并不能从该条当然推出人身利益亦同样受法律保护。❸ 但是，司法实践中也存在例外做法。例如，在刘某涛、杨某勤与孟州市第二人民医院医疗损害责任纠纷案中，审理法院即认为被告医院的医疗过错与胎儿死亡的损害后果之间存在因果关系，支持了原告所主张的关于婴儿的死亡赔偿金和相关的丧葬费的赔偿请求权。❹ 若胎儿活着出生，其就身体健康所遭受的损害所主张的侵权法上的救济，原则上都会获得法院的支持。❺

　　通过两种冲突的已生效判决可以发现，中国司法实践未普遍承认胎儿在生命、身体、健康等物质性人格受损时享有应受法律保护的主体地位，存在的主要障碍是：民事权益的享有以权利能力的存在为前提，无权利能力则不存在所谓的民事权益，亦不存在对自始即不存在的民事权益的侵害。这种看似严谨的逻辑推理忽视了中国民事立法中存在的如下规范。

---

❶　参见周详："胎儿'生命权'的确认与刑法保护"，《法学》2012 年第 8 期。

❷　Vgl. F. J. Söcker/R. Rixecker Hrsg., Münchener Kommentar zum Bürgerliches Gesetzbuch: Schuldrecht Besonderer Teil Ⅲ, Band 5, C. H. Beck, 2009, § 823, RdNr. 67, 86, 87.

❸　参见广西壮族自治区崇左市江州区人民法院（2012）江民初字第 739 号民事判决书；宁夏回族自治区银川市金凤区人民法院（2013）金民初字第 1292 号民事判决书；广东省江门市中级人民法院（2015）江中法民一终字第 25 号民事判决书。

❹　参见河南省孟州市人民法院（2014）孟民二初字第 00061 号民事判决书。

❺　参见广西壮族自治区贺州市人民法院（2015）贺民一终字第 10 号民事判决书；安徽省宿州市中级人民法院（2015）宿中民三终字第 00174 号民事判决书。我国学理上对此亦持相同立场。参见张新宝：《〈中华人民共和国民法总则〉释义》，法律出版社 2017 年版，第 34 页。

第一，《民法总则》第 16 条第 1 句、《继承法》第 28 条承认胎儿于特定情形下得享有受法律保护的财产利益，这表明民事权益的享有以权利能力的存在为前提，并非颠扑不破的真理，即使法律于此拟制胎儿特定情形下就特定财产享有应受法律保护的利益属于例外，但这至少表明了法律在例外情形下可以突破权利能力必须具备这一前提而直接承认胎儿在特定情形下得就特定人格利益享有应受法律保护的地位。

第二，在现行民事法律规范体系内部，当自然人死亡之后，依然存在一些人格的残存（Rückstände der Persönlichkeit），如遗体、遗骨、名誉、荣誉、隐私、肖像、姓名等属于法律关注和保护的对象。这意味着，对曾经存在并为法律所保护的自然人而言，即使有朝一日死亡了，不再是民法上具备权利能力的主体了，民法依然承认其遗存的应受法律保护的人格利益。即使这种例外规定保护的依然是具有权利能力的活着的人，保证他们能够生活在即使其死亡以后依然能被法所尊重并被保护的这种期望当中。❶但事实上，这同时也表明了，现行民法所保护的民事权益的享有与权利能力的具备之间并不是完全不可分割的，在例外情形下，民事权益的法律保护可以独立于权利能力而存在。

另外，在现行法律规范体系下，法律既然保护死者的已经没有生命气息的物质性人格的残存即遗体、骨灰以及特定的精神性人格，保护活着出生的胎儿的特定财产利益，那为什么不保护孕育着新的生命的胎儿的物质性人格呢？这表明，死者特定情形下就特定人格利益的实现受法律保护与胎儿于特定情形下就特定财产利益的享有受法律保护之间，存在着通常意义上所谓的法律漏洞。

由于民法并不禁止类推规则，❷ 因此在现行法存在明显漏洞的前提下，事实上可以通过类比运用以填补法律漏洞，完成法的续造。具体的方法

---

❶　在德国，慕尼黑上诉法院曾在一个判决（1994 年 1 月 26 日）中也持同样的观点：一个人活着时的尊严及人格自由发展，只有当他能够期待在其死后也能获得法律对该权利至少是在遭到他人严重侵害情况下的保护，并且能在这种期待中生活时，才能算是获得了法律的充分保护。相关讨论参见 Christian v. Bar, Gemeineuropäisches Deliktsrecht, Bd. 2, C. H. Beck, 1999, S. 61, Fn. 307.

❷　参见王文宇："商事契约的解释：模拟类推与经济分析"，《中外法学》2014 年第 4 期。

是，将已规定某事实构成之规范的法律后果转用于未规定但与前者相似的案件事实。❶ 依据这种相似性推理可以发现，对于胎儿的法律保护而言，就关乎其能否活着出生或健康出生等方面所展现出来的现实需求而言，与此相关的物质性人格利益的法律保护，在重要性上至少应不低于其活着出生之后所得享有的财产利益，❷ 依据"举轻以明重"的类推解释方法，可以合理地推出，既然民法承认胎儿活着出生后可以就特定财产利益主张权利，那么若其活着出生，也应能就其在母体期间因物质性人格利益被侵犯而遭受的人身损害主张民法上的损害救济。

即使在胎儿未能活着出生的场合，也可以通过类推发现其物质性人格利益应受保护的合法性基础，只是这种类推的路径有别于法律漏洞填补：就法律适用的逻辑一致性与严谨性而言，介乎于现行法所保护的胎儿特定财产利益与丧失生命特质的死者人格利益之间的胎儿人格利益，在是否应受民法调整的相似性上至少应不少于前两者；就民法所欲实现的基本价值而言，当前法律实践承认并且保护并不具备权利能力但是将来可能具备权利能力的胎儿的特定财产利益，以及曾具备权利能力但是将来显然永无可能再具备权利能力的死者的人格利益，那么对于那些将来有望具备权利能力而最终因侵害行为未能具备的胎儿而言，在涉及价值位阶显然高于财产利益的物质性人格利益的保护上，特别是侵害行为所指向的是潜在的生命而非已经毫无生机的物质性人格残存时，法律更应该为之提供护翼。

对此，五部法典草案建议稿和《民法总则》第 16 条也态度迥异：法学会版草案建议稿未以胎儿活着出生为条件来确定是否承认胎儿的权利能力，因此即使胎儿因侵害行为致死，其也有权独立主张侵权法上的损害救济；其余四部草案建议稿和第 16 条则都以活着出生为胎儿取得权利能力为前提要件，在其因侵害行为致未能活着出生时，自无权独立主张侵权法上的救济。

---

❶ 参见雷磊：《类比法律论证》，中国政法大学出版社 2011 年版，第 20 页。
❷ 参见石春玲："财产权对人格权的积极索取与主动避让"，《河北法学》2010 年第 9 期；王利明："人格权法中的人格尊严价值及其实现"，《清华法学》2013 年第 5 期。

（2）精神性人格利益

在胎儿就生命、身体、健康等物质性人格享有的利益之外，还可能就诸如肖像、隐私等精神性人格而享有利益，这些精神性人格利益位于胎儿利益保护的次要位置，其原则上不得就该等利益所遭受的损害主张民法上的救济，例外情形除外。例如，未经胎儿父母同意而擅自使用胎儿肖像，或者将涉及胎儿基因、血统、出身等个人信息的隐私披露给媒体等，以活着出生为条件，胎儿应有权主张停止侵害、消除影响等民法上的救济措施，对此之外的损害赔偿请求权，则可类推适用自然人于此场合可得主张的损害赔偿请求权的相应规则。对此，五部法典草案建议稿除了王利明版草案建议稿之外，其余四部均没有就此予以明确区分，《民法总则》第16条所持之立场亦与这四部一致。而王利明版草案建议稿则强调仅在胎儿身体健康利益遭受侵害的情形下，活着出生的胎儿才有权主张侵权法上的救济，对此之外的其他利益则不予承认。

（3）财产性利益

胎儿人格利益之外的其他财产利益，则位于胎儿利益保护的边缘位置，法律原则上理应不承认胎儿于此享有任何财产利益，例外情形除外。这里的合理性考量在于以下两点。

第一，在利益与风险并存的社会背景下，财产的享有并不意味着单纯的利益，与之如影随形的还有风险。从社会风险的角度出发，享有特定财产利益的人，不仅面临着财产本身贬值缩水的商业风险，还面临着因保护财产而随时可能出现的人身风险，因为财产是非常重要的有限社会资源，享有这种有限社会资源的人必然面临着激烈的竞争和挑战，❶ 所以财产利益的享有者必须具备与保护财产利益相匹配的理性能力。尽管法律为理性不足而行为能力欠缺的人提供了监护制度，但这并不意味着这种制度可以杜绝因觊觎财产利益而可能导致的对于行为能力欠缺的财产享有者而言的潜在社会风险。因此，对于以健康平安活着出生为最佳利益和最大目标的胎儿而言，法律至少应在可得预见的范围内尽量减少该种风险发生的可

---

❶ 古语"匹夫无罪，怀璧其罪"所表达的正是这种风险。语出《春秋左传·桓公十年》。

能，从而为胎儿最佳利益的实现提供最充分的法律保障。

第二，在现代市场经济条件下，对于财产享有者而言，享有财产不仅是一种利益，也是一种义务和责任。财产是有限的社会资源，在社会资源普遍不足的时代背景下，如何使财产的享有和利用更符合效率原则，应是法律所普遍关注的焦点问题，民法也不例外。在现实社会中，能够趋近财产合效率使用的原则上只能是具备理性的人，监护制度等是从正义角度出发，为社会特定弱势群体所提供的最大限度的保护，它从某种程度上来说是以效率的牺牲来成就正义的。这种牺牲的正当性理由在于，从人之尊严的角度出发，即使特定群体因理性欠缺而无法通过自主意志最大可能的发展其人格，但法律也必须关注这些人的利益的最低限度的保护。对于那些将要出生而尚未出生的胎儿而言，法律应在尊重和敬畏生命的基础之上，将之与已出生的人区分开来，人原则上仅能通过理性行为而取得己身之外的财产利益，并就此因理性的缘故而承担相应的义务和责任。❶ 就此而言，原则上否定其得享有财产利益，恰恰是对于因理性而获得尊严的生命的最大程度的尊重。

当然，法律原则上否定胎儿享有财产利益，并不意味着其全然不能享有任何受法律保护的财产利益。当特定财产利益与胎儿之最佳利益即能否健康平安出生密切相关时，法律得承认此种情形下胎儿享有该特定财产利益。例如，在父母为保证胎儿身体健康利益而与医疗服务机构签订的医疗服务合同中，受益方为胎儿，其对医疗机构依约提供的给付享有应受合同保护的利益，若医疗服务机构未依合同约定提供相应服务并致胎儿利益受损，则其应有权向医疗服务机构主张违约责任。❷ 另外，在纯获利益的赠与、遗赠场合，若以胎儿活着出生为合同生效条件，这显然有利于胎儿健

---

❶ 康德区分人和物的经典表述是："人，是主体，他有能力承担加于他的行为，因此有道德的人格不是别的，它是受道德法则约束的一个有理性的人的自由"，而"物，则是指那些不可能承担责任的东西，它是意志活动的对象，它本身没有自由"。参见［德］康德：《法的形而上学原理》，沈书平译，商务印书馆1991年版，第30页。

❷ 在德国，为尚未出生的第三人的利益所订立的合同，见《德国民法典》第331条第2款。对此的相关论述参见 D. Medicus/S. Lorenz, Schuldrecht Ⅰ – Allgemeiner Teil, 19. Aufl. , C. H. Beck, 2010, S. 388.

康平安出生这一最佳利益的实现，那么于此场合承认胎儿的权利能力，自无不可。● 至于承认继承中胎儿因特定身份而享有的财产利益，一方面是因人类社会长久以来基于种的繁衍而就此形成的物质保障机制的内在驱动和历史惯性；● 一方面是生活于共同体中的特定个人对与其有特定关系的他人所负担之社会义务的具体实践。● 家庭这一社会最基本构成单位中的父亲对胎儿所担负的义务，在其于胎儿未出生之前死去时，将通过财产继承的方式来实现。因此，法律于此承认胎儿得享有该等财产利益，自属应当。

事实上，五部法典草案建议稿中的徐国栋版草案建议稿，即明确规定活着出生的胎儿在遗赠、赠与等纯获利益场合的权利能力。对此，梁慧星版草案建议稿与杨立新版草案建议稿虽未明确规定，但其以胎儿活着出生为条件承认涉及胎儿利益保护的所有情形中胎儿皆有权利能力，这显然也暗含了其在纯获利益场合对胎儿利益的保护与徐国栋版草案建议稿的内在一致性。需要注意的是，徐国栋版草案建议稿通过列举性规定而将涉及胎儿财产利益的保护范围限定在纯获利益的场合，于此之外的即不再予以承认，而梁慧星版草案建议稿与杨立新版草案建议稿对此却没有限制。立于这三部法典草案左右的另外两部，则走向了截然相反的两极：王利明版草案建议稿在胎儿利益保护方面限制得最严格，其仅承认身体健康等物质性人格受损时胎儿应受保护的法律地位，于此之外的非物质性人格利益以及财产利益，均不在保护之列；法学会版草案建议稿则走向了另外一端，依其规定，无论胎儿是否最终活着出生，在涉及其利益保护的，无论哪种利益，胎儿均有权利能力，胎儿因利益受损的，均有权独立主张损害救济。

● 事实上，自罗马法以来的民事法律实践就胎儿利益的保护，原则上就是为围绕这些纯获利益的财产利益保护为核心而展开的，当然与此场合究竟是承认胎儿本身的主体地位还是承认胎儿活着出生以后才享有相应的主体地位，实践中是存在争议的。相关论述参见徐国栋："体外受精胚胎的法律地位研究"，《法制与社会发展》2005 年第 5 期。

● See R. Zimmermann, The Law of Obligations: Roman Foundation of the Civil Law Tradition, Juta, Cape Town/Johnnesburg, 1996, pp. 1024 - 1025.

● 参见［德］京特·雅科布斯：《规范·人格体·社会》，冯军译，法律出版社 2001 年版，第 117 页。

最后通过的《民法总则》第 16 条对此的立场与徐国栋版草案建议稿的立场一致，即通过列举性规定而将胎儿财产利益的保护范围限定在纯获利益场合。

（三） 评析

在民法的视野里，对于自然人而言，没有什么比生命本身的保全与维系更重要。同样的道理，对于胎儿而言，没有什么能比健康平安出生更重要。依此，对正在制定中的民法典而言，应围绕胎儿健康平安出生这一最佳利益而确定涉及胎儿利益保护的规则。五部民法典草案建议稿对此各有侧重。

王利明版草案建议稿开门见山，直入主题，强调胎儿身体健康等物质性人格属于民法应予承认和保护的对象，缺点在于保护范围过窄，不利于现代社会背景下胎儿利益的周延保护。

法学会版草案建议稿未对胎儿利益进行区分，也不强调相应保护以胎儿活着出生为条件，因此原则上承认了涉及胎儿利益保护场合的胎儿具有与自然人同等的主体地位，突破了传统民法以权利能力为基点所确立的主体制度这一自洽的周延逻辑体系，从形式上看，极大地扩展了胎儿利益保护的范围，[1] 在价值层面符合民法所欲实现的对人之尊严最深切的关怀这一目的。但考虑到中国当前的具体社会背景以及相应的法律体系结构，特别是作为基本国策的计划生育政策、[2] 父母享有的生育权，[3] 以及女性基本不受限制的堕胎自由等因素，这种规定本身的正当性与合理性所在，尚需进一步论证。

梁慧星版草案建议稿与杨立新版草案建议稿介于这两部之间，其一方

---

❶ 从保护范围看，该草案与罗马法所确立的胎儿保护精神相一致，后者为"总括的保护主义，即就胎儿利益之保护，一般地将胎儿视为已出生"，参见梁慧星：《民法总则讲义》，法律出版社 2018 年版，第 55 页。

❷ 参见周详："胎儿'生命权'的确认与刑法保护"，《法学》2012 年第 8 期。

❸ 事实上，当前中国民法学界在人格权范围内所讨论的生育权等，也涉及计划生育立法以及胎儿利益保护本身的规范设计。相关讨论参见《中外法学》编辑部："中国民法学发展评价（2012—2013）"，《中外法学》2015 年第 2 期，第 309 页以下脚注33。

面以活着出生为胎儿被视为民事主体的前提，一方面对胎儿应受保护的利益未作性质上的限定和区分处理，为典型立法例关于胎儿利益保护的代表性观点。[1] 但将胎儿利益保护全然系于胎儿是否活着出生之上，实质上并未回应现代社会背景下生命科技以及生命尊严等对民法的深切呼唤；另外，对以健康平安出生为基本立足点的胎儿利益的保护而言，不区分所涉利益的性质而予以一体承认并加以保护，在逻辑严谨性和体系科学性上，尚有进一步探讨余地。

徐国栋版草案建议稿与梁慧星版草案建议稿、杨立新版草案建议稿的核心区别在于，其承认胎儿利益内部在性质上的差异并在相关的具体规则设计上区别处理：对于财产利益的保护，须以纯获利益为前提，且完全列举了应受保护的纯获利益的情形；对此之外的其他利益即人身利益，则原则性地予以承认应受保护的地位。存在问题的是，将应予保护的财产利益以完全列举，是否有利于胎儿最佳利益的充分保护，并不确定；另外这种完全列举虽然有助于法典的稳定性和规则的可预见性，但其切断了法典向丰富之现实生活开放的可能性，最终可能造成该规则的生存危机。

《民法总则》第16条与梁慧星版草案建议稿、杨立新版草案建议稿的相同之处在于，其以活着出生为胎儿被拟制为权利主体的前提，不同之处在于，其承认胎儿利益内部在性质上的差异并通过"列举＋概括"的方式而仅对纯获利益场合的财产利益予以保护，对此之外的人身利益是否应予保护则未予明确，这一点上也有别于徐国栋版草案建议稿的区分保护立场。事实上，民法将所保护的利益范围以及与之相关的胎儿得享该利益的前提限定为必须活着出生，更多地涉及的是共同体对于胎儿生命本身的一种价值评判以及由此表达出来的对于生命尊严本身的尊重。法律对胎儿利益的承认与保护，特别是对那些最后未能活着出生的胎儿的利益的承认，更多的是基于生命平等的价值理念而对人之尊严的一种价值宣誓。[2] 法律

---

[1]　例如《日本民法典》第721条、中国台湾地区"民法"第7条。

[2]　德国联邦宪法法院承认胎儿的生命权及因此享有《德国基本法》第1条第1款规定的人之尊严，正是一种价值宣誓的典型，其并不必然对民事纠纷中的胎儿利益保护产生规范效力。相关论述参见［德］迪特尔·施瓦布：《民法导论》，郑冲译，法律出版社2006年版，第89页。

无法为一个死去的人做得更多,● 这同样适用于那个最终也未能活着出生的人。就此而言,《民法总则》第16条尚有较大改进空间。

三、第三人侵害胎儿利益

在中国现行法律规范体系下,由于胎儿原则上被视为母体的构成部分,● 即使在其生命这一核心利益遭受侵害的场合,司法实践中法院大多数情形下也仅承认母亲于此遭受了应受法律保护的损害,胎儿本身原则上并不得就此独立主张侵权法上的救济;若胎儿活着出生,司法实践则给予其在母体期间因第三人原因所遭受的损害以法律救济。

(一) 胎儿物质性人格利益受损

1. 胎儿未活着出生

当胎儿未能活着出生的,中国司法实践中法院原则上并不承认胎儿有独立的应受法律保护的请求权,例如,在农某燕与崇左市江州区新和镇卫生院、崇左市人民医院医疗损害责任纠纷案的判决中,法院即认为,虽然因被告医院过错致胎儿死于产道内,但是因此分娩出来的是死婴,并不具备《民法通则》第9条(《民法总则》第13条)规定的权利能力,不是民事主体,并就此拒绝了原告就胎儿死亡所主张的死亡赔偿金和丧葬费的赔偿请求权,仅承认母亲于此场合有权就其遭受的实际损害主张的财产损害赔偿请求权和精神损害赔偿请求权。●

对于母亲之外的其他与胎儿有特定法律关系的权利主体,如胎儿父

● 依据学理上的主流观点,对于法律所保护的最高利益即生命而言,侵权法所能提供的救济非常有限。因为生命侵害的直接结果是权利能力的丧失,死者因此即不能再提出任何损害赔偿请求权。侵权法能为死者所做的不过是使其精神性人格利益免遭践踏,禁止他人将其物质性人格利益的残存当作一般的物而被处理以及为其提供一个体面的葬礼。相关论述参见 Christian v. Bar, Gemeineuropäisches Deliktsrecht, Bd. 2, C. H. Beck, 1999, S. 61.

● 当然,对于《人体重伤鉴定标准》第78条、《人体轻伤鉴定标准》第42条的规定,是否必然排除胎儿本身所遭受的损害,中国学理上存在争议,相关学术争论参见张明楷:"故意伤害罪探疑",《中国法学》2001年3期。

● 参见甘肃省庆阳市中级人民法院(2015)庆中民终字第44号民事判决书。

亲，是否有权就胎儿因侵害行为未能活着出生而主张精神损害赔偿请求权，相关司法实践并未予以明确。依据《最高人民法院关于审理人身损害赔偿案件适用法律若干问题的解释》（以下简称《人身损害赔偿司法解释》）❶ 第1条、第18条以及《精神损害赔偿司法解释》第7条规定，在自然人生命权遭受侵犯的场合，与该生命权人有特定法律关系的人如近亲属，有权主张精神损害赔偿请求权。但是这些规定并不能当然适用于侵害胎儿生命利益场合，因为依据中国司法实践中法院的普遍观点，胎儿并不具备独立主体地位，其仅是母亲身体的构成。亦即言，在这种情形下，除母亲本人外，与母亲有特定法律关系的人如作为其近亲属的配偶，原则上并无权主张侵权法上的精神损害赔偿请求权等。❷ 当然，若父亲就自己因胎儿所享有的人身利益而向行为人主张独立的精神损害赔偿请求权，依据现行《侵权责任法》第6条结合第2条以及第22条等相关规定，其所主张的请求权可能获得法院的支持。❸

2. 胎儿活着出生

当胎儿活着出生的，司法实践普遍支持其就胎儿期间所遭受的人身损害而向行为人主张损害赔偿请求权。例如，在杨某欢、李某军与厦门市妇幼保健医院医疗损害责任纠纷案中，对于因被告医院过错致胎儿在分娩过程中发生产道内感染，在胎儿出生以后，该感染导致新生儿肺炎并肺出血，引起新生儿败血症，导致其多器官功能衰竭而死亡。审理法院认为，尽管医院的过错行为发生时胎儿并未出生且没有权利能力，但其过错行为系导致新生儿死亡的直接原因，因此其须就此向新生儿承担相应的损害赔偿责任。据此，受害人所主张的关于医疗费、丧葬费、死亡赔偿金等损害赔偿权以及死者近亲属就此遭受的精神损害等所主张的损害赔偿请求权，

---

❶ 2003年12月由最高人民法院审判委员会第1299次会议通过，自2004年5月1日起施行。

❷ 参见广东省惠州市中级人民法院（2014）惠中法民四终字第194号民事判决书；湖北荆州市中级人民法院（2014）鄂荆州中民二终字第00335号民事判决书。

❸ 参见北京市丰台区人民法院（2013）丰民初字第06178号民事判决书。

都获得了法院的支持。❶

（二）计生部门强行终止妊娠

在中国现行法律体系下，对于违反计划生育政策所孕的胎儿，在胎儿父母不愿终止妊娠的情形下，计生机构是否有权强行终止妊娠？法律实践与法学理论之间就此存在严重对立。在实践中，计生机构屡屡为实施计划生育政策而强制对孕妇实施堕胎手术；对于计生机构所采取的强制措施，学理上提出了严厉的质疑与批评，因为《宪法》第25条规定的国家有权力实施计划生育，但并未规定具体应采取何种措施；全国人大常委会颁布的规范计划生育的基本法律即《人口与计划生育法》第41条，仅规定了公民违反计划生育义务时应缴纳社会抚养费以及与之相关的滞纳金，没有规定计生机构可以强制堕胎；国务院颁布的行政法规《计划生育技术服务管理条例》❷第9条及《流动人口计划生育工作条例》❸第23条等规定的仅是在当事人自愿的前提下进行堕胎手术的职责，并未规定相应计生机构积极实施强制堕胎的权力。而某些地方性法规中规定的强制堕胎制度，本身是违法的：因为强制堕胎属于限制生育自由的行为，依据《中华人民共和国立法法》（以下简称《立法法》）❹明确规定，限制人身自由的强制措施和处罚只能由法律规定，地方性法规并无权进行限制；另外，即使可以将强制堕胎理解为一种行政处罚措施或行政强制措施，但依据《中华人民

---

❶ 参见福建省厦门市思明区人民法院（2013）思民初字第6037号民事判决书；湖南省长沙市中级人民法院（2013）长中民未终字第0271号民事判决书；安徽省宿州市中级人民法院（2013）宿中民三终字第00626号民事判决书；河南省焦作市中级人民法院（2015）焦民二终字第00110号民事判决书。

❷ 国务院2001年6月13日发布，自2001年10月1日起施行，2004年12月10日修订。

❸ 2009年4月29日国务院第60次常务会议通过，2009年5月11日公布，自2009年10月1日起施行。

❹ 2000年3月15日第九届全国人民代表大会第三次会议通过，根据2015年3月15日第十二届全国人民代表大会第三次会议《关于修改〈中华人民共和国立法法〉的决定》修正。

共和国行政处罚法》（以下简称《行政处罚法》）❶ 第 8 条或《中华人民共和国行政强制法》（以下简称《行政强制法》）❷ 第 9、10 条的规定，也可以将相应地方性法规的规定界定为非法。❸ 因此，在计生机构强制堕胎致胎儿物质性人格利益受损时，相应受害人理论上可以依据《中华人民共和国国家赔偿法》（以下简称《国家赔偿法》）❹ 第 3 条、第 7 条主张损害赔偿请求权。但在具体的司法实践中，由于众所周知的原因，即使相应具体行政行为可以被确定为违法，然而受害人依据前述赔偿规则主张行政赔偿，依然困难重重。❺

（三）胎儿遭受纯粹经济损失

胎儿尚在母体，其父亲因他人侵害行为致死，当胎儿活着出生时，其是否有权就此主张相应的财产损害赔偿请求权？依据《中华人民共和国婚姻法》（以下简称《婚姻法》）❻ 第 21 条、第 25 条，《民法通则》第 119 条等规定，父母对于包括非婚生子女在内的未成年子女负有抚养义务，当侵害父亲生命致其死亡的，责任人应向被害人一方支付死者生前抚养的人必要的生活费等费用。尽管侵害行为发生时胎儿尚未出生，但若其活着出生，则该义务当然由作为受害人的父亲负担，在侵害行为致父亲无法完成

---

❶　1996 年 3 月 17 日第八届全国人民代表大会第四次会议通过，自 1996 年 10 月 1 日起施行；2009 年 8 月 27 日第十一届全国人民代表大会常务委员会第十次会议《关于修改部分法律的决定》第一次修正，2017 年 9 月 1 日第十二届全国人民代表大会常务委员会第二十九次会议《关于修改〈中华人民共和国法官法〉等八部法律的决定》第二次修正。

❷　2011 年 6 月 30 日第十一届全国人民代表大会常务委员会第二十一次会议通过，自 2012 年 1 月 1 日起施行。

❸　参见汉德："强制堕胎三问"，《南方周末》2012 年 6 月 28 日第 A04 版。

❹　1994 年 5 月 12 日第八届全国人大常委会第七次会议通过，1994 年 5 月 12 日中华人民共和国主席令第 23 号公布，自 1995 年 1 月 1 日起施行；根据 2010 年 4 月 29 日第十一届全国人民代表大会常务委员会第十四次会议通过、2010 年 4 月 29 日中华人民共和国主席令第 29 号公布、自 2010 年 12 月 1 日起施行的《全国人民代表大会常务委员会关于修改〈中华人民共和国国家赔偿法〉的决定》第 1 次修正；根据 2012 年 10 月 26 日第十一届全国人民代表大会常务委员会第 29 次会议通过、2012 年 10 月 26 日中华人民共和国主席令第 68 号公布、自 2013 年 1 月 1 日起施行的《全国人民代表大会常务委员会关于修改〈中华人民共和国国家赔偿法〉的决定》第 2 次修正。

❺　参见辽宁省凌海市人民法院（2014）凌海行初字第 00001 号行政判决书。

❻　1980 年 9 月 10 日第五届全国人民代表大会第三次会议通过，自 1981 年 1 月 1 日起施行；2001 年 4 月 28 日第九届全国人民代表大会常务委员会第二十一次会议修正。

其应完成的义务时，自然应由导致其无法完成该义务的过错第三人承担。中国的司法实践对此亦予承认。例如，在王某钦诉杨某胜、泸州市汽车二队交通事故损害赔偿纠纷案中，审理法院认为，死者生前扶养的人，既包括死者生前实际扶养的人，也包括应当由死者抚养，但是因为死亡事故发生，死者尚未抚养的子女。原告与生命权人存在父子关系，是其应当抚养的人。由于被告的加害行为，致原告出生前生命权人死亡，使其不能接受其父的抚养。本应由生命权人负担的原告生活费、教育费等必要费用的二分之一，理应由被告赔偿。❶ 需注意的是，胎儿于此主张相应赔偿请求权，系以活着出生为前提，在胎儿尚未出生的场合，依据《民法通则》第9条（《民法总则》第13条）规定，其自无权独立提起相应权利主张。❷

四、父母双方或一方侵害胎儿利益

在现行法律体系下，由于胎儿原则上被视为是母体的构成部分，所以在决定是否终止妊娠等涉及胎儿最佳利益保护的场合，母亲本人的意志具有终局性的决定意义，母亲是否同意，直接决定着受害人和侵权人的范围。

（一）父母双方共同致胎儿利益受损

在现行法律体系下，一方面，法律提倡并鼓励父母"晚生晚育、少生优生"，父母只要不存在违反法律禁止性规定，如因选择性别人工终止妊娠或已领取生育服务证而实行中期以上非医学需要的终止妊娠手术的情形，❸ 那么父母在孩子未出生之前共同决定并终止妊娠，是法律所允许的。

---

❶ 参见"王某钦诉杨某胜、泸州市汽车二队交通事故损害赔偿纠纷案"，《中华人民共和国最高人民法院公报》2006年第3期。对于胎儿于此场合所遭受的此类纯粹经济损失是否可赔，中国司法实践中的主流意见是赞成活着出生的胎儿有权主张相应的损害赔偿请求权，持同样见解的判决还可参见：河南省南阳市西峡县人民法院（2011）西城民初字第44号民事判决书；河南省南阳市中级人民法院（2011）南民终字第297号民事判决书。

❷ 相关判决参见巫乐庭、罗苑丛："父亲车祸身亡遗腹子能否要抚养费"，《南方法治报》2014年7月25日第12版。

❸ 参见《人口与计划生育法》第18条、第25条、第28条、第35条；《计划生育技术服务管理条例》第15条。

换言之，对于胎儿包括生命在内的利益，原则上父母具有终局性的决定权，父母有权决定是否给予胎儿生命。另一方面，现行法律体系下胎儿被视为母体的构成部分，尽管父母决定终止妊娠事实上构成对胎儿最佳利益的根本侵害，但胎儿所遭受的这种损害并不属于侵权法救济的范畴，因为侵权法于此场合所优先保护的民事权益是母亲本人的，在合乎法律规定和公序良俗的前提下，母亲当然有权决定自己所享有的民事权益的实现方式，其并不需要就此牺牲的特定民事权益而向他人或共同体承担法律责任。[1] 即使父母违反法律前述禁止性规定而终止妊娠，在现行法律体系下其也毋须就侵害胎儿最佳利益而承担责任，并且现行法也未明确规定父母就此承担责任，至于实践当中有权机关对违反法律禁止性规定而实行人工终止妊娠的父母给予的批评教育或收回生育服务证的，则属于行为人基于公共利益保护而应承担的公法上的行政责任。[2]

（二）父母一方致胎儿利益受损

父母就胎儿最佳利益的保护产生分歧，并就此造成对胎儿的侵害，于此场合下，在现行法律承认父母均享有生育权的基础上，[3] 司法实践对父母提供了不同的保护。

1. 父亲致胎儿利益受损

因父亲的过错行为致胎儿物质性人格利益受损场合，在胎儿未能活着出生时，其自无权向父亲主张损害赔偿；[4] 母亲与此场合是否有权就自己遭受的人身损害向父亲主张损害赔偿，取决于其所依据的请求权基础，若以《婚姻法》第46条中的"虐待"为由主张损害赔偿的，须以离婚为前提；[5] 若以《侵权责任法》等所确立的侵权损害赔偿规则为依据，则主张损害赔偿不以离婚为必要，例如，在张某某与黄某某交通事故案中，对于

---

[1] 参见程啸：《侵权责任法》，法律出版社2015年版，第303页。
[2] 参见《人口与计划生育法》第41条。
[3] 参见《人口与计划生育法》第17条。
[4] 参见内蒙古自治区开鲁县人民法院（2014）开民初字第1140号民事判决书。
[5] 参见浙江省台州市黄岩区人民法院（2014）台黄民初字第839号民事判决书。

因被告（包括原告的丈夫何某、黄某）的过错所导致的交通事故而流产的受害人张某某，其依据《侵权责任法》第 16 条、第 22 条、第 48 条等所主张的财产与精神损害赔偿请求权，即获得了法院的支持。❶ 在胎儿活着出生时，父亲的过错侵权与第三人的过错侵权之间并无实质区别，胎儿应有权就自己遭受的损害向父亲主张赔偿。

在未经生父同意而擅自在婚外将孩子生下来并向生父主张抚养费的案件当中，对父亲以未经其同意而擅自将孩子生下来为由拒绝支付抚养费的抗辩，案件审理法官明确指出："法律概念上的生育权存在于受孕、怀胎和分娩的全过程。生育权是一种人格权，随着社会的发展，经历了从自然生育、生育义务到生育权利的过程。生育权分为生育请求权、生育决定权和生育选择权。决定孩子是否出生属于生育决定权的范围。生育权具有明显的冲突性：从民法公平自由的原则出发，男方对盗精、因欺诈而生育子女的案件中丧失了对后代的自由选择权。但男方的生育决定权与女性的人身自由权、生命健康权相比，处于下位阶。如果两种权利发生冲突，男性的生育权应当让步。"❷ 据此，审理法院认为依据《妇女权益保障法》第 51 条规定，生育子女不需要男女双方的合意，女方单方决定即可。女方单方面选择生育子女，不构成对男方生育权的侵犯。

同样的问题，在人工辅助生育场合，中国司法实践中有法院却采取了与此截然不同的论证策略。例如，在最高法院发布的典型案例和指导性案例中，审理法院都坚持：在夫妻关系存续期间，双方同意通过人工授精生育子女，所生子女应视为夫妻双方的婚生子女，依《民法通则》第 57 条（《民法总则》第 136 条第 2 款）规定，对于夫妻双方就此通过有效人工辅助生育协议所形成的民事法律关系，行为人非依法律规定或取得对方同意，不得变更或解除。据此，法院认为，当父亲决定终止妊娠并将自己财产全部通过遗嘱方式分配给胎儿以外的其他继承人时，若母亲对此持反对意见并坚持将胎儿生下来，那么活着出生的胎儿有权依据《继承法》第 28

---

❶　参见贵州省铜仁市思南县人民法院（2014）思民初字第 890 号民事判决书。
❷　参见孙欣："女性单方面决定生育不构成对男性生育权的侵犯：北京海淀法院判决赵某诉许某抚养费纠纷案"，《人民法院报》2014 年 5 月 29 日第 06 版。

条主张自己应得的财产利益。❶ 显然，司法实践于此回避了直接回应究竟是父亲的生育权还是母亲的生育权或其他人身权益更值得保护的问题，当然也没有强调胎儿于此场合是否具有应受法律保护的独立利益。这样就使得原本应具有普适性的指导性案例的价值，受到了极大的限制。这在父亲坚持生育而母亲拒绝并擅自终止妊娠的场合，表现得尤为明显。

2. 母亲致胎儿利益受损

于此存在的一个颇有争议的问题是，当母亲明知自己的行为有可能侵害胎儿的物质性人格利益而依然为此行为，并最终导致患有严重残疾的胎儿活着出生时，被出生的人是否有权就其遭受的损害向母亲主张相应的赔偿请求权？这显然有别于母亲明知胎儿存在严重的先天性残疾而坚持将之生下来或者胎儿的物质性人格利益因第三人的侵害行为已严重受损而母亲坚持将之生下来的情形中，母亲是否需要对被出生的严重残疾的孩子承担损害赔偿责任的问题。在后两种情形，对于被出生的人而言，给予生命是对其最大的利益，另外其所遭受的损害与母亲的行为之间并无法律上的因果关系，因此不得向母亲主张损害赔偿。但在第一种情形下，存在的形式逻辑悖论是，若无母亲的生育行为，胎儿自无从获得生命这一最大的利益；而若无母亲的侵害行为，出生的胎儿亦不会严重残疾。从民法的价值评价体系来看，未出生的胎儿固然属于母体的构成部分而得由母亲依据自主意志自由支配，但母亲于此不得权利滥用，其权利的行使不得构成对法律、公序良俗的违反（《民法总则》第 8 条、第 132 条）。❷ 若因权利滥用而构成对潜在生命的侵害，其自不得因损害行为发生时尚不存在具有权利能力的人而拒绝对之后被出生的人承担损害赔偿责任。❸

---

❶　参见"李某华、范某诉范某业、滕某继承纠纷案"，《中华人民共和国最高人民法院公报》2006 年第 7 期。最高人民法院指导案例第 50 号：李某、郭某阳诉郭某和童某某继承纠纷案（最高人民法院审判委员会讨论通过 2015 年 4 月 15 日发布），进一步确认了李某华案中审理法院所持的观点。

❷　参见程啸：《侵权责任法》，法律出版社 2015 年版，第 203 页。

❸　这种情形既包括侵害发生时已孕育成胎的，也包括那些尚未孕育成胎的，当然在德国这主要是针对第三人对胎儿的侵害。参见［德］迪特尔·施瓦布：《民法导论》，郑冲译，法律出版社 2006 年版，第 89 页。

当父亲坚持将孩子生下来而母亲予以拒绝并终止妊娠时，母亲的意志是否可以产生对抗父亲意志的效力，在 2011 年之前，中国司法实践中法院对此的基本观点存在巨大的分歧。持肯定观点的认为，父母同样享有应受法律保护的生育权，母亲未经父亲同意而擅自终止妊娠，应当对父亲因此遭受的精神损害承担侵权法上的赔偿责任。❶ 反对意见则认为，尽管父亲一方享有应受法律保护的生育权，但当该权利的行使与母亲所享有的人身自由权等冲突时，应当优先保护母亲的权利，父亲不得就母亲擅自终止妊娠而主张相应的精神损害赔偿请求权。❷ 2011 年《最高人民法院关于适用〈中华人民共和国婚姻法〉若干问题的解释（三）》（以下简称《婚姻法司法解释（三）》）❸ 第 9 条则将反对意见予以普遍化，其明确规定："夫以妻擅自终止妊娠侵犯其生育权为由请求损害赔偿的，法院不予支持。"最高人民法院于此的基本态度是，对于作为自己身体构成部分的胎儿，母亲就是否终止妊娠有最终决定权，即使母亲终止妊娠可能构成对同样因胎儿而享有人身利益的父亲的合法权益的损害，其也毋须就此对作为受害人的父亲承担民法上的损害赔偿的责任。

（三）优先保护母亲人身权益的正当性基础

显而易见，在父亲反对终止妊娠而母亲坚持终止妊娠并最终终止妊娠的场合，《婚姻法司法解释（三）》第 9 条是通过利益权衡规则来论证其欲优先保护的母亲所享合法权益的合法性基础，这显然有别于最高人民法院在其公布的典型案例以及指导性案例中所展现出来的通过解除民事法律行为之原因的解释而实现其优先保护母亲合法权益的另外一种论证策略，在实践中具有更强的普遍适用性。

于此需要讨论的是，相应司法实践为什么在父母双方对涉及胎儿最核

---

❶　参见"赵某诉刘某擅自堕胎案"（《福州晚报》2005 年 5 月 18 日）、"杨某诉李某擅自堕胎案"（《人民法院报》2006 年 5 月 19 日）等，更多与此相关的案情整理与分析，参见周永坤："丈夫生育权的法理问题研究"，《法学》2014 年第 12 期。

❷　参见浙江省余姚市人民法院（2006）余民一初字第 1633 号民事判决书。

❸　2011 年 7 月 4 日由最高人民法院审判委员会第 1525 次会议通过，自 2011 年 8 月 13 日起施行。

心之利益的决定发生分歧时，会优先保护母亲的合法权益而置父亲的合法权益于不顾呢？最高人民法院等对此并未提供充分的合理性说明，因此其也遭受了来自学理上的批评。❶事实上，中国司法实践于此的做法并非完全没有道理，或者德国联邦宪法法院在论证《德国基本法》第 2 条第 1 款以及第 3 条第 2 款和第 3 款的男女平等原则时所采纳的观点，对此可以提供一些有益的解释或论证思路。该院在就男女间生理和心理上所存在的差异提取了专家的鉴定意见之后认为，男女间在生理结构上的差异决定了男女在漫长而又艰辛的生育过程中的角色与地位，男性在此过程中仅参与了最初的短暂的一瞬，并且这一瞬也是与身体上的快乐相关的，而之后其与子女关系的建立主要是通过时间上的与生育过程本身无关的社会行为来完成；女性则完全不同，其不仅要经历艰辛而又漫长的孕期，而且还有至为痛苦的分娩以及哺乳等长期的生理行为，其身体上所承受的痛苦深深地影响着她们对性以及生育的认知，对其而言，性爱以及生育并不完全意味着身体上的享受，而是与痛苦和责任密切相关。相比较于女性，男性则不会有类似的感受，其更注重身体上的享受而忽视与性行为密切关联的社会责任。❷基于此，在决定是否继续妊娠的关乎男女双方生育权益的场合，理应赋予女性以优先保护的法律地位。事实上，中国司法实践中也有法院在判决中持与此类似的观点。例如，北京市海淀区人民法院在赵某诉许某抚养费纠纷案的判决中认为，"女性生育子女要历经受孕、怀孕、生产近十个月的时间，而男方生育子女仅发生性行为即可，女性的投入显然更多"等等，并最终支持了母亲的权利主张。❸这种判决的正当性说明显然与人类社会的普遍性观点相吻合。

　　另外，依据中国司法实践中法院的普遍性观点，在具体案件审理时涉及人格权纠纷的，应当优先适用具体人格权的规定，一般人格权只是具体

---

❶　参见周永坤："丈夫生育权的法理问题研究"，《法学》2014 年第 12 期。
❷　Vgl. BVerfGE 6，S. 389 ff.
❸　参见北京市海淀区人民法院（2013）海民初字第 23318 号。

人格权规则的补充。❶ 这表明，当存在明确内涵外延的典型人格权利与内涵外延并不确定而需要通过一般人格权规则涵摄的人格利益发生冲突时，前者应当优先予以保护。对于父亲而言，其享有的生育权以及因为胎儿而享有的人身利益，在中国当前法律实践中并没有相应的具体人格权规则对之予以调整，只能通过侵权行为一般性条款即《侵权责任法》第6条结合第2条结合作为概括性条款的《民法总则》第109条的"人身自由、人格尊严"条款以及《精神损害赔偿司法解释》第1条第2款的"其他人格利益"进行调整；而对于母亲而言，其于此除了享有生育权以及因胎儿而享有的人身利益之外，同时还享有《民法总则》第109条、第110条以及《侵权责任法》第2条第2款等明确规定的身体权和人身自由权，其得通过具体人格权规则及相应的《侵权责任法》中的一般侵权条款即第6条结合第2条而获得救济。因此，优先保护母亲合法权益的合法性基础即可证成。事实上，这种论证思路，在中国相应司法实践的具体判决书中也可以找到踪迹。❷

五、第三人与父母一方或双方共同致胎儿利益受损

在第三人与父母一方或双方共同致胎儿最佳利益受损场合，需要区分如下几种情况来确定需要承担民事法律责任的侵权人和能够请求民事法律救济的受害人。

（一）父母双方与第三人共同致胎儿利益受损

依据中国现行法律如《人口和计划生育法》等规定，当父母因合法原因且经正当程序而请求特定医疗机构终止妊娠者，尽管存在胎儿最佳利益受损的事实，但父母以及特定医疗机构都毋须就此承担民事法律责任，因

---

❶ 参见陈现杰："《关于确定民事侵权精神损害赔偿责任若干问题的解释》的理解与适用"，《人民司法》2001年第4期。

❷ 参见北京市海淀区人民法院（2013）海民初字第23318号；浙江省余姚市人民法院（2006）余民一初字第1633号民事判决书。

为合法行为得阻却违法；❶ 当父母没有合法原因或者未经正当程序而请求特定医疗机构终止妊娠，同样存在胎儿最佳利益受损的事实，但父母以及特定医疗机构所承担的法律责任并非是因违反保护胎儿利益的规则，而是因违反保护社会公共利益的规则所确定的行政或刑事责任；❷ 当父母有合法原因且经正当程序但最终通过非法医疗机构或者人员而终止妊娠者，最终也存在胎儿最佳利益受损的事实，但父母毋须就此承担任何法律责任，非法医疗机构或非法行医人员需要就社会公共利益的侵害而承担相应的行政或刑事责任，当然其也毋须对受损的胎儿利益承担任何法律责任。也就是说，在这种情形下，尽管存在着胎儿最佳利益受损的事实，但由于在胎儿未活着出生之前，其是作为母体的构成部分而存在，父母特别是母亲对于胎儿最佳利益的保护具有终局性的决定权，若母亲同意终止妊娠的，那么在现行法律体系下牺牲的仅是母亲的特定人身权益，受害人的同意本身构成侵权法上的免责事由，当然于此的受害人的同意不得违反法律和公序良俗。

（二）第三人恶意教唆母亲致胎儿利益受损

第三人以违反社会公共道德的方式恶意教唆母亲终止妊娠，于此场合人身利益遭受侵害的父亲以及最佳利益受损的胎儿，是否是侵权法上应受保护的受害人呢？

如前所述，在现行法律体系下，若胎儿活着出生，则其可就母体期间遭受的损害主张民法上的救济；若其未能活着出生，则其仅是母体的构成部分，自不能作为受害人而独立主张民法上的损害救济。因此，于此场合胎儿并非受现行法所保护的民法上的受害人。

对于父亲而言，于此场合其存在着应受法律保护的人身权益，只是当该项人身权益在与母亲的应受法律保护的人身权益发生冲突时，司法实践

---

❶　参见王泽鉴：《人格权法》，北京大学出版社 2013 年版，第 101 页。

❷　参见《人口与计划生育法》第 36 条、第 39 条、第 41 条。

将之置于次要的位置，❶ 但这并不意味着母亲之外的第三人也可以肆意侵害该项权益而毋须就此承担法律责任。❷ 现行法承认父亲的生育权以及其因胎儿而享有的人身利益，只是在具体的司法实践中，当父亲所享有的这些民事权益与母亲的民事权益发生冲突时，法院通过利益权衡规则优先保护了母亲的人身权益，❸ 但后者毋须承担侵权责任并不意味着其行为未构成侵权。❹ 在第三人违反公序良俗恶意教唆母亲侵犯父亲的该项权益时，依《侵权责任法》第9条规定，其与母亲构成共同侵权，应与之承担连带侵权责任，司法解释所明确的父亲不得就此向母亲主张损害赔偿请求权，并不构成恶意第三人免于承担民事责任的事由。于此权益遭受侵害的父亲当然有权向第三人主张相应的损害赔偿。至于承担了民事责任的第三人与存在过错的母亲一方之间的法律关系，则属于连带债务场合的债务人内部责任分担问题，与作为债权人的父亲是否有权向任意债务人主张债权的实现并无规范关系。

（三） 因第三人侵害致父母不得不自行决定终止妊娠

因第三人侵害母亲身体健康致其不得不终止妊娠的场合，虽然第三人的侵害行为并未直接对胎儿构成侵害，但由于胎儿身体健康与被第三人侵害的母亲身体健康密切相连，后者因侵害行为必须接受特定医疗行为，于此必不可免地会对胎儿健康出生这一最佳利益构成不利影响，若母亲因此依法选择终止妊娠，那么母亲本身自然有权就此遭受的损害主张侵权法上的救济。❺ 例如，在杨某与上海江南旅游服务有限公司、中国人寿财产保险股份有限公司上海市分公司机动车交通事故责任纠纷案中，法院认为：因事故致原告身体损伤，存在引起严重病情危及生命的风险，虽然医院告

---

❶ 参见孙欣："女性单方面决定生育不构成对男性生育权的侵犯：北京海淀法院判决赵某诉许某抚养费纠纷案"，《人民法院报》2014年5月29日第06版。

❷ 参见王晨、艾连北："再论生育权"，《当代法学》2003年第1期。

❸ 参见北京市海淀区人民法院（2013）海民初字第23318号。

❹ 于此应区分侵权责任的成立与是否具体承担的关系。相关论述参见程啸：《侵权责任法》，法律出版社2013年版，第295页。

❺ 参见四川省华蓥市人民法院（2014）华蓥民初字第966号民事判决书。

知其进行放射性检查可能导致胎儿畸形或流产，但为防止前述风险的出现而进行相应检查应属合理选择；同时为避免胎儿畸形而终止妊娠也符合常理。因此，被告的侵害行为虽未直接导致胎儿物质性人格受损，但其与妊娠终止间存在因果关系，应对原告由此导致的损害承担赔偿责任。❶ 于此场合，在现行法律体系下，若母亲选择终止妊娠，则胎儿因为是母体的构成部分而不能成为应受法律保护的受害人并进一步独立主张相应的法律救济；若母亲未选择终止妊娠而坚持将之生下来，那么胎儿若因对母亲来说实属必要的医疗行为而身体健康受损，其是否就此有权向第三人主张侵权法上的救济，司法实践并未对此予以进一步的明确。在法学理论上，因为第三人的侵害行为显著增大了胎儿身体健康利益遭受损害的风险，因此活着出生的胎儿就其身体健康因此遭受的不利益与侵害行为之间存在着相当性的因果关系，自然有权就此主张侵权法上的救济。❷ 至于母亲与胎儿之外的其他人，如父亲等，于此只有在例外情形下才可以成为民法中的受害人并主张侵权法上的救济。

六、本章结论

整体来看，中国当前法律实践中呈现出来的胎儿利益保护现状，对于立法提出来了如下要求。

（一）价值宣誓

中国制定法层面未整体性地明确规定胎儿应受法律保护的地位，在一般意义上也仅仅是体现了缺乏一种基于生命平等价值理念而对人之尊严在更广泛意义上予以承认的价值进行宣誓罢了。因为就胎儿利益保护的相应司法实践看，在胎儿活着出生的场合，司法实践在制定法未明确规定相应救济规则的背景下通过持续的司法续造，事实上已经为胎儿利益的民法保

---

❶ 参见上海市闵行区人民法院（2014）闵民一民初字第 12571 号民事判决书；辽宁省鞍山市千山区人民法院（2014）鞍千二初字第 96 号民事判决书。

❷ See Basil S. Markesinis/Hannes Unberath，The German Law of Torts：A Comparative Treatise，4ᵗʰ，Oxford Hart Publishing，2002，p. 99.

护提供了较为充分的保护方案：在胎儿利益受损的场合，若其活着出生，则其有权就已经遭受的损害主张民法上的救济措施。即使在胎儿未能活着出生的场合，司法实践所坚持的由母亲来主张自身因此遭受的损害救济请求权，在现行法律体系下也可以合乎逻辑地推导出来，并且这在大多数时候也是具有实践意义的：因为即使法律规定了未能活着出生的胎儿就其所遭受的损害享有独立的请求权，然而在其未能活着出生时，实际上是由与其有特定法律关系的主体如母亲来代为主张该等请求权，这在实践意义上与母亲主张自身因此遭受损害的相应请求权之间并无实质差别；另外，对于责任人来讲，基于恢复原状的损害救济目的以及一事不二罚的责任承担理念，其若对未能活着出生的胎儿本身承担了侵权责任，那么原则上即不需要再对胎儿之外的与胎儿有特定法律关系的人如母亲就同一损害后果承担法律责任，除非后者能证明其因此遭受了另外的应受法律救济的损害。

（二）裁判功能

当然，承认未能活着出生场合的胎儿享有独立的应受法律保护的地位，并非完全没有实践意义。一方面，其足以彰显新时代背景下民法基于尊重生命的价值理念而对生命平等原则的郑重宣誓，相较于法的裁判作用和指引作用，法的这种宣誓价值的作用并非不重要；另一方面，不以胎儿活着出生为必要承认其应受法律保护的地位，在特定情形下具有积极的裁判作用，特别是在第三人以违反公序良俗的方式恶意且目的是直接侵害胎儿物质性人格利益的场合，在计生部门强制孕妇引产尤其是对足月胎儿实施引产手术的场合，在父母以违反公序良俗的方式恶意或非法终止妊娠的场合，在母亲以违反公序良俗的方式恶意终止妊娠的场合，这种裁判作用尤为明显。

（三）利益平衡功能

在现行法律体系下，承认胎儿应受法律保护的地位不以其活着出生为必要条件，也有助于平衡父母之间就胎儿利益保护所享有的权利在事实上的不平等状态。从中国相应的司法实践来看，母亲在胎儿利益保护的过程中居于绝对的主导地位，即使其行为事实上侵犯了胎儿利益，父亲也不得就其侵害行为主张任何法律上的救济。这固然有其合理性，但是如果将之绝对化，在民法平等保护的视野下显然也存在问题，特别是在母亲以违反社会公共道德的方式故意侵害胎儿物质性人格利益的场合，这种绝对化的处理方式所导致的悖论就尤其明显。并且在比较法的视野下，这种绝对保护母亲利益而不顾其他相关利益主体的做法，也不被普遍支持。❶ 因此，法律上承认即使未能活着出生的胎儿也享有应受法律保护的地位，既有利于胎儿最佳利益这一目的的实现，也有助于界定母亲的行为自由范围以及保护与此相关的其他与胎儿有特定法律关系的主体如父亲的合法利益等。

（四）司法实践的局限

然而，由于司法实践本身的局限性，导致其始终无法突破权利能力的限制而给予那些尚未出生但亟须救济的胎儿以及与之有特定法律关系的其他主体以充分的法律保护。因为赋予未出生之胎儿以应受法律保护的主体地位，实质上涉及民事主体制度的问题，属于民事基本制度。对此，依据中国《立法法》第 8 条规定，只能通过立法而由作为制定法的法律来确立。

也正是在这一层意义上，对于胎儿最佳利益的民法保护来讲，在承认司法实践已有经验和教训的基础之上，民事制定法层面应当舍弃以活着出生为条件来确定是否赋予胎儿以权利能力，由此来宣誓和彰显以尊重生命为前提的平等保护的法治基本理念；同时也适当平衡母亲权利与胎儿以及与之相关的其他利益主体权益之间的过度失衡状态，给予胎儿以及其他利益主体在母亲权利滥用时以法律救济的可能。就此而言，《民法总则》第16 条并不能完全满足现实生活的需求。对于正在制定的民法典而言，以胎儿最佳利益的实现为目的，可以在未来民法典的总则编的主体制度项下将涉及胎儿利益保护的条款规定为："涉及胎儿生命、身体、健康等利益保护的，视为已出生。法律另有规定的除外。"

---

❶　参见［德］施瓦布：《民法导论》，郑冲译，法律出版社 2006 年版，第 90 页。

这种规定的合理性考量在于，首先，在立法模式上，通过"列举＋概括"的模式，既强调物质性人格利益居于胎儿利益保护的核心位置，又可以通过概括性的规定将生命等物质性人格利益之外其他利益的承认与保护向丰富的社会生活开放，以保持法典的稳定性与开放性的适度平衡。

其次，在规则内含的价值理念上，对涉及胎儿最佳利益实现的生命等物质性人格利益的保护，不以"活着出生"作为承认胎儿应受法律保护之地位的前提，以此彰显尊重生命以及平等保护的法治基本理念。

再次，在受保护之利益的内部结构划分上，应在承认平等保护这一法治基本理念的基础之上，将生命等涉及胎儿最佳利益实现的物质性人格利益以具体列举，其他利益以概括规定，实现对胎儿利益保护所涉及的利益内部的层级划分，可以将胎儿与自然人的现实差异在具体法律规则中适度地体现出来。

最后，基于法律体系内部协调的考虑，强调"法律另有规定的除外"，可以将民法典与现行法律体系下的其他规范性法律文件协调起来，特别是将其与计划生育政策有关的《人口与计划生育法》中的合法终止妊娠的情形、公民基于《宪法》所享有的生育权以及女性的人身自由等协调起来，保证法律体系内部的逻辑协调。

结　论

　　人格尊严概念在当前中国的法律实践中具有重要意义，其不仅具有价值宣示的功能，更具有现实的裁判价值与规范功能。从中国当代法治实践的现实语境出发，通过前面的分析，至少可以得出如下结论——当然，这些结论反映的也只是人格尊严在当代中国法律实践中的一些重要的点而远非全部。

　　第一，在比较法学方法论的视野中，人格尊严是一个彰显世界主义精神或者普遍主义精神的概念，这决定了现代各法治国就在人格尊严展开的法治实践以及相应的理论探讨与争议存在着可以对话的基础。但即使这样，也并不意味着各国对于人格尊严概念的理解就不存在分歧。事实上，在各国关于人格尊严的法治实践和理论研究中，除了重视人格尊严内含的那些彰显普遍主义精神的构成部分外，还不应忽视其内含的彰显个别主义精神的因素。事实上，人格尊严内含的普遍主义精神是人类社会各文明国家能够共存的基础，而人格尊严内含的个别主义精神却是各民族国家独立存在的重要依据。亦即言，人格尊严内含的普遍主义精神和个别主义精神在当前民族国家林立的背景下是相互依存而彼此不能分割的。以此为基础，中国语境下人格尊严的民法保护亦应遵循普遍主义精神和个别主义精神的二元共存的基本现实。

　　第二，人格尊严概念并不是空虚的、没有用处的，它作为人类文明的重要产物，内含着人类社会千百年来关于人之本身存在价值的各种深刻思考，在当代各国法治实践中普遍扮演着重要的角色。在中国的当代法治实践当中，对于制定法中规定的人格尊严概念的理解与把握，要在马克思主义人格尊严观的指导下，一方面重视中国古代社会生发出来并绵延不绝的流淌于中华民族精神当中的关于人格尊严的合理认知；另一方面也要理性对待西方传统中的各种人格尊严思想，从而将中国法治实践中的人格尊严概念与人类社会长久以来的文明成果联系起来，在彰显人格尊严普遍主义精神的同时也强调中华文明独立存在的个别主义精神。

第三，在中国现行法律体系中，人格尊严并非一种典型的权利类型而主要是作为具体法律规则的价值基础或一般法律思想存在。在民事法律制度中未直接规定人格尊严概念时，规定在宪法中的人格尊严可以通过民法中的一般性条款而进入民事法律领域，作为相应法律规则得以适用的正当性论证依据，从而对于民事法律纠纷的解决产生规范效力；在《民法总则》特别是未来的民法典人格权编直接规定人格尊严概念时，人格尊严可以直接作为具体民事法律规则适用的合法性论证依据而存在。

第四，在中国现行民事法律体系中，人格尊严作为法律价值基础或一般法律思想主要是通过一般人格权条款而发挥作用，而一般人格权条款原则上需要通过一般侵权条款产生规范作用。无论是《民法通则》第106条第2款，还是《侵权责任法》第6条结合第2条第2款或者未来民法典侵权责任编确立的一般侵权条款，都可以将《民法总则》第109条确立的以人格尊严为核心价值基础的具有绝对权属性的一般人格权条款涵摄进来，从而为人格尊严的民法保护提供坚实的基础。在此意义上，民法典人格权独立成编并再次规定一般人格权条款的意义确实会大打折扣。

第五，在现代社会背景下，特别是随着生命科技的飞速发展，人对于人本身的理解变得更为全面和深刻，与之相适应的是，以人格尊严为核心价值基础的人格权不应再仅具备防御性权利的属性，还应当内含以人格尊严的充分实现为目的的积极请求权的属性。这种积极请求权不仅包括民法典人格权编已经规定的停止侵害、排除妨碍、消除危险、消除影响以及恢复名誉等人格权请求权，还包括满足特定条件后可得向特定主体主张的紧急救助权甚至生命自主权。尤其对后者而言，其不依赖于侵权责任法中的侵权条款而独立存在，是人格权独立成编的重要理论支撑。

第六，人格尊严概念具有跨越时空的力量的核心在于其内涵可以随着时代背景的变化而变化，从而能够满足不同时代背景下的人的不同需求。

在当代社会背景下，人格尊严法律上内涵扩展的一个显著标志是，其不再仅仅用于对活着的人的保护，对于活着的人在时间维度上的两端，即人出生前的状态包括人体干细胞、体外胚胎、胎儿和人死亡后的状态包括物质性遗存和精神性遗存，人格尊严也可以为之提供法律上应予保护的正当性论证。

在时代背景急剧变化的当下，以人格尊严为核心价值基础的民法典人格权编要想更有效率地解决所有问题，更快地制定和被更多地人接受，变得更具有整体性而不是支离破碎并且更为深刻和具有远见卓识，那么相应地也必须接受包括人自身在内的颠覆性变革而从多方面加以完善。对此，法学家和法律改革家们需要积极行动起来，秉持理性主义精神，去积极发现和探索一个理想的法律制度体系。❶

---

❶ 参见吴汉东："人工智能时代的制度安排与法律规制"，《法律科学》2017 年第 5 期，第 136 页。

参考文献

一、中文专著

（一）体系书

[1] 北京大学哲学系外国哲学史教研室. 古希腊罗马哲学［M］. 北京：商务印书馆，1961.

[2] 程啸. 侵权责任法教程［M］. 北京：中国人民大学出版社，2017.

[3] 程啸. 侵权责任法［M］. 北京：法律出版社，2015.

[4] 梁慧星. 民法总论［M］. 北京：法律出版社，2017.

[5] 王利明. 民法总论［M］. 北京：中国人民大学出版社，2009.

[6] 许崇德. 宪法［M］. 北京：中国人民大学出版社，2007.

[7] 徐大同. 西方政治思想史［M］. 天津：天津教育出版社，2002.

[8] 张新宝. 侵权责任法［M］. 北京：中国人民大学出版社，2010.

[9] 朱庆育. 民法总论［M］. 北京：北京大学出版社，2013.

（二）专著

[1] 柏杨. 我们要活得有尊严［M］. 北京：人民文学出版社，2008.

[2] 郭沫若. 中国古代社会研究［M］. 河北：河北教育出版社，2004.

[3] 韩德强. 论人的尊严——法学视角下人的尊严理论的诠释［M］. 北京：法律出版社，2009.

[4] 李猛. 自然社会——自然法与现代道德世界的形成［M］. 北京：生活·读书·新知三联书店，2015.

[5] 李泽厚. 中国古代思想史论［M］. 北京：人民出版社，1986.

[6] 李震山. 人性尊严与人权保障［M］. 北京：元照出版公司，2001.

[7] 马俊驹. 人格和人格权理论讲稿［M］. 北京：法律出版社，2009.

[8] 孟广林. 欧洲文艺复兴史（哲学卷）［M］. 北京：人民出版社，2008.

［9］倪正茂，李惠，杨彤丹. 安乐死法研究［M］. 北京：法律出版社，2005.

［10］沈建峰. 一般人格权研究［M］. 北京：法律出版社，2013.

［11］石敏敏，章雪富. 斯多亚主义Ⅱ［M］. 北京：中国社会科学出版社，2009.

［12］王利明. 人格权法研究［M］. 北京：中国人民大学出版社，2005.

［13］王泽鉴. 人格权法：法释义学、比较法、案例研究［M］. 北京：北京大学出版社，2013.

［14］王威. 性的历程：从两宋到明清［M］. 湖北：湖北人民出版社，2011.

［15］杨立新. 人格权法新论［M］. 北京：人民法院出版社，2006.

［16］杨仁寿. 法学方法论［M］. 北京：中国政法大学出版社，1999.

［17］于飞. 权利与利益区分保护的侵权法体系之研究［M］. 北京：法律出版社，2012.

［18］于文豪. 基本权利［M］. 江苏：江苏人民出版社，2016.

［19］张岱年. 晚思集：张岱年自选集［M］. 北京：新世界出版社，2002.

［20］张华夏. 道德哲学与经济系统分析［M］. 北京：人民出版社，2010.

［21］张民安. 现代法国侵权责任制度研究［M］. 北京：法律出版社2007.

［22］郑永流，朱庆育，等. 中国法律中的公共利益［M］. 北京：北京大学出版社，2014.

［23］周伟. 宪法基本权利司法救济研究［M］. 北京：中国人民公安大学出版社，2003.

［24］周枏. 罗马法原论［M］. 北京：商务印书馆，2002.

［25］朱晓峰. 侵权可赔损害类型论［M］. 北京：法律出版社，2017.

（三）立法背景与释义书

［1］民法总则立法背景与观点全集编写组. 民法总则立法背景与观点全集［M］. 北京：法律出版社，2017.

［2］全国人大常委会法制工作委员会民法室. 侵权责任立法背景与观点全集［M］. 北京：法律出版社，2010.

［3］唐德华. 最高人民法院《关于确定民事侵权精神损害赔偿责任若干问题的解释》的理解与适用［M］. 北京：人民法院出版社，2015.

［4］王胜明.《中华人民共和国侵权责任法》解读［M］. 北京：中国法制出版社，2010.

［5］张新宝. 中华人民共和国民法总则释义［M］. 北京：中国人民大学出版社，2017.

（四）古籍

［1］（宋）程颐，程颢. 二程集［M］. 北京：中华书局，1988.

［2］（宋）黎靖德. 朱子语类［M］. 北京：中华书局，1986.

［3］（宋）周密. 齐东野语［M］. 北京：中华书局，1983.

［4］（宋）朱熹. 四书章句集注［M］. 北京：中华书局，1986.

［5］（明）申时行等. 明会典［M］. 北京：中华书局，1989.

［6］（清）王先谦. 荀子集解［M］. 北京：中华书局，1988.

［7］（清）苏舆. 春秋繁露义证［M］. 北京：中华书局，1992.

二、中文论文

［1］曹险峰. 论一般人格权的立法模式：以德国与瑞士立法例之对比考察为中心［J］. 当代法学，2006（3）.

［2］陈道英，秦前红. 对宪法权利规范对第三人效力的再认识［J］. 河南省政法管理干部学院学报，2006（2）.

［3］陈国军. 死者有形人身遗存的法律属性辨析［J］. 政治与法律，2015（11）.

［4］陈嘉明. 尊严与权利：基于中国社会视角的一种探究［J］. 马克思主义与现实，2011（2）.

［5］陈金海. 人生形象与人格尊严［J］. 浙江大学学报，1993（4）.

［6］陈现杰. 关于确定民事侵权精神损害赔偿责任若干问题的解释的理解与适用［J］. 人民司法，2001（4）.

［7］陈云生. 公民的人格尊严不受侵犯［J］. 法学研究，1983（2）.

［8］成海鹰. 人的在尊严与人的异化［J］. 哲学动态，2012（3）.

［9］程啸. 论大数据时代的个人权利［J］. 中国社会科学，2018（3）.

［10］程新宇. 生命伦理学视野中的人及其尊严辨义［J］. 哲学研究，2012（10）.

［11］崔建远. 绝对权请求权抑或侵权责任方式［J］. 法学，2002（11）.

［12］代峰. 古希腊时期“人的尊严”观念［J］. 伦理学研究，2014（4）.

［13］戴孟勇. 论公序良俗的判断标准［J］. 法制与社会发展，2006（3）.

［14］杜晓明. 同性伴侣关系在德国宪法法院、欧盟法院与欧洲人权法院司法实践中的变迁［J］. 民商法论丛，2013（53）.

［15］范月蕾，王慧媛，等. 基因编辑的伦理争议［J］. 科技中国，2018（6）.

［16］房绍坤，曹相见. 论人格权一般条款的立法表达［J］. 江汉论坛，2018（1）.

［17］方新军. 内在体系外显与民法典体系融贯性的实现：对《民法总则》基本原则
规定的评论［J］. 中外法学，2017（3）.

［18］冯健鹏. 我国司法判决中的宪法援引及其功能［J］. 法学研究，2017（3）.

［19］龚群. 论人的尊严［J］. 天津社会科学，2011（2）.

［20］高珂. 从神学人格到宪法人格权的确立［J］. 东方法学，2011（2）.

［21］甘绍平. 什么是优雅社会——读马伽利特《尊严的政治》［J］. 道德与文明，
2002（1）.

［22］葛云松. 纯粹经济损失的赔偿与一般侵权行为条款［J］. 中外法学，2009（5）.

［23］韩安贵. 马克思历史分期理论的价值向度［J］. 现代哲学，2000（1）.

［24］韩强. 人格权确认与构造的法律依据［J］. 中国法学，2015 年（3）.

［25］韩跃红，孙书行. 人的尊严和生命的尊严释义［J］. 法学研究，2006（3）.

［26］韩跃红，绪宗刚. 尊严的价值内涵及伦理意义［J］. 伦理学研究，2011（1）.

［27］郝书翠. 类与个体：马克思主义与儒学尊严观比较［J］. 山东社会科学，2015
（11）.

［28］郝铁川. 荒谬的同性婚姻第一案［J］. 法制日报，2016（7）.

［29］何光沪. 在理论与制度之间：基督宗教与儒教关于人性尊严问题的比较研究
［J］. 复旦学报（社会科学版），2003（4）.

［30］胡玉鸿. "人的尊严"思想的法律意蕴［J］. 江苏行政学院学报，2005（4）.

［31］胡玉鸿. "人的尊严"的法理疏释［J］. 法学评论，2007（6）.

［32］胡玉鸿. 人的尊严与弱者权利保护［J］. 江海学刊，2014（2）.

［33］黄涛. 走向共同体的权利观［J］. 财经法学，2017（3）.

［34］黄燕. 维护同性恋者作为公民依法享有的权利≠同性婚姻在我国法律中被认可
［J］. 人民法院报，2016（3）.

［35］黄宇骁. 论宪法基本权利对第三人无效力［J］. 清华法学，2018（3）.

［36］黄忠. 人格权法独立成编的体系效应之辨识［J］. 现代法学，2013（1）.

［37］江璇. 人类增强技术的发展与伦理挑战［J］. 自然辩证法研究，2014（5）.

［38］李春成. 公共利益的概念建构评析［J］. 复旦学报（社会科学版），2003（1）.

［39］李凤梅. 危害国家安全罪的规范缺失及立法补正［J］. 法商研究，2017（5）.

［40］李海平. 宪法上人的尊严的规范分析［J］. 当代法学，2011（6）.

［41］李累. 宪法上"人的尊严"［J］. 中山大学学报，2002（6）.

［42］李怡，易明. 论马克思的尊严观［J］. 马克思主义研究，2011（10）.

［43］李永军. 民法总则民事权利章评述［J］. 法学家, 2016 (5).

［44］李忠夏. 人性尊严的宪法保护: 德国的路径［J］. 学习与探索, 2011 (4).

［45］李卓, 吴景淳, 等. 人类基因编辑的前景与挑战［J］. 生命科学, 2018 (9).

［46］梁慧星. 市场经济与公序良俗原则［J］. 民商法论丛, 1994 (1).

［47］梁慧星. 最高法院关于侵犯受教育权案的法释［2001］25 号批复评析［J］. 民商法论丛, 2002 (23).

［48］梁慧星. 中国侵权责任法解说［J］. 北方法学, 2011 (1).

［49］梁慧星. 民法典编纂中的重大争论: 兼评全国人大常委会法工委两个民法典人格权编草案［J］. 甘肃政法学院学报, 2018 (3).

［50］林来梵. 人的尊严与人格尊严: 兼论中国宪法第 38 条的解释方案［J］. 浙江社会科学, 2008 (3).

［51］刘利妍, 张维斌, 等. 临床试验研究者对受试者知情同意权的认知调查分析［J］. 医学与哲学 (A), 2018 (11).

［52］刘士国. 侵权责任法第二条规定之解析［J］. 暨南学报 (哲学社会科学版), 2010 (3).

［53］刘志刚. 人格尊严的宪法意义［J］. 中国法学, 2007 (1).

［54］龙俊. 权益侵害之要件化［J］. 法学研究, 2010 (4).

［55］龙晟. 人性尊严法律概念之历史［J］. 法治论丛, 2008 (4).

［56］陆诗忠. 论以危险方法危害公共安全罪中的危险方法［J］. 法律科学, 2017 (5).

［57］罗会宇, 雷瑞鹏. 我们允许做什么? 人胚胎基因编辑之反思平衡［J］. 伦理学研究, 2017 (2).

［58］马俊驹, 王恒. 未来我国民法典不宜采用 "一般人格权" 概念［J］. 河北法学, 2012 年 (8).

［59］马平. 尊严与自由: 宪法的价值灵魂——评艾伯乐的《尊严与自由》［J］. 环球法律评论, 2010 (1).

［60］齐延平. 论古希腊哲学中人权基质的孕育［J］. 文史哲, 2010 (3).

［61］齐延平. 论作为法治价值基础的人的尊严［J］. 江苏行政学院学报, 2011 (1).

［62］乔清举. 儒道尊严思想简论［J］. 社会科学, 2013 (4).

［63］冉克平. 一般人格权理论的反思与我国人格权立法［J］. 法学, 2009 (8).

［64］冉克平. 论人格权法中的人身自由权［J］. 法学, 2012 (3).

［65］任云晓，肖茹丹，等．基因编辑技术研究进展和在基因治疗中的应用［J］．遗传，2019（1）．

［66］上官丕亮．论宪法上的人格尊严［J］．江苏社会科学，2008（2）．

［67］石佳友．法国民法典过错责任一般条款的历史演变［J］．比较法研究，2014（6）．

［68］史志磊．论罗马法中人的尊严及其影响——以 dignitas 为考察对象［J］．浙江社会科学，2015（5）．

［69］孙红卫．医疗事故罪罪状要素的司法认定［J］．法学杂志，2009（3）．

［70］孙万怀．以危险方法危害公共安全罪何以成为口袋罪［J］．现代法学，2010（5）．

［71］孙宪忠．关于《人格权编（草案）（2017 年 11 月 15 日法工委民法室室内稿）》的评审意见之一［J］．http：//article. chinalawinfo. coJ/ArticleFullText. aspx？ArticleId＝103017，2019－01－31．

［72］陶应时，罗成翼．人类胚胎基因编辑的伦理悖论及其化解之道，自然辩证法通讯，2018（2）．

［73］田野，丛林．调取前夫情人住院生娃病历是否构成侵权［J］．民主与法制周刊，2018（20）．

［74］童之伟．宪法适用应依循宪法本身规定的路径［J］．中国法学，2008（6）．

［75］王福玲．探析康德尊严思想的历史地位［J］．哲学研究，2013（11）．

［76］王福玲．尊严：作为权利的道德基础［J］．中国人民大学学报，2014（6）．

［77］王锴．论宪法上的一般人格权及其对民法的影响［J］．中国法学，2017（3）．

［78］王康．基因权的私法规范：背景、原则与体系［J］．法律科学，2013（3）．

［79］王利明．试论人格权的新发展［J］．法商研究，2006（5）．

［80］王利明．侵权责任法一般条款的保护范围［J］．法学家，2009（3）．

［81］王利明．民法的人文关怀［J］．中国社会科学，2011（4）．

［82］王利明．人格权法的发展与完善——以人格尊严的保护为视角［J］．法律科学，2012（4）．

［83］王利明．人格权法中的人格尊严价值及其实现［J］．清华法学，2013（5）．

［84］王利明．关于制定民法总则的几点思考［J］．法学家，2016（5）．

［85］王利明．民法典人格权编草案的亮点及完善［J］．中国法律评论，2019（1）．

［86］王利明．论人格权请求权与侵权损害赔偿请求权的分离［J］．中国法学，2019（1）．

［87］ 王轶. 论商品房预售许可证明对合同效力的影响［J］. 比较法研究，2018（6）.

［88］ 汪渊智. 民法中的不完全性法条［J］. 山西大学学报（哲社版），2004（4）.

［89］ 汪志刚. 民法视野下的人体法益构造：以人体物性的科技利用为背景［J］. 法学研究，2014（2）.

［90］ 文学平. 人性尊严的四种论证方式［J］. 华中科技大学学报（社会科学版），2013（2）.

［91］ 肖泽晟. 墓地上的宪法权利［J］. 法学，2011（7）.

［92］ 谢怀栻. 论民事权利体系［J］. 法学研究，1996（2）.

［93］ 谢立斌. 中德比较宪法视野下的人格尊严：兼与林来梵教授商榷［J］. 政法论坛，2010（4）.

［94］ 熊谞龙. 权利，抑或法益：一般人格权本质的再讨论［J］. 比较法研究，2005（2）.

［95］ 徐光华. 公众舆论与以危险方法危害公共安全罪的扩张适用［J］. 法学家，2014（5）.

［96］ 许慧芳. 原罪的法律隐喻（上）——兼论西方法律传统的神学渊源［J］. 天风：中国基督教杂志，2012（1）.

［97］ 徐艳东. 人，作为忤逆者的尊严——文艺复兴与"尊严"发轫的谱系［J］. 世界哲学，2014（1）.

［98］ 薛军. 人格权的两种基本理论模式与中国的人格权立法［J］. 法商研究，2004（4）.

［99］ 薛军. 揭开一般人格权的面纱［J］. 比较法研究，2008（5）.

［100］ 杨代雄. 主体意义上的人格与客体意义上的人格——人格的双重内涵及我国民法典的保护模式选择［J］. 环球法律评论，2008（4）.

［101］ 杨立新. 人身自由与人格尊严：从公权利到私权利的转变［J］. 现代法学，2018（3）.

［102］ 杨立新，扈艳. 中华人民共和国人格权法建议稿及立法理由书［J］. 财经法学，2016（4）.

［103］ 杨立新，李怡雯. 人格自由与人身自由的区别及其价值［J］. 财经法学，2019（4）.

［104］ 杨立新，袁雪石. 论人格权请求权［J］. 法学研究，2003（6）.

［105］ 杨熠. 中西思想家对"人的尊严"的论述［J］. 河北法学，2012（1）.

［106］姚辉，周云涛. 人格权：何以可能［J］. 法学杂志，2007（5）.

［107］叶金强.《民法总则》"民事权利章"的得与失［J］. 中外法学，2017（3）.

［108］易军. 论人格权法定、一般人格权与侵权责任构成［J］. 法学，2011（8）.

［109］于飞."法益"概念再辨析［J］. 政法论坛，2012（4）.

［110］曾祥敏. 论奥古斯丁《上帝之城》中的善恶观［J］. 时代文学，2011（11）.

［111］张谷. 作为救济法的侵权法也是自由保障法［J］. 暨南学报（哲学社会科学版），2009（2）.

［112］张红. 民事裁判中的宪法适用［J］. 比较法研究，2009（4）.

［113］张红. 方法与目标：基本权利民法适用的两种考虑［J］. 现代法学，2010（2）.

［114］张红.《民法典各分编（草案）》人格权编评析［J］. 法学评论，2019（1）.

［115］张平华，曹相见. 人格权的"上天"与"下凡"［J］. 江淮论坛，2013（2）.

［116］张容南. 古典尊严理念与现代尊严理念之比照［J］. 华东师范大学学报（哲学社会科学版），2011（3）.

［117］张三元. 论人的尊严的当代意蕴：基于马克思主义人学的视角［J］. 江汉论坛，2011（6）.

［118］张小罗. 制定我国《基因安全法》的重点与难点［J］. 政治与法律，2018（11）.

［119］张龑. 康德论人之尊严与国家尊严［J］. 浙江社会科学，2014（8）.

［120］赵娟. 尊严的理念悖论及其宪法消解［J］. 南京社会科学，2013（7）.

［121］赵俊劳. 自然人人格的伦理解读［J］. 河北法学. 2009（5）.

［122］郑琼现，吴易泽. 人格尊严权的基督教论证［J］. 中山大学学报（社会科学版），2015（1）.

［123］郑贤君. 宪法人格尊严条款的规范地位之辨［J］. 中国法学，2012（2）.

［124］郑玉双. 破解技术中立难题［J］. 华东政法大学学报，2018（1）.

［125］朱广新. 民法典编纂——民事部门法典的统一再法典化［J］. 比较法研究，2018（6）.

［126］朱庆育.《合同法》第52条第5项评注［J］. 法学家，2016（3）.

［127］朱晓峰. 人格立法之时代性与人格权的权利内质［J］. 河北法学，2012（3）.

［128］朱晓峰. 作为一般人格权的人格尊严权［J］. 清华法学，2014（1）.

［129］朱晓峰. 民法典编纂视野下胎儿利益的民法规范［J］. 法学评论，2016（1）.

［130］朱晓峰. 比较法视野下隐私保护机制的分歧与效果［J］. 兰州学刊，2016
　　　（10）.

［131］朱晓峰. 论《侵权责任法》第2条的保护范围［J］. 民商法论丛，2017（63）.

［132］朱晓峰. 动物侵权责任主体概念论［J］. 法学评论，2018（5）.

［133］朱晓峰. 孝道理念与民法典编纂［J］. 法律科学，2019（1）

［134］朱晓峰. 民法一般人格权的价值基础与表达方式［J］. 比较法研究，2019
　　　（2）.

［135］朱允. 传统文化中的人格尊严思想［J］. 宁夏社会科学，2008（1）.

［136］朱振. 反对完美？——关于人类基因编辑的道德与法律哲学思考［J］. 华东政
　　　法大学学报，2018（1）.

［137］邹海林. 再论人格权的民法表达［J］. 比较法研究，2016（4）.

三、中文译著

［1］［爱尔兰］凯利. 西方法律思想简史［M］. 王笑红，译. 北京：法律出版社，2002.

［2］［奥］菲尔德罗斯. 自然法［M］. 黎晓，译. 西南政法学院法制史教研室，1987.

［3］［法］迪尔凯姆. 自杀论［M］. 冯韵文，译. 北京：商务印书馆，2007.

［4］［法］库郎热. 古代城邦——古希腊罗马祭祀、权利和政制研究［M］. 谭立铸，
　　 等，译. 上海：华东师范大学出版社，2006.

［5］［法］帕斯卡尔. 思想录［M］. 何兆武，译. 北京：商务印书馆，1985.

［6］［法］肖索侬. 我不是杀人犯［M］. 孟晖，译. 北京：生活·读书·新知三联书
　　 店，2008.

［7］［古罗马］西塞罗. 论共和国·论法律［M］. 王焕生，译. 北京：中国政法大学
　　 出版社，2003.

［8］［古罗马］西塞罗. 西塞罗文集［M］. 王焕生，译. 北京：中央编译出版
　　 社，2010.

［9］［古希腊］亚里士多德. 尼各马可伦理学［M］. 廖申白，译. 北京：商务印书
　　 馆，2004.

［10］［德］恩德勒等. 经济伦理学大辞典［M］. 王淼洋，等，译. 上海：上海人民
　　　出版社，2001.

［11］［德］黑格尔. 法哲学原理［M］. 范扬，张企泰，译. 北京：商务印书
　　　馆，1961.

[12]［德］黑格尔. 精神现象学［M］. 贺麟，王玖兴，译. 北京：商务印书馆，1997.

[13]［德］黑格尔. 历史哲学［M］. 王造时，译. 上海：上海书店出版社，2001.

[14]［德］康德. 历史理性批判文集［M］. 何兆武，译. 北京：商务印书馆，1990.

[15]［德］康德. 法的形而上学原理［M］. 沈叔平，译. 北京：商务印书馆，1991.

[16]［德］康德. 实践理性批判［M］. 韩水法，译. 北京：商务印书馆，1999.

[17]［德］康德. 道德形而上学原理［M］. 苗力田，译. 上海：上海人民出版社，2012.

[18]［德］康德. 道德形而上学［M］. 张荣，李秋零，译注. 北京：中国人民大学出版社，2013.

[19]［德］考夫曼，哈斯默尔. 当代法哲学和法律理论导论［M］. 郑永流，译. 北京：法律出版社，2002.

[20]［德］克尼佩尔. 法律与历史［M］. 朱岩，译. 北京：法律出版社，2003.

[21]［德］拉德布鲁赫. 法学导论［M］. 米健，译. 北京：商务印书馆，2013.

[22]［德］拉德布鲁赫. 法律智慧警句集［M］. 舒国滢，译. 北京：中国法制出版社，2016.

[23]［德］拉伦茨. 德国民法通论［M］. 王晓晔，等，译. 北京：法律出版社，2003.

[24]［德］拉伦茨. 法学方法论［M］. 陈爱娥，译. 北京：商务印书馆，2004.

[25]［德］罗门. 自然法的观念史和哲学［M］. 姚中秋，译. 上海：上海三联书店，2007.

[26]［德］马克思. 资本论［M］. 北京：人民出版社，1975.

[27]［德］马克思. 1844 年经济学哲学手稿［M］. 北京：人民出版社，2000.

[28]［德］马克思，恩格斯. 马克思恩格斯选集（第 1－4 卷）［M］. 北京：人民出版社，1972.

[29]［德］马克思，恩格斯. 马克思恩格斯全集（第 2－4、20、26、30、40、47 卷）［M］. 北京：人民出版社，1995.

[30]［德］马克思，恩格斯. 马克思恩格斯文集（第 2、5 卷）［M］. 北京：人民出版社，2009.

[31]［德］普芬道夫. 论人与公民在自然法上的责任［M］. 支振锋，译. 北京：北京大学出版社，2010.

［32］［德］普佛尔滕. 法哲学导论［M］. 雷磊，译. 北京：中国政法大学出版社，2017.

［33］［德］魏特夫. 东方专制主义［M］. 徐式谷，等，译. 北京：中国社会科学出版社，1989.

［34］［德］席勒. 秀美与尊严［M］. 张玉能，译. 北京：文化艺术出版社，1996.

［35］［德］雅科布斯. 规范·人格体·社会［M］. 冯军，译. 北京：法律出版社，2001.

［36］［美］彼彻姆. 哲学的伦理学［M］. 雷克勤，等，译. 北京：中国社会科学出版社，1990.

［37］［美］博登海默. 法理学——法律哲学与法律方法［M］. 邓正来，译. 北京：中国政法大学出版社，1999.

［38］［美］伯尔曼. 法律与宗教［M］. 梁治平，译. 北京：中国政法大学出版社，2003.

［39］［美］波伊曼. 生与死——现代道德困境的挑战［M］. 江美丽，译. 广州：广州出版社，1998.

［40］［美］布莱斯特，列文森，巴尔金，等. 宪法决策的过程：案例与材料（第四版·下册）［M］. 陆符嘉，等，译. 北京：中国政法大学出版社，2002.

［41］［美］德沃金. 自由的法［M］. 刘丽君，译. 上海：上海人民出版社，2001.

［42］［美］德沃金. 生命的自主权［M］. 郭贞伶，陈雅汝，译. 台北：商周出版社，2002.

［43］［美］富勒. 尊严的提升［M］. 张关林，译. 上海：上海人民出版社，2008.

［44］［美］葛文德. 最好的告别：关于衰老与死亡，你必须知道的常识［M］. 彭小华，译. 浙江：浙江人民出版社，2015.

［45］［美］库尔兹. 21世纪的人道主义［M］. 肖峰，等，译. 北京：东方出版社，1998.

［46］［美］卢克斯. 个人主义［M］. 闫克文，译. 江苏：江苏人民出版社，2001.

［47］［美］Martha C. Nussbaum. 正义的界限：残障、全球正义与动物正义［M］. 徐子婷，等，译. 台北：韦伯文化国际出版有限公司，2008.

［48］［美］米德. 心灵、自我和社会［M］. 霍桂桓，译. 北京：华夏出版社，1999.

［49］［美］斯塔夫里阿诺斯. 全球通史［M］. 董书慧，译. 北京：北京大学出版社，2005.

[50] ［美］维特. 法律与新教——路德改革的法律教导［M］. 钟瑞华，译. 北京：中国法制出版社，2013.

[51] ［美］伍德. 西方哲学史［M］. 葛力，译. 北京：商务印书馆，1995.

[52] ［美］亚历山大. 社会学的理论逻辑（第2卷）［M］. 夏光，戴盛中，译. 北京：商务印书馆，2008.

[53] ［挪］希尔贝克，伊耶. 西方哲学史——从古希腊到二十世纪［M］. 童世骏，等，译. 上海：上海译文出版社，2004.

[54] ［意］贝卡利亚. 论犯罪与刑罚［M］. 黄风，译. 北京：中国大百科全书出版社，1993.

[55] ［意］皮科. 论人的尊严［M］. 顾超一，樊虹谷，译. 北京：北京大学出版社，2010.

[56] ［英］布洛克. 西方人文主义传统［M］. 董乐山，译. 北京：生活·读书·新知三联书店，1997.

[57] ［英］哈耶克. 自由秩序原理［M］. 邓正来，译. 北京：生活·读书·新知三联书店，1997.

[58] ［英］霍布斯. 利维坦［M］. 黎思复，黎廷弼，译. 北京：商务印书馆，1985.

[59] ［英］洛克. 政府论［M］. 叶启芳，瞿菊农，译. 北京：商务印书馆，1964.

[60] ［英］罗森. 尊严［M］. 石可，译. 北京：法律出版社，2015.

[61] ［英］梅因. 古代法［M］. 沈景一，译. 北京：商务印书馆，1959.

[62] ［英］密尔. 论自由［M］. 许宝骙，译. 北京：商务印书馆，1959.

[63] ［英］米尔恩. 人的权利与人的多样性——人权哲学［M］. 夏勇，张志铭，译. 北京：中国大百科全书出版社，1995.

四、中文译文

[1] ［法］勒努瓦. 生物伦理学：宪制与人权［M］//陆象淦. 西方学术界新动向：寻求新人道主义. 北京：社会科学文献出版社，2005.

[2] ［德］埃曼. 德国民法上的一般人格权制度［J］. 邵建东，译. 民商法论丛，2002（23）.

[3] ［德］布鲁诺奇. 人类尊严的道路［J］. 社会科学战线，2013（5）.

[4] ［德］哈贝马斯. 人的尊严的观念和现实主义的人权乌托邦［J］. 哲学分析，2010（3）.

［5］［德］Ingeborg Jaus. 市民主义的宪法决断与法西斯体系［J］. 朱晓峰，杜晓明，译. 行政法论丛，2015（17）.

［6］［德］卡纳里斯. 基本权利与私法［J］. 曾韬，曹昱晨，译. 比较法研究，2015年（1）.

［7］［德］赖希. 何谓欧洲民法的一般原则［J］. 金晶，译. 财经法学，2015（6）.

［8］［德］马克思.《黑格尔法哲学批判》导言［M］//马克思恩格斯选集（第1卷）. 北京：人民出版社，1972.

［9］［德］施密特. 法典化理念的未来——现行法典下的司法、法学和立法［J］. 温大军，译. 北航法律评论，2012（1），北京：法律出版社，2012.

［10］［德］瓦瑟尔曼. 评德国安乐死立法［J］. 樊丽君，译. 民商法论丛，2004（29）.

［11］［美］华蔼仁. 基本直觉与普遍共识：孟子思想与人权"［J］. 梁涛，朱璐，译. 国学学刊，2013（1）.

［12］［日］高桥和之. "宪法上人权"的效力不及于私人间［J］. 陈道英，译. 财经法学，2018（5）.

［13］［日］星野英一. 私法中的人［M］. 王闯，译//梁慧星主编. 为权利而斗争. 北京：中国法制出版社，2000.

［14］［英］凯恩斯. 从柏拉图到黑格尔的法律哲学［M］. 一舟，刘全德，等，译//西方政治法律思想史（参考资料）（二）. 中国政法大学法律思想史教研室，1985.

［15］［英］英国纳菲尔德生物伦理委员会. 基因编辑和人类生殖：社会伦理及法律规制［J］. 蒋莉，译. 苏州大学学报（法学版），2018（4）.

五、外文专著

（一）德文

［1］Andreas von Tuhr, Der Allgemeine Teil des Deutschen Bürgerlichen Rechts, Duncker und Humblot, 1957.

［2］Bodo Pieroth/Bernhard Schlink, Staatsrecht II：Grundrechte, 25. Aufl., HeidelBerg, 2009.

［3］Carl Schmitt, Die Lage der Europaeischen Rechtswisenschaft, Internationaler Universitaets–Verlag, 1950.

［4］Christian v. Bar, Gemeineuropäisches Deliktsrecht（Bd. 1），C. H. Beck, 1996.

［5］Christian v. Bar, Gemeineuropäisches Deliktsrecht（Bd. 2），C. H. Beck, 1999.

［6］ Christa Spilling – Nöker，Wir lassen Dichnicht，Du segnes tuns denn，LIT Verlag，2006.

［7］ Christian Starck，Vom Grund des Grundgesetzes，Fromm Druckhaus，1983.

［8］ Christian Starck，Kommentar zum Bonner Grundgesetz（Bd. 1），Franz Vahlen，1999.

［9］ Dieter Medicus，Schuldrecht（2），C. H. Beck，2007.

［10］ Dieter Medicus/Stephan Lorenz，Schuldrecht Ⅱ：Besonderer Teil，C. H. Beck，2010.

［11］ Dominique Jakob，Die eingetragene Lebenspartnerschaft im internationalen Privatrecht，Dr. Otto Schmidt KG，2002.

［12］ Egon Lorenz/Hans Christoph Matthes Hrsg. Festschrift für Günther Wiese zum 70. Geburtstag，Luchterhand，1998.

［13］ Franz Wieacker，Privatrechtsgeschichte der Neuzeit：unter besonderer Berücksichtigung der deutschen Entwicklung，Göttingen：Vandenhoeck & Ruprecht，1967.

［14］ Ernst Wolf，AllgemeinerTeil des BürgerlichenRechts，2. Aulf. ，Carl Heymanns，1976.

［15］ Friedrich Hegel，Grundlinien der Philosophie des Rechts，Berlin，1821.

［16］ Fuchs，Deliktsrecht，Springer，2009.

［17］ Gustav Radbruch，Einführung in die Rechtswissenschaft，Quelle & Meher，1929.

［18］ Dieter Schwab Hrsg. ，Münchener Kommentar zum Bürgerlichen Gesetzbuch，Band 8，Familienrecht Ⅱ：§ § 1589 – 1921，C. H. Beck，2008.

［19］ Hein Kötz/Gerhard Wagner，Deliktsrecht，Franz Vahlen，2010.

［20］ Heinrich Hubman，Das Persönlichkeitsrecht，2. Aulf. ，Böhlau，1967.

［21］ Helmut Köhler，BGB Allgemeiner Teil，32. Aulf. ，C. H. Beck，2007.

［22］ Immanuel Kant，Grundlegung zur Metaphysik der Sitten，Philipp Reclam Jun，1984.

［23］ Josef Esser/Hans Leo Weyers，Schuldrecht：Band 2，8. Aulf. ，C. F. Müller，2000.

［24］ Jörg Paul Müller，Die Grundrecht der Verfassung und der Persönlichkeitsschutz des Privatrechts，Staempfli und Cie，1964.

［25］ Larenz，Methodenlehre der Rechtswissenschaft，Springer Verlag 1991.

［26］ Larenz/Wolf，Allgemeiner Teil des Bürgerlichen Rechts，C. H. Beck，2004.

［27］ Rainer Frank，J. von Staudingers Kommentar zum Bürgerliches Gesetzbuch mit Einführungsgesetz und Nebengesetzen，Buch 4. Familienrecht § § 1741 – 1772，Sellier de Gruyter，2001.

［28］ Rolf Schmidt，Grundrechte，Dr. Rolf Schmidt，2010.

［29］ Savigny，System des heutigen römischen Rechts（Bd. 1），Berlin，1840.

［30］ Ulfrid Neumann, Juristische Argumentationslehre, Wissenschaftliche Buchgesellschaft, 1986.

［31］ Zweigert/Kötz, Einführung in Die Rechtsvergleichung（Bd. 1）, J. C. B. Mohr, 1984.

［32］ Motive zum Entwurfeeines Bürgerlichen Gesetzbuchfür das Deutsche Reich（Bd. 2）, Verlag von J. Guttentag, 1888.

［33］ Protokolle der Kommission für die zweiteLesung des Entwurf des Bürgerlichen Gesetz-buch（Bd. , 1）, Verlag von Guttentag, 1897.

（二）英文

［1］ Adam Schaff, A Philosophy of Man, Dell Publishing Co. , 1963.

［2］ Anders Nordgren, Responsible Genetics：The Moral Responsibility of Geneticists for The Consequences of Human Genetics Research, Springer, 2001.

［3］ David Kretzmer/Eckart Klein ed. , The Concept of Human Dignity in Human Rights Dis-course, Martinus Nijhoff Publishers, 2002.

［4］ Eduward J. Eberle, Diginity and Liberty：Constitutional Visionsin Germany and the U-nited States, Praeger Publishers, 2002.

［5］ Leo Strauss, Natural Right and History, The University of Chicago Press, 1953.

［6］ Michael J. Sandel, The Case against Perfection：Ethics in the Age of Genetic Engineer-ing, The Belknap Press of Harvard University Press, 2007.

［7］ Paul Knoepfler, GMO Sapiens：The Life – Changing Science of Designer Babies, World Scientific Publishing Co. , 2015.

［8］ Robert G. McCloskey, The American Supreme Court, University of Chicago Press, 2000.

［9］ Robin May Schott, Birth, Death, and Femininity：Philosophies of Embodiment, Indi-ana University Press, 2010.

［10］ Ronald Dworkin, Life's Dominion, Harper Collins, 1993.

［11］ Ronald Dworkin, Sovereign Virtue：The Theory and Practice of Equality, Harvard Uni-versity Press, 2000.

［12］ Rubin Gotesky/Ervin Laszlo ed. , Human Dignity：This Century and the Next, Gordon & Breach, 1970.

六、外文论文

（一）德文

［1］ Hans D. Jarras, Das Allgemeine Persönlichkeitsrecht im Grundgesetz, NJW 1989.

［2］ Canaris, Grundrechtswirkungen und Verhältnismäßigkeitsprinzip in der richterlichen An-
wendung und Fortbildung des Privatrechts, JuS 1989.

［3］ Gerhard Luf, Menschenwürde als Rechtsbegriff, in: Rainer Zaczy/Micheal Koehler/Mi-
chael Kahlo hrsg. , Festschrift für E. A. Wolff zum 70. Geburtstag, Heidelberg 1998.

［4］ Horst Ehmann, Das Allgemeine Persönlichkeitsrecht, Im 50 Jahre Bundesgerichtshof:
Festgabe aus der Wissensschaft, C. H. Beck, 2000.

［5］ Irini Kiriakaki, Die Regelung der Embryonenforschung in Griechenland, Zugleich ein
Kommentar zur Umsetzung des Menschenrechtsubereinkommens zur Biomedizin des Euro-
parates, 56 Nationale Recht, Revue Hellenique de Droit International 365, 365 – 400
(2003).

［6］ Jürgen Helle, Privatautonomie und Kommerzielles Persönlichkeitsrecht, JZ, 2007.

［7］ Klaus Tonner, Entscheidungs rezensionen: Schadenersatz wegen vertaner Urlaubszeit,
JuS 1982.

［8］ Xiaofeng Zhu, Schadensersatz bei Ehebruch in Deutschland und China, Recht als Kul-
tur, No. 12 (2016).

（二）英文

［1］ Brooke Elizabeth Hrouda al. , "Playing God?": An Examination of The Legality of
CRISPR Germline Editing Technology under The Current International Regulatory Scheme
and The Universal Declaration on The Human Genome and Human Rights, Ga. J. Int'l &
Comp. L. , 45 (2016).

［2］ David Baltimore et al. , A Prudent Path Forward for Genomic Engineering and Germline
Gene Modification, SCIENCE, 348 (2015).

［3］ Doris Schroeder, Human Rights and Human Dignity: an Appeal to Separate Conjoined
Twins, Ethic Theory Moral Practice, 15 (2012).

［4］ Dov Fox, Selective Procreation in Public and Private Law, UCLA L. Rev. Discourse,
64 (2016).

［5］ Eileen M. Kane, Human Genome Editing: An Evolving Regulatory Climate, Jurimetrics
J. , 57 (2017).

［6］ Howard A. Latin, Problem – Solving Behavior and Theories of Tort Liability, Calif. L.
Rev. , 73 (1985).

［7］ Ian Sumner, Going Dutch? A Comparative Analysis and Assessment of the Gradual Recognition of Homosexuality with respect to the Netherlands and England, Maastricht J. Eur. & Comp. L., 43 (2002).

[8] Izhak Englard, Human Dignity: From Antiquity to Modern Israel's Constitutional Framework, Cardozo Law Review, 21 (2000).

[9] Jason Glanzer, The Human Germline Modification Index: An International Risk Assessment for the Production of Genetically Modified Humans, Creighton Int'l & Comp. L. J., 9 (2017).

[10] John Harris, Germline Modification and the Burden of Human Existence, Cambridge Q. Healthcare Ethics, 25 (2016).

[11] John A. Robertson, Procreative Liberty in the Era of Genomics, AM. J. L. & MED., 29 (2004).

[12] Joshua D. Seitz, Striking a Balance: Policy Considerations for Human Germline Modification, Santa Clara J. Int'l L., 16 (2018).

[13] Nancy G. Maxwell, Opening Civil Marriage to Same – Gender Couples: A Netherlands – United States Comparison, Ariz. J. Int'l &Comp. L., 18 (2001).

[14] Niklaus H. Evitt et al., Human Germline CRISPR – Cas Modification: Toward a Regulatory Framework, AM. J. BIOETHICS, 15 (2015).

[15] Noëlle Lenoire, Comment, Universal Declaration on the Human Genome and Human Rights: The First Legal and Ethical Framework at the Global Level, Colum. Hum. Rts. L. Rev., 30 (1999).

[16] Ronald M. Dworkin et al, Assisted Suicide: The Philosophers' Brief, The New York Review of Books, 44 (1997).

[17] Ruth Macklin, Dignity is a Useless Concept, British Medical Journal, 327 (2003).

[18] Sarah Ashley Barnett, Regulating Human Germline Modification in Light of CRISPR, U. Rich. L. Rev., 51 (2017).

[19] Wendy M. Schrama, Registered Partnership in the Netherlands, Int'l J. L. Pol. & Fam., 13 (1999).

216